天下文化
BELIEVE IN READING

1990年，沈君山遙思兩岸關係。

1940年，沈君山攝於貴陽。

1955年，沈君山攝於鳳山軍中。

1994年新竹清華大學畢業典禮，沈君山（左二）率師生繞校園一周。

1997年，沈君山（右）頒贈榮譽博士學位予吳大猷（中）和李政道（左）。（林秀明攝／聯合報提供）

1981年秋「陳文成案」後，行政院長孫運璿（右）接見協助處理該案的沈君山（左），後為來台瞭解案情之賓州驗屍官魏契爾（中）等。

2000年夏初，距「陳文成案」二十年後，孫運璿（右）赴哈爾濱工業大學接受傑出校友獎，與沈君山再次合影。

1990年，沈君山（左）與江澤民（右）於中南海晤談。

1992年春，沈君山（右二）在北京與人大委員長萬里（左二）橋敘。

1992年1月29日，沈君山（中）在延安與當地文工團員跳秧歌舞。

1990年，浩然暑期研習營。前排左起殷之浩、殷張蘭熙、孫運璿、許倬雲、沈君山，第二排左二為馬英九，馬後為盧修一，孫後為殷允芃。

1984年在香港，為交涉台灣加入世界圍棋聯盟，與中港棋友聯誼。面鏡坐者左起：聶衛平、沈君山與金庸。立者為胡茵夢。

2000年10月，沈君山中風後，攝於北京「301醫院」。背後的三樓病房，即鄧小平病逝之處。

2000年10月，沈君山（右）與楊振寧攝於北京「301醫院」。

2002年8月30日，沈君山教授七十大壽留影，左起為張作錦、高希均、沈君山、曾麗華、王力行。

「做我所能，愛我所做。」 （黃菁慧攝影／遠見雜誌提供）

蔣彥士先生

謹以此書紀念

社會人文 188A

浮生後記

——一而不統

沈君山 著

封面設計／陳敏捷（特約）

出版者的話

爲歷史留下紀錄
——出版文集、傳記、回憶錄的用心

高希均

一個時代的歷史，是由一些英雄與無數無名英雄，以血、淚、汗所共同塑造的。其中有國家命運的顛簸起伏，有社會結構的解體與重建，有經濟的停滯與飛騰，更有人間的悲歡離合。

近百年來我們中國人的歷史，正就徘徊在絕望與希望之中，毀滅與重生之中，失敗與成功之中。

沒有歷史，哪有家國？只有失敗的歷史，何來家國？

歷史是一本舊帳。但讀史的積極動機，不是在算舊帳，而是在擷取教訓，避免悲劇的重演。

歷史更可以是一本希望之帳，記錄這一代中國人半世紀以來在台灣的奮鬥與成就，鼓舞下一代，以民族自尊與驕傲，在二十一世紀開拓一個中國人的天下！

以傳播進步觀念爲己任的「天下文化」，二十多年來，先後出版了實際參與台灣發展重要人士的相關著作。這些人士都是廣義的英雄，他們或有英雄的抱負，或有英雄的志業，或有英雄的功績。在發表的文集、傳記、回憶錄中，這些黨國元老、軍事將領、政治人物、企業家、專家學者都坦率而又系統的，以歷史見證人的視野，細述他們的經歷軌跡與成敗得失。

就他們所撰述的，我們尊重，但不一定表示認同；如果因此引起的爭論，我們同樣尊重，但也不一定表示認同。我們的態度是：以專業水準出版他們的著述，不以自己的價值判斷來評論對錯。

在翻騰的歷史長河中，蓋棺也已無法論定，誰也難以掌握最後的眞理。我們所希望的是，請每一位人物或自己執筆、或親自口述、或經由第三者的觀察與敘述，寫下他們的歷練與感受，爲歷史留下一頁珍貴的紀錄。

＊

沈君山教授這本新著《浮生後記》從撰寫到出版，先後長達十年，創下了

「天下文化」出版史上罕見的紀錄。因此寫序的張作錦先生，必須再續寫第二篇，以扣緊沈教授的思緒。但是，慢工眞的出細活，從國家大事到人間長情，充分顯現了沈教授奔放的才情、灑脫的文思、犀利的觀察，以及對家國的憂思與愛情的頓悟。

書中第三篇與江澤民先生的三次長談（一九九〇—一九九二年），應在兩岸關係曲折發展過程中，占有重要的一頁。

在當前台灣這個小局面下，既孕育不出受人崇拜的「英雄」，也沒有出現可以撼古震今的「時勢」，台灣就變成了一個沒有「英雄」可以創造時勢，也沒有「時勢」可以創造英雄的鬱卒小島。

在這個大氣候下，儘管沈教授在兩岸關係上投入了熱情、創意與心血，而且擁有左右逢源的機遇與無欲則剛的情懷，但是至今這個「中國結」依然無解，難免看到他「壯志未酬」的惆悵。

讀完沈教授的書，讀者不禁想到當代兩岸知識份子的憂鬱與苦戀：「我愛中國，中國愛我嗎？我愛台灣，台灣愛我嗎？」

序一

起腳再尋浙江潮

——《浮生後記》之後，沈君山還要「尋」什麼？

張作錦

我住家和上班的地點都在台北市心臟地帶忠孝東路四段，一九九〇年十月從紐約調回國時，台北捷運系統剛剛破土，忠孝東路全線開挖，不久即柔腸寸斷，車馬難行，歷時十載，始告竣工。個人身心飽受摧殘之餘，不免替自己和市民大衆發發牢騷，曾在報紙上寫了一篇文章，題曰〈中國三大工程：長城、運河、忠孝東路〉，望文生義，即知言詞之不敬。一位在捷運局工作的朋友，寫了一封信來，詳細說明施工之經過，以及費時之必要，始覺隔行如隔山。迨至親自坐了捷運，見其規畫井然、便捷舒適，不僅老舊的紐約地下鐵道不能望其項背，即較後起之秀的香港地鐵亦不遑多讓。自認先前的話責人過苛，不免歉然。

捷運工程浩大，且屬「地下工作」，十年有成，倒還罷了；而沈君山教授的這本書，與「天下文化」簽約十年，始終難產，知情朋輩，不免替他心焦。現在「中國第四大工程」也終於完工，本來想說幾句風涼話，作為朋友間的笑謔，但因寫序之便，有幸得先覽全書原稿，不僅見其內容豐富，且敘事坦誠、觀察深遠、用情純厚，於是嘲玩之意漸去，欽遲之心漸增矣！

沈教授以學術為本業，以政治為副業，又沉浸於棋橋的文化意趣中，且有衆家美女長相左右，他認識的人可眞是不少；但是作為一位新聞界的朋友，長期觀察他三十餘年，距離不太近，也不太遠，不會偏愛，也沒有成見，要是叫我給沈君山的半生下一個評語，我要說：先生之道一以貫之，為兩岸找出路而已矣！

君山兄雖然在給筆者的信中曾認為「聲聲入耳，事事關心」是中國知識份子最大的「毛病」，但事到臨頭，他卻是「明知故犯」了。

一九七〇年，日本人侵占釣魚台，引發了留美學生的「保釣運動」。這個運動，改變了沈君山的人生，他從一個打橋牌、下圍棋、不問政治的書生，轉為關心國家同胞前途的知識份子。在他四十初度之年，在台灣退出聯合國之際，他辭去普渡大學的終身教職，回國出任清華大學理學院長。

由於當時海外華人社會已深受台灣內部政情的影響，沈君山決定回國時，思考了今後的努力方向之一：兩岸關係和族群融合。「當然，當時還沒有這些名詞，關心的人也不多，但對這一問題，在一九七二到一九七三那一年，我是好好想過，也想通了，自有一套看法。假若教育是我安身的事業，兩岸就是我立命的心願。」

那麼沈君山想通了什麼呢？就是八個字：「革新保台，志願統一」。台灣不革新，就難以自保；兩岸要統一，必出於自願。這兩句話，今天看來，平淡無奇，但在三十年前的那個時空裡，說得出口，不僅要智慧，也要勇氣。

回國後的沈君山「言而有信」，對族群融合和兩岸關係用心盡力，雖然有時也碰釘子、吃苦頭，但他是「衣帶漸寬終不悔」的。

當時「黨外」勢力漸起，與執政方面針鋒相對，如果中間無人溝通協調，也有擦槍走火的機會，於是閒雲野鶴的沈公子，就成了各方屬意的橋樑人選。沈君山眞是賣力，成果也不錯，跟著「海外黑名單」問題也找上他，「美麗島家屬」的協助也找上他。台灣三大政治血案——林宅案、陳文成案和江南案，沈公子參與處理了前兩者，而且參與甚深。當年如果沒有沈君山這些人的平衡與調劑，台灣的政情不知會朝向何處發展。

至於兩岸關係，沈君山一向主張，既要顧及大陸的立場，尤應維護台灣的利益。本著這樣的原則，他奇蹟似的創造了「中華——台北」的奧會模式，以後參加國際天文學會、國際物理學會和國際圍棋聯盟等國際組織，也循此一方式得以達成。至於和大陸的官方接觸與和解，限於中共所定之底限，可就沒有這麼容易。不過沈君山努力不懈，嘗試提出各種方案，從早期的「革新保台，志願統一」到「和平統一，一國兩治」，到「一屋兩室，各持門匙」，以迄「一個國家，兩個政權」，一直到他向江澤民提出台灣的「最後底線」，那就是：「一國兩制，各擁治權，對等尊重，和平統一」。

提到江澤民，沈君山以一介布衣，自一九九〇年起的兩年內，三度到中南海和江澤民暢論兩岸的未來，直言無隱，不亢不卑，有「說大國，則藐之」的氣概。

第一次見面，沈君山就開宗明義的說明三點：「第一，我並不代表任何人；第二，我會說說我個人的看法，主要是我瞭解的客觀情形；第三，你的談話我會儘量轉達，但我不負有信使的任務。」江澤民聞之，十分欣賞：「很好，很好。這兩年台灣來了好多人，都說代表誰代表誰，我們也分不清，也不想分，都是想在人民大會堂拍拍照吧，像你這樣說的太少了。」也許是沈君山不招搖，減少了江澤民的戒心，以後他們又見了兩次，一談就是幾小時，有時吳學謙、王兆國、賈春旺等人也在場，還允許沈君山「記錄存證」，都是前所未見之事。

每一次談話，沈君山都反覆說明台灣目前不能接受統一的原因，台灣必須要有自主空間的理由，而且提出各種設計構想，譬如「一而後統」——先求一個中國，其他問題留待以後解決。再如「統一『中』」——在經濟發展過程中，有未開發國家，有已開發國家，但總有一個過程，就是開發中國家。凡此，都可看出沈君山苦思焦慮之深。江澤民也當面承認，和沈公子數度談話之後，擴大了他對台灣民情瞭解的層面。

沈君山對江澤民最有意義的談話，是他剴切直言，台灣企望現在就統一的人不多。他說：「台灣和大陸四十年來走了兩條路，大陸在摸索走中國式社會主義的路，台灣在摸索走中國式西方民主的路，相互之間有些影響，也有些借鏡。總的來說，應該不是壞事吧。……在台灣，從我這個年齡以下，把統一當做最高價值，爲統一而統一的，可以說愈來愈少了。你要和他們談統一，他們會問統一是什麼？統一能帶給我們什麼？現在贊成統一的，一方面覺得獨立不可行；一方面想得遠些的，想到兩岸是同文同種，地緣這樣接近，經濟上、貿易市場又這樣的有互補性，將來總要走在一起，於是有經濟國、共同體、邦聯、聯邦各式各種的構想。總之，期望的是一個長遠的統一，很少很少是要即刻統一的。」這樣的說詞，也許會使主人不快，但是站在台灣民衆的立場，沈君山一點「謙讓」的意思都沒有。

這些年來，台灣的政客，每以是否「愛台灣」來檢視他人的政治忠誠。但這些人多屬粗糙魯莽者流，其言其行，往往適足以害台灣。幾十年來，沈君山爲台灣深謀遠慮，摩頂放踵，卻從不以「愛台灣」自炫。就連與江澤民三次對談內容，留中不發十多年，等江離開國家主席和總書記的職位，他才願公開。但凡讀江沈對談紀錄者，都會看得出，作爲知識份子的沈君山，由於肯定民主自由的價值，是多麼珍惜和維護正走向民主自由的台灣。

不過，沈君山雖愛台灣，但並非不愛大陸。如果我們觀察的不錯，沈君山的思想言行是一個「理想的大中國主義者」。江澤民指責台灣的國統綱領要以三民主義統一中國，沈君山說不是，而是「以自由、民主、均富統一中國」。在他內心，希望台灣人民生活在這樣的標準下，也希望大陸人民生活在同樣的標準下。他曾向江澤民解釋：現在統一條件尚未成熟，把台灣和大陸「勉強的放在一個屋頂下，對大家都沒有好處。我以爲，一個大陸外面的台灣，不但對台灣好，對大陸的現代化可能更有幫助」。君子愛人以德，大概就是這個意思。

沈君山一九三二年出生於南京。這一代的中國知識份子，受盡抗日和內戰之苦，愈經造次顚沛，愈期盼一個富強安定的國家，以盡庇天下黎庶盡歡顏。於是有人服膺了某種主義，有人選擇了某一政黨，有人支持了某個領袖，大家從各種不同的管道，盡心盡力，希望能達成自己的理想。但這樣的「有志者」和「先行者」，無論在大陸還是在台灣，境遇都很坎坷。在台灣，也許只是見捐被棄，忍恥受辱；在大陸，則可能是鬥臭鬥倒，甚至以身相殉。這些人強國富民之想，在個人悲歡離合的生命過程中，成了短暫的黃粱一夢。等到驀然回首，燈火闌珊處已找不到自己青年的憧憬、中歲的壯懷。西望長安不見家，那種蒼涼，眞是情何以堪！

沈君山登兩岸斯民於衽席之上的熱忱也許未嘗稍減，但近年來生命中的兩項波折，恐怕已使他對政治上的事有心無力。頭一項是他退出內閣。沈公子不知自己何以當上政務委員，也不知何故又「辭職照准」。筆者於役新聞界，採訪政治新聞多年，對官場上下去來略有閱歷。卸任之人，或曰居官已久，或曰不勝繁劇，或曰不願同流合污，概做不屑一顧狀。只有沈君山公開坦白承認，自己很歡喜政府的工作，廟堂十月，抱負未展，一旦言去，未免有點兒遺憾，「唯大英雄能本色」，這就是沈君山可愛的地方。

解職不久，沈君山旅行南非，寫信到紐約給筆者：「十月京官，一朝解任，來此逍遙，至克魯格國家動物園（**Kruger National Park**）等處，忘卻人間事。『猿啼鶴唳皆無意，不知下有行人行。』年來出任、罷官，中間還結了個婚，給新聞界朋友很好的資料，而世間事又翻了個滾，或皆如此耳！」

可能沈君山某天黃昏從曠野中散步回來寫的這封信，他說：「憶及希臘先哲泰利斯（**Thales**）的故事，他喜在晚間散步，一夕望著蒼穹星辰，想著宇宙眞理，念天地之悠悠，而忽然一腳踏了空，掉進井裡。慧黠的女奴把溼淋淋的哲人從井中撈出來時，對他說：『您想太多天上的事，卻忘了腳下事了。』君山在政壇，差幾近之。見微知著，謀慎思遠，或有一日之長，但這些在更大世界的長處，卻往往是更小世界的短處也！」

沈君山眞正的打擊，是他中風，左手左腳不再能運用自如。他的好友許倬雲教授生下來身體就有不便，因而對沈君山處境的分析、評斷更爲入木三分：「我生下來就殘廢，原是在爛泥巴裡，往上爬一點就出來一點。君山不一樣，他本來在天上自由飛翔的，現在一頭栽在爛泥裡，那滋味自然不好受。」沈君山自己也承認，病中在意志最消沉時，一度曾有情況若再惡化，不如自了的念頭。

朋友們關心沈君山，很小心的不在他跟前談他的病情、病史。有一天，他忽然打電話來找筆者，表示希望能和許倬雲教授一齊談談殘障者的心路歷程和克服困難的努力經過，透過媒體的傳播，也許能給同病者和其他人一點啓發和鼓舞。我心裡知道，沈君山已經康復了。對這個建議，許教授也欣然同意，於是《聯合報》連繫中華電視台，共同爲他們兩位舉辦了一場對談會。以他們兩人的知名度和號召力，是日不僅攝影棚現場擠滿了人，透過收看華視和閱讀《聯合報》而受益的人，更不知有多少。那天老哥兒倆比肩而坐，談到開心處，一同仰天大笑，快樂得像兩個大孩子。那個畫面，實在叫人難忘。

從政府退出，從學校退休，台灣政局有了劇變，不久又中風，沈君山知道自己的「社會責任」範圍今後勢將受到限制，於是爲個人定下「做我所能，愛我所做」的生活方針。朋友們都知道沈君山的文采，也知道他從前生活內容之豐富，認爲他若靜下心來寫作，也許是一項很好的安排。這是他的「所能」，惟不知是否爲他的「所愛」。

這使我想起另一樁事：沈君山字如其人，瀟灑挺拔，曾寫了一幅字相贈筆者，題曰：

盧山煙雨浙江潮，
未到千般恨不消；
及至到來無一物，
起腳再尋浙江潮。

蘇軾的這首詩，末句原爲重複首句，仍爲「盧山煙雨浙江潮」，全詩極富哲理，且饒禪趣，但畢竟太虛無了一些。沈教授略動數字，則充注了入世精神，尤其那個「尋」字，直如當頭棒喝，使我們面對衆生，無從迴避。

沈先生：社會多層次，生命多面相，不論在人生的哪個階段，一定還有可以

「尋」找的東西。那麼，你要「尋」找什麼呢？那就請「起腳」吧！正如當年請你回國的徐賢修先生的那句口頭禪：「或許做得成也說不定喔！」

二〇〇四年二月十七日在美國西岸

（本文作者現爲《聯合報》顧問）

附記：

沈君山教授很早就囑咐爲他這本《浮生後記》寫序。這是我的光榮，但也成了我的心理負擔。君山兄的專業雖是天文物理，但文章硬是了得，直叫我們這些舞文弄墨的記者們坐立難安。爲他的書寫序，不是活像拿著狗尾巴接在貂腿上嗎？

君山兄前一本書《浮生三記》由「九歌」出版時，我曾在《聯合報》副刊上發表一篇讀書心得報告：〈尚思爲國成輪台？——沈君山的「新書」與「舊夢」〉，自認尚能略窺君山兄平生志業和當時心境。於是想一偷懶辦法，將該文稍做改動，變成序文，以圖輕騎過關。惟此計被君山兄識破，經「天下文化」主編同仁轉告，要我寫一篇「正式的序」。我在電話中向君山兄抗議說：不才坐編輯台數十年，對退稿事豈會陌生。但應人之請寫序而被退稿者，尚未一見。君山兄聞言，哈哈大笑，謂此例首開，倒也增一文壇佳話。

君山兄雖然退了稿，但對那篇「讀書報告」似非不屑一顧。《浮生三記》在大陸出版簡體版時，該文竟然被當成序文，終於完成其「一魚兩吃」的階段性任務。既然沈先生可以官家放火，原作者自然可跟著小民點燈，乃把它作爲〈序二〉，以補充〈序一〉沒有提到的一些觀點和意見。

倒是那篇「正式的序」，由於沈君山先生「三思而後不寫」，書稿遲遲不交，我也落得個得過且過。誰知我在二月十四日的傍晚來美度假，當天上午「天下文化」編輯同仁卻送來君山兄大著的全部書稿，且說明預計三月十日出書，二月下旬送印。我只好在飛機上讀原稿，在旅館燈下開夜車。旅途中既無心情，也缺環境，正可爲序文寫不好找一藉口，亦不無所得也。是爲記。

序二

尚思爲國戍輪台？——沈君山的「新書」與「舊夢」

張作錦

沈君山教授於二〇〇一年三月由「九歌」出版了他的散文集《浮生三記》，現在又由「天下文化」出版這本《浮生後記》。連出兩本「新書」，可謂難得。但沈君山晚近「惜墨如金」，書中所載，許多都是在報章雜誌上發表過的「舊文」。惟舊文新讀，仍令人神爲之移，低迴難已。

台灣學風在大專聯考的薰陶下，理科學生每拙於文藻，文法學生多短於數字。沈君山學的是聲光化電，但文章寫來如天池之水，瑰麗清澈兼而有之，遠眺近觀，目爲之眩。這樣的境界非一般人可得，那是上蒼的恩賜。

上蒼賜於沈君山者，尚不僅文章一端，他還是橋牌國手，圍棋業餘冠軍，會打籃球，能踢足球，在學界做過國立大學校長，在政府當過「不管部大臣」，名字經常與美女們連在一起，眞是漪歟盛哉！

但塞翁的那匹馬，得失之間難論禍福。沈君山過多的才華，過多的選擇，可能也使他「備多力分」，影響他在單一成就上的登峰造極。他的橋牌教練魏重慶辭世，沈君山爲文祭之曰：「余與先生識於橋，君山觸類能通，然興趣過廣，復逸豫自適，才或有餘，而未能爲能。」這是沈君山頗爲坦誠的自白。林海峰初履日本，吳清源在教棋之前先告誡他：「追二兔不得一兔。」沈君山常轉述此言，或題字贈人，與朋輩相勗勉。但是他眼皮下的兔子實在太多，都要花力氣追，對他而言，文章只是一頭最小的兔子，不值得耗太多精神，行有餘力時才會逗牠玩玩。這話絕非厚誣賢者，而是有幾分證據說幾分話。《浮生三記》和《浮生後記》兩書的文章，最早的寫於一九七三年，較近的寫於二〇〇三年，其間相隔三十年之久。就是這點有限的產量，多半還是編輯朋友們軟哄硬逼出來的。

沈君山對此連聲喊冤，三十多年來絕對不止寫這麼一點文章，還有些作品只是考慮發表的時機而已。譬如上次沈君山原想仿其本家先輩沈三白之例，印行《浮生六記》，後有其他斟酌，乃以《浮生三記》付梓。未收入者，最重要的是有關兩岸問題的記述，現在補入於《浮生後記》。兩岸間事，是這幾十年來沈君山著力最多之事，也最叫他牽腸掛肚。

一九七〇年，日人侵占釣魚台，引發了留美學生的「保釣運動」。次年九月，留學生在安娜堡（Ann Arbor）舉行「全美國是大會」，時在美國教書的沈君山也躬逢其盛。在一片撻伐中華民國政府聲中，沈君山爲台灣說了一些公道話，並不顧被批鬥的壓力，提出「革新保台」的口號。今天看來，它當然平淡無奇，但三十年前提出這樣的論點，既需要前瞻的思考，也要點道德勇氣。

一九七三年，沈君山返國任教清華大學，開始潛心研究兩岸問題，也積極提供自己的心得意見。一九八七年，中美斷交，美國承認中共，一時人心惶惶，爲台灣前途擔憂，沈君山提出 one country, two systems 的主張，並以此爲題撰文刊於《華爾街日報》。沈君山稱之爲「一國兩治」，後來鄧小平揭櫫「一國兩制」的統一政策。

一九八八年，沈君山入閣，擔任政務委員，但主管業務並非大陸政策，有志難伸。後來去官、退休，得以自由往來於兩岸之間，一介布衣，卻動見觀瞻，三晤江澤民，傾心深談，希望爲海峽間尋一處津渡。

沈君山隻身三闖中南海，舌辯江澤民及其高級幕僚，不亢不卑，有「說大國，則藐之」的氣概。每一次，沈君山都反覆說明台灣目前不能接受統一的原因，台灣必須要有自主空間的理由，並提出各種設計、構想。他的最後底線是：

「一國兩制，各擁治權，對等尊重，和平統一。」

台灣政客，每以是否「愛台灣」來檢驗他人。但這些人粗糙魯莽，其言其行，往往適足以害台灣。沈君山這幾十年來，爲台灣苦思焦慮，摩頂放踵，卻從不以「愛台灣」自炫。但讀了他與江澤民三次談話紀錄的人，都會看得出，沈君山不僅愛台，且幾已「愛台成痴」矣！

在「兩國論」和「一邊一國」之後，兩岸關係丕變；而大陸換代，江澤民離職，台灣的沈君山與政治逐漸疏離，且又中風，不良於行，「江沈會談」之事，恐怕將成絕響。由於談話是私人性質，基於禮貌，沈君山在江澤民卸任後公布談話紀錄，是自己份內的「美好的仗已經打過」的安慰，還是「壯志未酬身已老」、「誰能隻手挽狂瀾」的心有憾焉？

宋代紹熙三年（公元一一九二年），六十七歲的陸游已離開仕途，蟄居紹興鄉下。但身在田野，心繫社稷，某夜風雨大作，他賦詩曰：

僵臥孤村不自哀，
尚思爲國戍輪台；
夜闌臥聽風吹雨，
鐵馬冰河入夢來。

中國知識份子，每當家邦危疑震撼、同胞水深火熱，輒忘卻主政者的昏瞶無能，也不計自己被整肅貶謫的嫌隙，還「尚思爲國戍輪台」。這是讀書人的驕傲，還是讀書人的悲哀？

但是，今天台灣的局面已與南宋異趣。以沈君山的出身背景，怎能談兩岸間事？不檢查你是否有「香港腳」之類的毛病，已經夠客氣的了，還會讓你站在輪台的最前線？沈君山的「舊夢」，也該醒了。

被梁啓超譽爲「千古男兒一放翁」的陸游，雖未能迎回二帝，更未能阻金兵南下，但他留下九千三百首詩，一百三十首詞，亦足以不朽。沈君山有彩筆如魔杖，可點石成金。除了兩岸問題，難道沒有別的事值得去做？

往日群兔今在否？沈先生，就追那隻最小的吧——牠可能也是最好的呢！先生文采天賦，不宜暴殄天物。

（原載於二〇〇一年三月十一日《聯合報》副刊，重刊略有增添）

沈君山答張作錦

作錦兄：

讀了你三月十一日的大作，感慨殊深，本擬即提筆作覆，但電話中把話談完，感慨也消失大半。但這兩天一半也是〈醒夢文〉的影響，重展舊紀，一邊看，一邊回憶，感慨更深，也引放翁詩兩句：

此身行作稽山土，猶吊遺踪一悵然。

遺踪者舊紀錄、舊上書也。你引的詩也可略改兩字：

僵臥清華不自哀，尚思爲國戍輪台；

夜闌臥聽風吹雨，中南海事入夢來。

蒙兄誇譽，現在能動者也只有彩筆，寫大文章是沒人看的，還是把兩岸經歷以半自傳方式寫寫吧，也好還了希均兄的債。我其實並沒有追那麼多兔子，棋、橋、文這些兔子都是自己跑來，當然追兔子令人分心也難免。中國老知識份子最大的毛病就是好「聲聲入耳，事事關心」，總以天下興亡爲己任，才爲男兒本色。兩岸的事，身老力衰，去春赴京兩次，要管也管不動，何況人家不要你管。但都放手了，活著有什麼意思？人家放翁易簀之時還尚悲不見九州同，但他鐵馬冰河做夢一生也沒成一事，如何叫千古男兒一放翁呢？賣台也要看本事的，李敖一生罵人只罵值得罵的，你看他就沒罵過我，所以不會有人罵我賣台。不像挾社會重器如「台灣第一大報」者，「爲匪宣傳」的帽子才戴得上。

算了，牢騷太盛防斷腸。清華也有個昆明湖，莫道昆明池水淺，觀魚勝過富春江，觀魚復健去了！祝

好

逗兔者

二〇〇一年三月十四日

放了很久，忘了（寄給你），better late than never。

三月二十九日

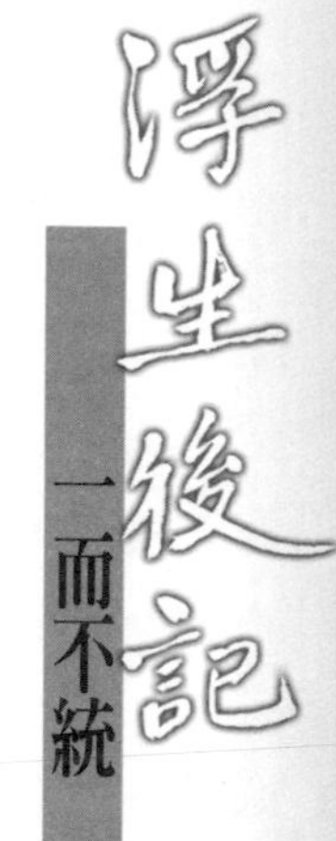

【目錄】

楔子

老病與生死

我是在一九九八年從清大退休的。對有些人而言，退休是生命的一個大轉折，是從人生的舞台上退下來了；我的感覺卻只是人生旋轉舞台又轉過了一景。「退休」是一個現代名詞，中國從前稱之爲「致仕」。「仕」是官或公務人員的意思，致仕就是從官場退下來，不再吃皇帝老子的飯了。但是「士」還是士，那個時代，「仕」是士的正途也幾乎是士唯一的專業，讀書人總要到仕途去轉一趟，才算盡了讀聖賢書的本分。致仕則是回到士的本色，是從官場上退下來，但不是從人生舞台退下來，而且在農業社會，士還有他發揮的空間。

現在時代不同，市場經濟下，社會專業劃分得更細、競爭更激烈，形式上個人或者很自由，但壓力的束縛也許更大，無形軌道的限制也許更緊嚴，一旦退休，壓力和束縛忽然都放鬆了，是一個「量子躍變」（**Quantum Jump**），需要很大的調適。

我的人生經驗較不同，已經經過了兩個大轉折。二十五歲出國是第一次，從台灣到美國，文化上很需要一番調適。但像我們那代的菁英青年一樣，也只有盡力在潮流安排的軌道下向前衝。十六年後，我在四十一歲時回國，是第二春，也是第二個大轉折，變換了軌道，其後又度過二十五年。其間雖然擔任過短期的公職，也參與了很多社會活動，但基本上還是在校園度過，過的是士的生活。

從學校退休，有形的責任沒有了，無形的空間也許更大，也可以說人生第三春的開始吧。在退休前後，與傳媒界的一些資深同仁聊天，都是很久的朋友了，曾被訪問也偶寫專欄，忽然發現自己一下就從青年才俊跳到「走過從前」的見證人了。被半開玩笑的問：「那你以後做什麼呢？」當時的總結是「做我所愛，愛我所做」。後來想想，改了一字，「**做我所能，愛我所做**」更適當些，雖一字之差，「能」和「愛」，是有距離的。

人退休之後進入老年，有兩個不同方面的忌諱：一是消沉下去，覺得自己是用舊了的，只能做汽車備胎的第五只輪胎，在各種場合都退縮不前；二是絕不服老，對於已經失去或至少已漸褪色的才智、容貌、權力、熱鬧更加眷戀，不願接受現實，逆天而爲，所謂老年戒之在得的「得」，大概就是指這種心情。要避開這兩個對自己、對社會都不好的極端，首先要瞭解，並且接受自己當前所「能」，然後量能而爲，做自己能做的，自然也能愛自己所做的。

這個想法在當時也只是理論上的思索，覺得實際上自己智力、體力離這需要警惕的境界還遠得很，只是當做一種指導原則，以規劃未來。我選擇了四個範圍：科普寫作、科學教育、兩岸關係和棋橋旅遊——有社會責任，有個人嗜好，在這四個範圍內，量力選擇而爲之。這樣有大半年，不與世爭，爲己能爲，愉快自在。

*

但想不到，眞正面臨抉擇「做我所能」的時刻卻提前到來。一九九九年六月，我從雲南麗江做了一次旅遊回來，非常之累，又忙著籌辦吳健雄科學營。六月九日星期四下午主持開會，已經覺得腳很重，提不起來，可是沒有警覺，覺得沒有關係。到星期五晚上還爲清大成立科技管理學院的事，和劉炯朗校長及彭中平教務長一齊參加一個應酬，出來時走路已是一拖一拖的了。自己開車回去，車又停得很遠，拖著腳走到家，一頭的汗，洗了個澡，爬上床。星期六起來，腳沒有輕些，就躺在床上，到下午覺得愈來愈不對勁，太太帶著小孩上陽明山娘家去了，只有打電話給母親，她叫我從前的祕書吳錚女士來看我。她一看就說我中風了，趕快叫了計程車上醫院，到時是晚上六、七點，還能走，是自己拄著雨傘當拐杖走進去的。

那天是週末，大醫生休假去了，一個實習醫生，看了看、扳了扳我的手指，說是中風，但不知是栓塞還是溢血，要觀察，把我往急診室一放，就走了。吳祕書一邊打電話給我太太，一邊跟我說：「趕快找院長或者副院長，你不是都認識嗎？」我正在猶豫，妻已從山上趕到，我們想週六深夜為這點「小事」麻煩人家，也許不必了。因此，那天晚上就單獨在急診室的一個房間的小床上度過。對中風我並不瞭解，但是漸漸的感覺手指、腳趾不聽使喚了，這是很可怕的感覺，是不是就此癱瘓呢！那時開始想今後生死的問題。

到了星期天早晨，手臂不能抬，腳不能動，嘴巴也開始發麻，這才眞正開始緊張，趕快去找一位平常認識的副院長，他在十點多趕到，一看就知道是中風，而且慢慢的在惡化，但他不是專家，不敢下診斷。那時已是星期天中午了，趕快去找神經科的醫生，下午四、五點科主任趕來了，匆匆的診斷一下，判斷應該是栓塞，而且確實還在加劇，趕緊打針吃藥，緊急治療。兩週後病情穩定了，又轉到復健科，準備在這兒住上較長的時間，一方面是復健，一方面是讓自己習慣以後要過的新生活。當時怎樣也想不到，這「新」生活、「舊」生活有這麼大的差別！

在過去「殘障者」對我只是遙遠的名詞，當然有同情，對殘障而奮發向上的，也有適度的尊重，但都是很遙遠的，是和自己不相同也不相關的另一類人。這次卻眞正成了殘障界的一員了。醫生告訴我，復健不是復元，不可能完全恢復從前的生活，能恢復幾成，要看中風的輕重和對復健的投入。像我的情形，血管栓塞的時間很長，運動控制神經受創頗重，現在復健只能設法使從前不用的後備神經，活躍起來，作爲補救。總之，以後要適應行動不便的生活，這一點心理上先要接受。其次，中風過的人第二次中風的機率，比沒有中風過的人要高幾倍，我中風的原因是血管硬化，相當嚴重，再次中風的機率更高。追問之下，最後又坦白的告訴我，五年內再度中風的機會大概有一半以上。

台大復健科的病房是在舊大樓的一樓，是日治時代留下來的建築。房子雖舊，挑高頗高，樓外有一個封鎖了的花園，似乎很久沒人進去過了，但還給人一種花木扶疏的感覺。同樓的病友二、三十人，各式各樣病因的都有，中風的占了一半以上，每天見面，久了也漸漸相識。初去時，有一段時間，每天午夜都聽到一聲聲抑制的長嚎，是一位因骨癌把腿鋸去了一半的年輕人，以後還有幾十年活，午夜夢迴在抱怨上天對他的不公。還有一位長期坐著輪椅的老先生，第三次中風了，被外傭推著，每天下午三時從病房出來，準時到走廊裡，對著窗外的花園，怔怔的發呆，空洞的眼神，不知是看穿了一切，還是看不見一切。三點正是我出來拄著方圈拐杖練習走路的時候，要從他輪椅旁繞過去，一個多月，天天相見。看護告訴我，這位老先生三年多前第一次中風，出院時還不錯，是拄著拐杖自己一蹓一蹓的走出去；去年第二次中風再來，就不行了；今年第三次中風，生活完全不能自理，意識也不清楚了。

人生的舞台原是不停的旋轉，一個人要扮演的角色，有時是由不得自己的。但是，不要讓自己太痛苦，也不要對別人太妨礙，這樣最低限的目標，還應是自己可以控制甚至主導的。生老病死，人生必經之途，今天忽然中風，雖始所未料，但看著這位老先生的背影，人是不是一定要走到這樣的地步呢？

我九歲時，母親忽因中風在實驗室去世，我看著她下葬，慢慢的沉到墓穴下去，給我很深的印象。因此，有一段時間我非常怕死，不是怕生命的結束，而是怕一個人孤零零的埋在漆黑的地下，太寂寞、太孤單了，中夜夢醒，還常幻想怎樣到墓裡去陪伴母親。後來長大，這樣的恐懼漸漸消失，也許是埋藏到下意識裡去了，而知識漸增，從老莊的哲學「適來夫子時也，適去夫子順也，安時而處順，哀樂不能入也」，到科學的宇宙論、進化論；天外有天，人外有人，地球的生命不過是太空宇宙間無數生命的滄海一粟；而物競天擇，適者生存，自然界生生不息有其自然的法則，這樣漸漸形成自己的生死觀：個體的生死不過是群體延續的一個小環節。

像電視節目常有這樣的鏡頭：豹子、老虎這些生命力最旺盛的生物，在受傷衰弱面臨死亡的時候，就自行尋找一個陰涼隱蔽的樹蔭，慢慢踱進去，先是站著，眼神漸漸渙散，然後屈膝蹲下，忽的往地上一躺，眼睛一閉就結束了；在天空盤旋的兀鷹等候已久，在這一刻蜂擁而下，瞬息間只剩一堆骸骨。海明威（**Ernest Hemingway**）的《雪山盟》（*The Snows of Kilimanjaro*），一開始就是一隻雪豹的殘骸，在雪山之巔。這些畫境，就像卡通片，中風後我深夜躺在病床上，訓練伸屈不聽使喚的手指時，一張張閃上心頭。

一九七〇年代初，我就主持過安樂死的座談。近年來，也寫過一些探討科技對倫理的影響，尤其是生老病死的文章，但那都是從理性出發，超然的學術性討論；這次是切身的問題，主角是唯一的我，而不再是統計中的一個數字。死亡是一切的終結，這個我，沒了就沒了。如何在老病中以理性的態度邁向和接受死亡，中風以後，開始認真思考，又想到如何實踐的問題，漸漸的歸納出一個個的結論。首先，想清楚什麼時候該接受死亡，然後，如何面對死亡之前的老病。人生許多煩惱都是因為有了抉擇才有，本來生死是一種自然過程，是上天決定的，閻王要人三更死，誰也無法留人到五更；但「人」定勝天後，一切有了改變，三更到五更之間是可以商量的。於是，個人願意忍受多少痛苦，社會願意付出多少代價，就成了一個可以抉擇的價值判斷的問題。

我躺在床上，望著不能如意伸屈的左腳趾，聽著隔壁斷斷續續傳來的嚎哭聲，得出選擇延續生命的三點結論：

一、對自己，不會是一直的痛苦。

二、對家人，不會成爲不可忍受的拖累。

三、對社會，不會成爲毫無貢獻的負擔。

這樣，活下去才有意義。

後來，把這三點綜合起來，再更具體的寫了一份生命遺囑，成爲遺囑的一部分，全文如下：

我，沈君山，一九三二年生，今年（二〇〇〇年）六十八歲。鑑於此生已盡了對社會的責任，今後，如何處理個人之生命乃個人之基本權利。在此一原則下，立下此生命遺囑（Living Will）。

一、消極終止：在本人因病或其他原因，進入永久昏迷（permanent

unconsciousness）或不可復原之終極狀態（irreversible terminal condition）時，不必以任何人爲方式延長生命（例如氣管內插管、體外心臟按壓、急救藥物注射、人工調頻、人工呼吸、鼻管餵食、心臟電擊，或其他救治行爲等），應儘量減少痛苦的讓本人自然結束生命，免除痛苦而有尊嚴走完人生。其處理方式在本人無意識判斷時，授權下述被授權人（authorized agent named below）依上述原則執行。

二、積極終止：由於自然或意外原因（例如嚴重中風或車禍），本人腦部或身體受到不可復原之傷害（non-recoverable damage），生命雖或仍可自然維持，但——

1. 此傷害將使本人之精神及身體陷入長期痛苦之狀態。
2. 此狀態將無法復原。
3. 維持生命對家人及社會將造成沉重之負擔。

在上述情形確定時，本人將以積極方式尋求生命之終止，屆時或將尋求被授權人或相關人士做直接或間接之協助。爲避免上述人士擔負道義上或法律上之責任，於此授權被授權人得在上述假設情況發生時，以積極或消極之方式協助本人終止生命，有尊嚴的走完人生。

三、在立此遺囑時，見報載荷蘭已在討論立法通過安樂死，其條件與本遺囑所述相似，惟無法忍受之痛苦僅限肉體方面，本人則認為應包括精神方面，但必須是因老化或傷病已陷入長期精神痛苦，且無法復原之狀態。本人瞭解目前在我國（台灣）尚無積極終止生命之立法，故（二）僅為原則性之敘述，在被授權人協助本人合法方式尋（二）之實踐時（例如出國至有積極安樂死立法之國家）免除其道義上及法律上之責任。

決心用文字寫下其法律效力的生命遺囑，起因是在醫院病房親睹吳大猷先生一段生死的經歷。

吳先生是我國學界前輩，中國現代物理的引進者和啓蒙者，也是我最尊敬的老師。他於一九九五年八十八歲時，從中央研究院院長任上引退，一九九九年因心臟病發住院。那時他已九十一歲，各方面都已經很虛弱，入院之初一度瀕危。他曾經表示不要人為急救，但醫師的天職是挽回生命，在沒有清楚的表達下，還是努力救了回來，而以後吳先生就沒有機會再做這樣的表示了。

六月中，我中風住院時，病房在十五樓，而他的病房在十四樓，就常去拜望他。吳先生腦筋還很清楚，但已愈來愈難表達，靠了維生系統維持。他後來完全不能與外界溝通，只有熱愛他的義女吟之每天照顧，為之憔悴不堪。吳先生在次年三月去世，去世前幾天還不慎把舌頭咬下一塊，想是十分痛苦。

我在台大醫院一直住到七月底，後來回到新竹繼續居家復健，每週去醫院一、兩次，檢查病情，有機會仍去探望吳先生，看到他逐漸的陷入完全無知無助的狀態，受到很大的痛苦，每次都令我震撼。想到物理學家派易士（Pais）在他的名著《愛因斯坦科學傳記》描寫愛因斯坦接受死亡的一段：「愛氏在晚年知道患了腫瘤，他告訴醫師不要爲他開刀打點滴，他說他已經做完該做的事，要尊嚴的離開，用人爲的方法來延續生命是沒有格調的。他問醫師，會不會是很痛苦的死亡，醫師告訴他會有點痛，但很快會過去，愛氏安心了，繼續做他的統一場論計算。他在睡夢中去世，病床邊的小几上仍攤著未完成的計算。」

派易士的這本書，吳先生是極喜愛的，也不止一次的向我提起，要我細讀。愛因斯坦的天才，凡人不可及；但他對死亡的態度和接受死亡的過程，是凡人可以做到的。吳先生一生浸沉科學，是極理性的人，一定也想效法愛氏處理自己的生死；但竟不能如願，拖延了很久，自己和親人都忍受了很大的痛苦，才走到終點。我每念及此，爲之痛惜不已，也引起我的反思。

人定勝天的境界是人類一直嚮往的，但是眞正到了這一步，實在是很可怕的。能力超越智慧時，如何用有限的智慧去運作無限的能力呢？對於生死，現在當然還不能完全主宰，但可以規劃了，可以有限的延長，也可以不要延長。科技進步又進步，但科技總還應是爲人服務，不是人爲科技服務；人還應是科技的主人，不是科技變成人的主人。生死者，人的終極大事。有宗教信仰的人，可以寄托於來生再世；但那終究是未可知的，能眞這樣相信是福氣。但在此世，這最後的一段時刻是實在的，是人作爲自身主人最後實踐自己的自由意願的時刻，但那時是如此虛弱。「生命延續得愈久愈好」，這傳統的價値觀已經根深柢固，在前科技時代或許是正確的，因爲上天自然會爲個體生命劃下一條線；在後科技時代，人必須要自己做主，這一條線該劃在哪裡，必須在神智清明時先期規劃，否則時機一瞬即逝，怎樣透徹的理念也無法實踐，自己還是做不了自己的主人。

因此，再三斟酌，寫下了這一份生命遺囑，後來成爲法律文字，能不能眞的實踐，當然尚未可知，但至少已盡其在我了。

「死」之事有了一個交代，心裡放下一個負擔，可以回過來心境寧靜的規劃如何「生」了。當然，還是「做我所能，愛我所做」，只是中風大大的縮小了「能」的範圍，需要重新規範。

在對社會仍有點貢獻方面，科學普及教育還是最適合我的。爲《聯合報》遍訪大師寫科技專欄當然只得中止，但科學營還可以繼續辦下去，只是受限在推動籌劃方面。至於自娛晚景，遊山玩水，呼朋喚友，雖不完全放棄，但卻是有所局限，獨自旅行很不方便。棋橋還是可以的，不便參加大比賽了，但在網路上與人爭鋒，別有樂趣。網路上有一個個的棋站、橋站，棋友和橋友們繳費註册後，就可以上網，與網上的棋友通過網路交鋒，勝負都被網站記錄下來。很快，每位棋友、橋友就有一定的位階，可以互相選擇適當的對手。我初上去的時候用了假名，因爲技藝已比過去退步很多，不希望人知，但還是很快被認出來，和年齡與輩分都差很多的網友對壘，偶被嘲笑「你是眞的沈君山嗎？」習慣了也就無所謂。

在新竹休養了兩、三個月，病情漸漸穩定下來之後，親友一直勸我除了西醫之外，也應看中醫。我算是中強度中風，要較長期的復健，能住院當然最好。大陸一般認爲是中醫水準較高的地方，於是經朋友幫忙，在一九九九年的九月到北京住進了一般人稱之爲「三〇一」，但正式名字叫「人民解放軍總醫院」，一住住了近兩個月。

＊

「三〇一」是一個頗具歷史性的醫院，從前只限軍方高幹就醫，現在開放了，有點像台北的榮總。我住在一般稱之爲「老將軍樓」的南八科病房。文革的時候，軍隊的醫院也有避風港的作用，陳毅、葉劍英等元帥大將都在這兒住過，後來鄧小平也在三樓的一個套間去世，現在除了門油漆得比較亮滑外，和一般病房並無兩樣，房子平常空著，門上有一個牌子。我住進去的時候，這座將軍樓還沒有完全開放。我的病房在南翼的二樓，復健爬樓梯，有時就以北翼三樓的鄧室爲終點，走八百步路，摸一下門，再轉身回來。對著這樣一位曾經扭轉了十億人命運的歷史巨人，人生的終點站如此儉樸平凡，每次到站，每次勾起百般感慨。

將軍樓是形如口字，但缺了一邊的洋房，中間還有個有噴水池的花園，水池早已乾枯，只餘殘荷枯葉；但園裡雜花生樹，依然生機盎然。北京的秋陽，和煦溫暖，迥異於它夏天的酷烈或者冬天的無力，所以初去的時候，還有不少病人，有的坐著輪椅，有的扶著拐杖，到園子來分享這秋陽的溫暖。見面次數多了，也多點頭打招呼，偶而交談兩句，照例不去打聽對方來歷。但你若有興趣，護士小姐會有一籮筐的話告訴你，一樣藍色平凡的病服後面，各有不平凡也不一樣的經歷。這幾年來，改革開放——實際上就是「走資」——的浪潮席捲中國，但是就有些礁石孤嶼，這兒那兒的挺立在浪頭上，多少保留原來社會主義的面貌，不肯全然低頭，「三〇一」就是一個例子，尤其它原是軍隊醫院，解放軍過去在社會上是有特殊地位的，這些年來是大大的低落了。「三〇一」受了影響，過去的特權減少不少，軍管的色彩卻依然殘留。

我初去的時候，因爲是第一個台灣去的病人，又是中風初期，被列爲一級護理，掛了紅牌。南八科病房原則上把病人按病情分爲三級：一級是最嚴格的，不得外出，無看護或家屬照顧不得下床；其次是二級，掛藍牌，外出要大夫批准；

再其次是常規，掛綠牌，護士長點頭就可外出了。我住了一個月，才從一級升爲二級。

我是從台灣去的，是「台胞」，因此開始是比照外賓收費，這就鬧了個小風波，在我給朋友報平安的信上，把這風波做這樣的描述：

在花園散步曬太陽時，常遇到病友點頭爲禮，熟後也偶聊天。有一位老將軍，不知姓氏，只知道「援朝」、「懲越」之戰都曾參加，愛國情緒特別強。知道我從台灣來，常抒發他的民族感情，大半時候我就聽著，偶做解釋。他對「兩國論」當然特別反感，常刺刺不休。一天我收到醫院伙食賬單，一百元人民幣一天，同舍的只有二十三元一天，原來內外有別，我們台胞外賓，比照美國人，收得貴，據說可點特別的菜。我把這事向老將軍講了，我說：「我們只是說說，你們卻在實踐兩國論。」他聽了臉色鐵青，默不作聲。但是，第二天醫院的伙食總務就來向我解釋，最後加收二元，二十五元一天。我去謝謝老將軍，他一聽還是多了二元，仍不以爲然。我怕再多事，趕快向他解釋，這就是一國兩制，可以了。無論如何，這樣一來，我的醫療費用將比同大陸同胞，要便宜好多，兩國論的風波有這點實效，想像不到！

還有一次，我初到三〇一時，楊振寧先生來探病，大概衣著隨便了些，在門口被門房小姐擋了駕，後來打電話驚動醫院一位大牌醫生（就是後來ＳＡＲＳ時鼎鼎大名的蔣彥永），才能進來。此後這位門房小姐大概挨了訓斥，見到我就板著臉，我試著修好（門房是一個重要職位）。

我說：「那天來的楊先生是我很尊敬的一位年長朋友。」

她說：「誰知道你的台灣朋友是什麼人？」

「楊先生不能算『台灣』朋友。不過，你知道哪些台灣人呢？」

她說：「兩個。一個好人，一個壞人。」

「哦？誰是好人？誰是壞人？」

「壞人」是誰？猜猜就知道，是大陸官方電視台天天宣傳抹黑的當時的台灣領導；好人呢？她說是張惠妹。

「張惠妹是誰？」我眞的不知道。

「你不知道？她就是阿妹呀！」她對我的無知大爲驚訝，就給我上了課「阿妹學」。原來，阿妹才去北京表演了一場秀，座位萬人的大體育場，從場內到門口，擠得滿滿的，風靡大陸的青少年，尤其是小姑娘們，不但迷她，而且認同她。

後來，我把此事給楊先生說了，楊先生說他在東北已有過類似的經驗。他和某歌星同機，下機後歌星前呼後擁的坐加長轎車而去；楊先生的場面雖然冷清些，也有加長轎車來接。同機旅客乃耳語相問：「那位先生是唱什麼歌的？」

我聽了加以評論，諾貝爾獎得主不如歌星未必是壞現象。首先，大陸，至少大陸的都市，已進入「美式民主初階段」，價值多元化了。其次，阿妹現象表示，雖然兩岸中年以上一代，價值觀有所差異；年輕一代，尤其基層，卻是相通的。

＊

我是一九九九年九月下旬入三〇一醫院的，在醫院裡住了兩個月。十一月下旬的一個下午，和同樓的醫生、病友告別後，我便去向三樓鄧的病室道別，因爲第二天就要出院回台灣去了。兩個月來，每天復健散步，從二樓到三樓來回三次的向此室報到。就好像游泳比賽時，游到泳池對面，用手碰一下，這一圈才算完成了。而今，此一歸去，不知何時再來。

面對兩個月來朝夕報到的此室，不勝感慨，若不中風，怎樣也不會有這樣的際遇。鄧一生三次大起大落，歷盡風波，看透世事，中年之後，成爲徹頭徹尾的唯「抓」主義者——黑貓、白貓，「抓」得到老鼠的就是好「貓」。年逾古稀，忽然的大權在握，「蒼茫大地，我主沉浮」，但面臨的卻是一個毛澤東遺留下來前未有過的爛攤子。如何去抓住老鼠，唯有摸著石頭過河，從不弄翻這個攤子。但一切實事求是的基本立場出發，制定了兩條路線：建國方面取所謂「改革開放」；統一方面取所謂「一國兩制」。數十年建國的實踐，檢驗了眞理：毛澤東使中國人民翻了個身，卻沒能讓她站起來；改革開放讓她站了起來，卻又把不在少數的人壓到腳下，而這不在少數的人，又正是社會主義理論上最應該照顧的。

江澤民蕭規曹隨，在浩浩蕩蕩的世界潮流中，揹著共產體制的外殼過河，一步一摸索。到今天，中國不但沒有像蘇聯東歐的分崩離析，在世界上甚至更有地位，他日地下再見鄧小平，說一聲「不負所托」，當之無愧。但人總是受限於歷史條件的，眞的要渡到彼岸，還要待第五代以後的「新中國人」重新摸索。

至於一國兩制，平心而論，站在中共的立場，若不是鄧小平的眼光及務實的心態，在當時還不容易公開的提出來。但問題不在兩制，而在一國。若像古代，普天之下，莫非皇民，率海之濱，莫非皇土，中國就是天下，那一國兩制，實在是非常開明的政策。但現在中國已不是天下，台灣的問題，既要從歷史眼光看，也要從世界潮流看。試問，今天全世界除了北京以外，有哪一個國家願見中國統一？美日尤其不願意，中國愈強愈不願意。你以爲咬住一個中國，就是甕中捉鱉（或者好聽點說網中捉鳥），台灣怎樣也跑不出去，他們卻讓你骨骾在喉，既不讓你吞下來，又不讓你吐出來，維持現狀，和平解決，卻不斷的軍售訂約，兩岸的中國人，付出了多少代價！

瞻望未來，如何解決這個棘手的問題？一個中國的原則不能變，但中央集權的國家形式，或者可以與時俱進吧。統一的目標不能動搖，但統一的方式應可研究，一國兩「治」也可以作爲統一過程中的一個過渡的形式吧。

我慢慢的從鄰樓一步一蹭的拐回二樓自己的病房，望著樓下已經衰敗枯萎了的花園，有多少歷史上的大事，曾在此啓蒙，在此醞釀，心中浪潮起伏。

三十年前，我因爲釣魚台運動的衝激，而開始思考國事，而提出「革新保台，一國兩治，志願統一」的看法，而決定回國，那時鄧還下放在江西的工廠做工呢。三十年光陰如大江東去，「形骸已與流年老，詩句猶爭造物功」（陸游〈幽居夏日〉）只是詩人的期望，是違反自然律的；「形骸已與流年老，詩句難爭造物功」才是眞實的。中風終究是一個人生的大轉折點，我明天從這兒走出去，體力、精力日見退化，是肯定的事。我對實際政治既乏興趣，又無能爲力，但三十年來，也是一貫堅持，也是因緣際會，在兩岸關係上，問津尋津，也有一些看法，一些際遇，一些影響。待時機適合，還是應該把它整理出來。作爲眞正的《浮生後記》，回到自己病房時，已暗暗的下了決心。

回台之後，篩選那一段時期與兩岸有關的論述對話，再始之以此爲主之自述，成爲本書。

本書是個人所經歷兩岸（和族群）關係的記述，一部分是文摘和對話；一部分是自述。上卷自述部分，於二〇〇三年秋第一部分完成後補記，和我另一書《浮生後記》呼應，亦可算做我自傳的一部分。

自述

「我的一生，橋棋方面，化了極少力氣，得到很大回報。教育學術，投入和收穫相當。唯獨兩岸，化了最大心力，三十年來衣帶漸寬終不悔，卻看不到驀然回首，那人卻在燈火闌珊處之境。嘗自評『認知超先，經歷豐富，成果有限』，可惜政治的事，沒有成果就沒有意義。」

一九八八年，國際科總在北京召開年會。吳人猷先生原希望我代表前往，以初任政務委員，不克前往，後來又因用台北科學會取代中央研究院之名以便參加，吳先生召開記者會認為此舉不妥，在電視上把我罵了足足二十分鐘。（林建榮攝／聯合報提供）

成長、返國與清華

一個人之所以最後成爲這樣的人，必然和他成長的時代、成長的背景息息相關。

一九三二年我出生於南京一個小康書香之家，父母都曾留美，這在當時是很難得的。但是從有記憶起，我就一直在「逃難」。首先是中日戰爭逃日軍步步進逼的難，從南京而武漢而湖南而貴州而四川而陝西，在當時之所謂大後方，兜了一個大圈子。直到抗戰勝利，回到南京，喘息稍定，又開始逃共軍步步進逼的難，南下廣州、香港，在竹幕完全垂下之前，三度進出穗港，最後在嶺南大學（現已併入中山大學）讀完大一，也在那時經歷了生平第一次關鍵的大轉折。

一九四九年夏初，中共進據廣州。我初度接觸到社會主義的書籍，參加了學校的文工團。每天索呀索、獨呀獨的扭秧歌，馬恩列史毛、毛史列恩馬的唸符，自己認爲相當前進。台灣卻正是前途未卜，白皮書（將大陸易幟責任歸諸國府的美國官方文件）已經發表，而韓戰尚未爆發，台灣遲早會被解放的看法，至少在廣州看來是必然的。因此，父親頻頻要我赴台，自己內心卻躊躇不前。在此關鍵時刻，一位同班的K大哥，和我關鍵的一夕談話，讓我做了關鍵一生命運的決定。

＊

當時土改在廣東已全面展開，K大哥家是地主，遭受了極殘酷的鬥爭，他自己也將回鄉挨鬥。在返家前夕，他和我推心置腹的談了一夕話，從我的背景個性，談到中國在共黨治下的未來，到最後我自己該走的途徑。在他回鄉後一週，我就隨著省親團赴港，隨即來台。一個多月後，港穗之間的交通就關閉了。

在台灣耽了六年，台大四年，軍訓一年，然後在初創的淸華大學又任助教一年。一九五七年我才離開中國——文化的中國，到美國留學去了。因此，二十四年成長的歲月，我都在中國文化的包涵孕育中長大。中國文化成爲日後成熟的我的「底」，這個「底」有多深厚，在以後十六年定居任職美國時，每次返台都感覺得到。但印象最深刻的一次，是一九九〇年初返大陸的「故鄉」餘姚。

浙江餘姚我滿月時回去過，一九九〇年是二度返鄉，但那第一次當然是完全不記得了。這是怎麼樣的故鄉啊！眞正是人地生疏，一點印象也沒有，連話也聽不太懂。但是我記得一些詩詞、一些故事、「烏篷船的夜航」、「泛舟姚江上，坐看四明山」等。這些詩詞故事，都是從我父親的自傳和他人的遊記中得來。

記得我第一天抵縣城，晚宴接風時，就說想搭烏篷船返鄉（老家沈灣離縣城有十幾里水路）。這可令主人爲難了，烏篷船早已淘汰，泛舟姚江用人力划船，意境很美，但可能要走大半天。沒有辦法，第二天備了條小火輪，摸黑起床，嘟嘟嘟的上道。因爲汙染，姚江水是黑的，輪機聲嘈雜，對面相談不可聞。又是因空氣品質，遠山隱約，只餘淡影一抹，哪有什麼詩情畫意？但在晨曦中，忽然一個戴斗笠的漁翁，將網灑向江心，一次又一次；一個挑擔的農夫，沿著田埂趕路，一擺又一擺，這情景從未曾見，卻多麼親切，不正是父親自傳中的寫照嗎？

我忽然領悟到：歷史的步伐是如此巨大，個人的生命、朝代的興衰，在它起伏的間隙中流過，唯有文化民族的源流，一以貫之，悠悠不絕。而那文化的底子，雖然不自覺，卻早已在那二十四年成長的歲月烙在我身上了。

一九五七年到一九七三年，從青春到不惑，人生最精華的十六年歲月，我都在美國大學的校園中度過，朝夕浸沉於科學研教之中，潛移默化，不知不覺的養成了蔑視教條、崇尚自由的價值觀和理性思維習慣。西方現代科學訓練的果實結扎在東方傳統文化的底子上，我確確實實的定了型，假如沒有什麼意外，這定了型的我將平平穩穩的在美國中西部的一個大學城終老一生。

然而，在四十初度之際，我的人生卻忽然起了一個大轉折，首先是「保釣」事件，後來轉變成那一代留學生的一次自覺運動。大陸，我們從小被教育認同的祖國，只是朦朦朧朧的一個幻影；台灣，「中華民國」，我們成長的土地，聲稱代表全中國，但光復大陸，也只是一個幻象，台灣到底往哪兒去？留學生自己，從小建中、一女中、台大，然後去國離鄉，奮鬥著安身。安身之後，又如何立命？一連串難以回答的問題，心情開始不安寧了。

然後，徐賢修先生在這不安的心湖，投下一塊大石。

＊

徐先生是普渡大學（Purdue University）一位資深教授，原從北京的清華畢業，年近花甲時，向普渡請了長假，回到台灣擔任清華大學校長，很快便被延聘接任國科會的主任委員，主持全台科技發展。因此，他想找一位幫他在清華看家的人。

徐是一位熱情樂觀的人，有時可能過份樂觀些。他打高爾夫時，總是盡力一擊，球飛出老遠，但不一定落在球道上。他也喜歡打橋牌，總要把合約高叫兩階，接近滿貫的牌，他一定上去，做不做得成是另外一回事，口頭禪是「總有希望」，再加一句「或許做得成也說不定！」我和他做伴時，把那「或許」變成事實，他就非常興奮，可以把牌記得很久，到處宣揚。他要為清華找一位看家的人，很快就想到了我。

一九七二年秋末，徐從台灣回到普大，只能耽幾天，又要轉到別處，大家為他接風，他興高采烈的說了許多在台灣開心的事。宴後，眾人散去，他卻邀我去他家「續攤」，提出了要我去清華擔任理學院院長的建議。兩人對酌，紅酒助興之下，他描繪出一幕幕美麗的遠景。

那時台灣剛剛被迫離開聯合國，對其前途，眾人皆不看好。我對這點倒無所謂，保釣時期為了和左派辯論，曾把所謂台灣前途好好的思考一番，覺得在當時情況下，代表全中國占住聯合國常任理事國的席位，實在是一塊雞肋；既不符事實，又牽制住了島內的改革，棄之並不足惜。而且大陸本身的問題很多，台灣也絕不會就此滅亡，這點我看得很清楚。而清華復校之初，我就擔任過它的第一任助教。後來從一九六二年起，也曾斷斷續續的來去短期講學過幾次，對學校很瞭解，也很有感情。

對徐的邀約有些心動，但那時國內的待遇比美國差很多，回到清華，我的薪水只有普大的八分之一，這個現實問題不得不考慮。徐先生卻不在意，他說這不是問題，那時第一次石油危機剛發生，台灣的經濟很受刺激，徐卻告訴我，台灣海峽剛剛發現了石油，開發出來，台灣每人的平均所得可以到每年兩萬美元（是當時的二十餘倍），那就比美國還高了。我當然知道這是他一貫「總有希望，或許做得成也說不定」的過份樂觀症。很快算了一下，諷刺的對他說，那要台海五十浬內海面三吋都是石油才成。他一點不以爲意，「那也說不定喔！」繼續宣揚他美麗的夢。醇醇的紅酒配了剛從台灣帶回來的牛肉乾，味道很好，也就不便太認眞，迷迷糊糊的說了句：「讓我再想想。」告辭出來，已是深夜，月明星稀，天寒氣冽，枝椏殘葉，隨風飄落。我回到家，坐在車中，發了一個時辰的呆，才進家門。

第二天，還在床上朦朦朧朧的，徐先生已經電話來了，他說今天要回台，催我做決定。我只好說：「祝您一路順風。先請假回去一、兩年再說，也許有可能。讓我再想想。」就這樣，我是把此事暫且擱置了。但兩個禮拜後，收到台灣的報紙，赫然的讀到一則新聞：「沈君山應邀回國擔任清大理學院院長！」

就這樣，開始了我下半生新生涯的序幕。不錯，我生性灑脫，也有點理想性格，但不是一個衝動的人，基本上還是理性的，甚至有些輕微的知識份子三思而後不行的毛病。那時回國的人很少，只有兩類，一類像吳大猷、徐賢修他們，在大陸受的教育，在美多年，事業已告一段落；另一類是從台灣出來，剛讀完博士的留學生，沒有在美扎根定居。像我這樣，正值壯年，又有了終身教職，連根拔起回國的，眞是少之又少。現在回想起來，也是機緣，也是個性，似乎偶然，其實必然，這樣重要的人生轉折，就在牛肉乾、紅酒的氣氛下決定了。

我是一九七三年返台，先只是向普大請假兩年，到清大做理學院院長。但心中知道再回普大的可能性很小了，在美國競爭激烈的學術環境，脫節兩年，就很難再接得上。那時台灣的天文只在台北中山堂的樓頂，有一架三吋的望遠鏡，天氣好的話，勉強可看見木星的衛星。我雖然不是搞觀測的，但在這樣環境下研究工作，不必也不可能更上一層樓。

在決定回國之後，思前想後，覺得可以把握兩個方向，一是辦學，作爲安身的事業；一是兩岸和族群，是立命的心願。先談辦學，高等教育和科技發展的世界潮流，我很清楚。清華我也相當瞭解，清大那時只有一個院：理學院，一九七三年才新成立。

＊

二〇〇三年我完全退休，把辦公室清理結束時，還找到三十年前我回國時寫給自己的一份規劃草案，在理學院原有的數學、物理、化學等三科外，另創辦資訊（當時叫電腦）、生命科學（當時叫分子生物）和歷史三個研究所。當然，從傳統的觀點來看，這些未必都屬於理學院的範疇，但前兩者將是新科技的主流，人文則一直也永遠應該是一個眞正大學的基礎，而歷史居於人文學科的樞紐，與後來稱之爲通識教育也最接近。這三者後來都做到了，當然也都從理學院獨立出去。這些在清大校史口述初稿中已留下紀錄，有機會的話，會把它整理出來發表，此處先講一個故事。

一九九七年四月，吳大猷先生九秩華誕，我們在清華替他祝壽，那時我已任清華校長。貴賓包括他的兩位高足楊振寧、李政道。此外，大陸清華、北大、東京大學、香港科大等幾位校長，均應邀前來，盛況空前。壽誕前一日，由吳先生主講，師生們在物理系做回顧座談，座談完畢，另在校園後山的相思湖有一項活動。

我參加完座談後，先出去開了車，顧慮到老人家行動不便，就一直把車開到系館門口，那兒車輛原是不准進入的。我還很記得老先生顫顫巍巍被兩位高足攙扶從階梯走下來，興致高得很，左顧右盼的講話。進得車來，高足們坐後排，老先生坐前排，興致不減，還回過頭來用他一向諄諄教誨的夫子模樣，和他的也已七、八十歲的學生，頻頻交談，楊、李二位老學生們也熱烈的回應，溫馨愉快的氣氛瀰漫了車廂。這種情形，半世紀前肯定是很常見的，現在卻是難得重現，若不是今天這樣特殊的時日、特殊的安排，是不可能的。這眞是歷史的一刻！

正在自我得意陶陶然的時候，忽然被一聲大喝驚醒，一張大臉從沒關的車窗外伸進來：「校長！你知不知道車輛是不許進來這兒的？」然後，在校長還沒弄清楚情況時，義正辭嚴的警句已滔滔不絕的灑落下來，「知法犯法，罪加一等」等等。校長司機一時反應不過來，壽翁貴賓也都愣住，氣氛做了一百八十度的轉變，僵住了。就這樣，兩分鐘後，系主任和幾位教授才快步趕過來，把那位義憤填膺的自封義警拉走。他原是物理系的一位研究生！

我慢慢的把車向相思湖開去，空氣凍住在那裡。忽然，楊先生開口了：「清華的校長可眞不容易當啊！」吳先生、李先生都笑起來。可是那笑卻沒有留存在我心頭，那天晚上，我想了很久，直到今天還在想：我們清華的教育，是成功，還是失敗？還是兩樣都有？毫無疑問，那位研究生是一個特殊的例子，但這件事，這件後來甚至被傳爲佳話的事，卻反映了那個時代，也反映了那個時代的清華。

從一九五〇年代到一九八〇年代，台灣一直在威權統治下發展，青年們內心鬱積了一種反抗權威甚至蔑視規範的價值觀。進入一九九〇年代，開始「解嚴」，這種被壓抑的價值觀也解放出來。清華是一個世外桃源，理工課業很重，但校風寬容自由。

我做校長那幾年，正是政治社會的轉型影響到教育，學校體制也開始轉型的時候。「學校自主，教授治校，學生自治」的口號喊得震天響。教育部開始釋權（即所謂鬆綁），在「大學法」明定：校務會議爲學校的「最高權力決策機構」，好動、好表現的學生（絕大部分都是聰明可愛的），被選爲校務會議代表，初嘗權力的滋味，爭取發言，爭取學生在校務會議中的代表名額，希望能「學生治校」，至少也是師生共治。

這種情形下，校長的權威當然受到很大的挑戰，我特別感到不安的，那位自以爲公義化身，有點廖添丁氣質的同學是物理系的研究生，不可能不知道吳、楊、李的事蹟，也不會不知道校長平常是騎腳踏車上班，很少在校園內用車，即使用車也另有駕駛，不用自己做司機。他這次挑戰，不只是向校長的權威挑戰，也是對學術成就高年劭德的尊重挑戰，而這正應是校園倫理的準則。他的行爲不只是不通人情，也是價值認知混淆，甚至走上相反的歧途了。

這次事件，對學生當然是不必也無從追究，但對我自己卻有很大影響，使我深深反思。那時已是我校長任期的最後一年，離回國擔任理學院院長已二十五年。我生性溫和，開明更是自他公認，但行政處事卻不夠強勢專斷。

在威權時代，做一個「大」大學的校院領導，開明是最重要的素質。無論對學術的發展、校風的形成，乃至對整個社會進步的影響，它都是無可取代的好素質。但進入後威權時代，規範隨權威的動搖更替而動搖更替之際，校長的行事風格必須有所調整。因爲校長不但是學校形象精神的領袖，也是學校的CEO（Chief Executive Officer），是一個大機構的行政主管。我斷斷續續的做了總共九年的院長，然後出去做政務委員，然後才做校長。初上任的時候，一心想把從前做院長時的民主風格帶上來，博採衆議而後定策，眞正的在校務會議大議而特議，結果衆議是博採了，卻無法定策。

＊

此處再講一個故事，清華「樹」的故事，這故事很能反映民主轉型時期清大校園的氣氛。清華校園的美是出名的，她的美不在建築，建築在不同的時期由不同的建築師設計，風格各殊，完全不調和。她的美在「樹」，尤其後校園，榕樹從路的兩旁長出來，在路的上空枝枒相接，成爲一條翠綠的穹道。沿著路走進去，頗有曲徑通幽的感覺。

樹在清華非常尊貴的。最近，有幾位常跑校園的記者談論，清華最幸福的是誰？校長？教授？學生？結論都不是，是樹！校園的樹絕不能亂砍。校園裡到處可見特立獨矗的樹，最明顯是在舊文學院館，校園唯一的紅磚大樓前，一排四株，兩株在草地上，一株在人行道上，一株在路中間。山有山霸，海有海霸，清華也有一霸：樹霸。誰都不可亂動樹，樹也絕不向誰低頭。人來人去，樓起樓拆，樹自巍然不動。

清華形成這樣的風氣，我也頗有責任。清華的樹，很大一部分是梅貽琦老校長時栽的。那時我還是年輕的助教，很記得當時的情形，一共一個研究所，十八個學生，可是梅校長要了八十一甲地。友人問他：「要那麼多地幹嘛？」他笑笑說：「將來有用嘛！」到了校園，第一件事就是種樹。友人又問他：「爲什麼趕著做此不急之務？」他又笑說：「將來有用嘛！」所以我對清華的樹是很有感情的。七三年剛到校不久，徐賢修校長興建大禮堂，要把一株老榕樹砍掉，教授反對，最激進的說要把自己用鐵鍊和樹鎖在一塊，誓死護樹。我不會那麼激烈，但胡謅了一首護樹歌，取名「保衛大樹台」，以和當時最熱鬧的保衛釣魚台運動，互相呼應。歌詞大概是：

大學之大兮，不在大樓在大師。
大師不易得兮，且植大樹。
大樹不易植兮，且護大樹！
……

最後的結詞是：

清華之大兮，在我大樹，
大樹大樹兮，與爾同存！

此歌教幾位熱心護樹的學生學會了，在一個晚會上演唱。徐校長一聽大笑：院長和學生串連了，要因樹造反，那還得了！馬上撥校款兩萬元，遷樹重植。這麼老的樹怎麼遷植，不久就死了。但師生也不再鬧，留下一個樹墩，供後人懷念。

愛樹的風氣，全校是一致的，但有幾位教授愛樹成痴，不但不許亂砍樹，而且完全不許砍樹。一九九三年，我當選第一位民選校長，上任不久，也剛當選台灣第一位民選省長的宋楚瑜來看我，送我一個大禮。那時學校正爲校園停車的事煩惱，而校門口光復路的交通紊亂，也是車輛亂停。

有個星期天，宋省長來訪新竹，找了我和交大的鄧啓福校長和他座談，宋省長問了問兩校的情形，省府能不能幫忙等等，交誼一下就走了。我回到宿舍，剛剛鬆開領帶，校警忽然氣急敗壞的跑來，說宋省長又回來了！我趕去校長室，宋和一位邱姓新竹省議員已經在座。他開門見山就問：在清華蓋一個地下停車場要多少錢？我說兩、三億吧。他說那省府就補助三億，但有一個條件，蓋好之後，新竹市民也可以進來停，當然繳費。這樣也可解決校門口交通的紊亂，這眞是喜出望外，我趕快大謝特謝，這樣的再訪，三分鐘後就結束了。告辭時，宋又很誠懇的說，剛剛鄧校長在不好說，以後這件事就找邱議員幫忙辦好了。果然不到一週，省府的公文就到，要清華擬具計畫申辦。我興奮得不得了，覺得宋眞是一位肯用心、會做官又會做事的好省長。

但是要蓋停車場，即使在校門口，也要先砍掉一些雜樹，雖然以後可以重植，但原先的樹已經死了，就有教授反對。他們也很會發動群衆，這次不在晚會唱歌了，那時網路剛興起，就在網路上大罵特罵，說校長討好官府、勾結權貴等等。最後，鬧到在校務會議表決，不幸被否決，以後再也沒有這個機會，清華的停車問題就到今天還沒有解決。這是我個人的一個大挫折，也是清華民主的一個大挫折。後來我打電話去向宋省長抱歉，說清大不能要他的錢了，他溫言相慰，不過心中一定在罵：扶不起的阿斗！

樹的問題後來愈演愈烈，在我退休後四年，接任的劉炯朗校長也屆齡退休，離任前夕，向教育部爭取到一筆經費蓋一個實驗室，不幸要砍株樹，也被校務會議擱置了，結果以執行預算不力爲由，被教育部記個大過。那天正好他揹了一大堆書去高雄探視四年前因情殺案繫獄的清華同學，被記者發現，報紙將此溫馨的新聞和記過之事同時刊出。大學校長被記過，這眞是國際級的笑話，我覺得這過其實是記在教育部身上，而且是兩個大過。

那是後話了，但類似的趨勢，在我校長任內末期，已漸漸明顯，頗令我警惕。愛樹是很好的理念，但在校園民主化之後，從不許「亂」砍樹到不許砍樹到「亂」不許砍樹，是不是過份了呢？吳大猷壽誕校長挨學生訓事件，使我深自反思，終於悟出了一番道理：時代不同，體制也不同，有威權體制、有民主體制，領導的方式不同，效果也不同。有強勢領導、有弱勢領導，但民主領導不能誤爲弱勢領導，強勢領導也不能只靠威權相持。舉一個例：軍隊，甚至競爭激烈的大企業，領導當然要強勢，否則打不贏仗，賺不了錢。但強勢是要靠遠見、靠公正，不能只靠位置。料敵機先，臆則屢中，久而久之，自然就有了權威，就會說了算，這才是眞正的「權威」。

至於在學校，教授都是特立獨行喜歡說不的，當然非民主領導不可。但領導者必須有他的主見、有他的決心，而這些主見是由想得遠、看得準、立得公平產生。但這還不夠，還要有技巧，要耐心說服，必要時更要有些手腕，在種種多數決的會議使之通過。而且，一定要讓學術好的人聲音大些，話講得多些。他們不一定對，但仍要聽，仔細的聽，也要格外尊重。這樣會養成一種重視學術的校風，這是很重要的。不過，最後還是要設法讓決議轉回來，這就得靠耐心、靠技巧，民主是不能偷懶的！

這樣想通之後，就大刀闊斧的幹，最後一年，合併所系，成立新院，比前幾年的成果合起來還多。當然，可惜很快就到站了，不過這番經驗，寫出來還可供後來者參考。另一篇原刊於《聯合報》的文章（見頁六十八），代表我對大學教育與學術自由的一些看法，也一併轉載於後。

我從第一天清華在台復校開始，就與之共同成長、共同成熟。現在我老了，清華也變了，但是慢慢的變，也可以說是與時俱進吧。退休中風之後，安居校園，湖山環繞，群樹（又是樹！）相伴，非常愉快。清華與我，相扶相依，半個世紀，總結一句：「兩不相負。」三十年前，一個深秋的深夜，一樽紅酒後的決定，一點也沒有錯。

本章附錄

大學自主範疇之界定與落實

大學教育之基本目的是供給國民良好高等教育的機會和提升國家學術水準。學術有高度的專業性，而且唯有在自由和自主的環境下，才能提升。故教改會成立以後，首先提出鬆綁的口號，但鬆綁乃在求有效達成設立大學之目的，不是爲鬆綁而鬆綁。本文試就大學運作自主範疇之界定與落實，以及學術自由與校園倫理之規範予以討論。

一、自主之範疇

大學事務應予學校充分自主權者，包含學術專業自主及人事自主。學術專業自主。包含課程、招生、學位授與等與學術專業有關事務之自主。人事自主包含升等、核薪、停聘、長聘、調整組織編制之自主。公教應即分途，大學之教師與專業人員不受公務員的限制，也不必有公務員的保障。這些屬於學校內部的事務，需要專業知識，且各校大小性質不同，政府應充分授權。不論公私立大學，皆由學校自行決定。

其次，如學校之發展方向、校產之處理、經費之運用等，在徵詢尊重學校成員之意見的大前提下，私立學校董事會應有最後決定之權。公立學校則政府有審查核定之權責，但亦限於監督而非管理。

政府主管大學教育的機構，應該管的只有四件事：全國教育發展的規劃、公立學校個別經費的分配、必須的教育法令之制定，以及學校有難以解決的紛爭，（如董事會與學校成員意見不同而相持不下時），得依據法令盡監督仲裁之責。

二、主管的機構

宜成立獨立超然、瞭解大學運作而又不受政治因素影響的大學教育委員會，以合議制方式，議決應由政府主管負責的大學事務。委員不必具公務員身分，應含非教育界人士，但主要仍應爲於大學教育有經驗有研究者（例如可由曾任大學學術行政主管之教授借調，任期期滿返校）。委員會得設有給職之駐會委員。委員之產生經一定程度遴選，由教育部長從中推薦而由行政院長任命。委員會對教育部長負責，教育部長對委員會之決議應予尊重，非必要不宜予以否決。

三、內部運作與資源分配

教育投資是一切的基礎，是「回收率」最有效的投資。所以，即使從功利的觀點著眼，低學費政策仍應維持。但在高水準、高收費並鼓勵競爭的原則下，學費應准有三〇至五〇%上下之彈性，由各校自定。同時，政府及學校本身應提供各種就學貸款及獎學金，以維持只要努力、不論貧富，人人可受高等教育的優良傳統。時機成熟時，可考慮教育券之實施。

其次，目前公立學校經費約九〇%由政府負擔，私立學校則學費收入要占到支出的七〇%，爲求教育資源的合理分配有效運用，今後，政府對公立大學應根據其性質區位、學生人數等，訂定分配指標，提供學校基本運作之經費，其餘則依各校（包含私立大學）個別條件及評鑑結果，以學院或系所爲單位，提供激勵性之發展經費，此可鼓勵提升私立大學之水準，亦爲促使各校改革之誘因。

私立大學現有董事會之設，公立大學過去由教育部扮演董事會之角色，在其功能由管理轉變爲監督。成立大學教育委員會後，在此委員會下，每一（或性質相近之）公立大學可設一具有董事會性質之「發展委員會」，審議大學發展之方向、校長之遴選等事務。如此校務會議可考慮改爲純粹之教授會議(Faculty Senate)，與發展委員會諮議決策互補，此較諸目前大學法訂定之「校務會議爲最高決策會議」在學校運作上將更爲有效。

四、學術自由與校園倫理

美國的大學教授協會曾將學術自由明確的規範爲四個範圍：教學自由、研究自由、發表成果的自由以及對外評論的自由。前三項自由是在校園內探討純學術之理的自由，包含了尋找引用資料的、討論的自由和結論的自由，可謂狹義的學術自由。狹義的學術自由是絕對的，除了三點限制外，無論探討多麼不合時宜，多麼少數，學校都應該保障她的成員認知和表達的權利。這三點限制是：一、不妨礙他人學術自由的權利；二、不破壞校園裡學術自由的大環境；三、不違反那個別學術領域的規範。即所謂不違反「行規」也就是尊重專業倫理。國內應即建立嚴格的審查制度，方能進入國際學術舞台，但亦宜考慮時地的因素。我國傳統上，並無學術優先權的概念，在草創早期，對論文自創性的要求標準和今日完全不同，以今日的標準來衡量當時的工作，似有欠公允。我建議，對近期的學術成果，其眞實自創性應嚴格要求，但對早期的成果，其眞實自創性有疑問者，可以不列入其貢獻，但除非明顯的蓄意抄襲隱瞞，亦應不予追究，這樣對於安定的建立起嚴格的學術規範，也許是中庸之道。

對外評論的自由，是把學術探討得到的認知，延伸到社會上去實踐，甚或走出校園，直接領導校園外社會活動。這是另一個層次，更廣義的學術自由。作爲一個學術界人士，應該要自制和特別珍重這份權利。尤其當他以專業權威的地位，運用本行知識去闡述社會或政治現象時，應將學術誠實超越其他考慮，放在最優先的地位。

師生倫理方面，對教授這個地位的尊敬，已日漸淡薄。但校園畢竟是傳道授業的場所，我國尊師重道的優良傳統，應該維繫下去。其次，某些師生間的特別關係（包括師生有直接關係的感情關係），也許不構成違法，但在道德上利用個人特殊的地位關係，做出對方難以說不的要求或引誘，是不公平的，也是應該避免的。

（原載於一九九五年十二月十二日《聯合報》）

族群溝通

回到當年，決定回國時，我思考要努力的第二個方向，現在叫做兩岸關係和族群融合。當然，當時還沒有這些名詞，關心的人也不多。但對這一問題，在一九七二到一九七三年，從參與「釣運」到決定回國，我是好好想過，也想通了，自有一套看法。假若教育是我安身的事業，兩岸就是我立命的心願。當然，後者不像前者那樣有現成搭好的舞台，有現成指定的位子，讓你去扮演、去發揮。但我也有我有利的條件。我不排斥做官，但不能因之喪失自我。首先要做我自己，包括涉足當時政壇人人視爲畏途的族群、兩岸的問題。這樣，仕途當然不易暢通。但沒有權力並不表示不會有影響力，沒有高位並不表示完全不能行其志。

首先，我有很好的家庭背景，回國時機也很適當。前面已經說過，那個時代，留學有成又歸國工作的，很少很少。我當時主要是因爲棋橋方面的成就，知名度已很高，在台灣被請出聯合國之際，忽然放棄美國知名大學的終身教職，回國做八分之一薪水的工作，確實在留學生間造成很大的震撼，也頗影響一些人歸國。因此，回國不久，就和連戰、錢復、陳履安同被民間封爲「四大公子」（我想是康寧祥首先叫出來的）。藍色血液忠誠愛國的形象由此確定。

其次是朝中有人，最主要是蔣彥士先生。蔣是父親的學生，先母最早的研究助理，後來很長一段時間，一直跟著父親在農業界工作。據他自己說，我幾個月的時候，母親做田野工作，常帶著我，就由他抱著，曾在他身上撒了不只一次的尿。稍長之後，把他們辛苦蒐集資料寫成的紀錄報告，做了紙船放到小溪中放生，他們到處找那紀錄時，我還裝模作樣的幫著找。十六歲從大陸隨父來台，母親留在廣州，我就和蔣彥士一齊住在台北的鐵路飯店，常常是一下人就不見了，回來時鼻青眼腫。有一次還是由他去派出所保出來，保單他還留著，因此事，後來不得已父親還把我送回廣州，差點就留在那兒了。

這些故事，蔣彥士是說不完的。一九七三年我由美返台時，他剛剛由行政院祕書長轉任教育部長。後來一、二十年，總統府祕書長、中央黨部祕書長、外交部長，各種官職進進出出、浮浮沉沉，總在國民黨的領導核心，一兩人之下，衆人之上。而族群、兩岸等最敏感問題，也常在他負責範圍之內。他對我瞭解得透透徹徹，對我的政治活動、官場仕途，一言以蔽之，是提拔未必保護絕對。再加上孫運璿、俞國華等當時的政府領導人，都是父親多年朋友，對我也基本瞭解。所以大致而言，我的情形是升官雖無終南捷徑，保命卻有免罪鐵劵。

第三個有利條件，是沒有飯碗問題。胡適之主張好人政府，但常勸朋友晚輩，先要有吃飯的本領，才可以避免被人牽著鼻子走。我吃飯的本領當然是有的，而且權力的欲望、生活的要求很低很低，清華教授院長的位子早已超過所需，無欲則剛，無欲則清，出入進退之間，完全無牽無掛。

有了這些客觀的條件，一九七九年，六年清大的理學院長卸職以後，我就懷著滿腹的書生經綸和一腔唐吉訶德的勇氣，走出學術殿堂，不在其位而謀其政，參與繞著政治漩渦邊緣打轉的各種活動，一晃二十年。

＊

首先介入的是緩和族群矛盾，這最初完全是被動的。一九七九年底的一個陰濕冬日的下午，殷允芃忽然帶了三位中年婦女來找我。後來我才知道她們是許榮淑、周清玉和方素敏。那時美麗島事件剛發生，她們的先生都被關了進去，如石沉大海，當然都十分焦慮。殷那時是《紐約時報》（*The New York Times*）的駐台記者，我們很談得來，她對我也很瞭解，就告訴她們，有這麼一位有點雞婆的公子，或許可以幫上點忙。溺水的人，有根稻草抓抓也好，就一齊來了。

三人中許榮淑最積極，方素敏最消極，一句話也沒說。她是被拉來的，老大不願意，她深信先生根本沒事，隔天就會出來，只是情面難切，才陪了來走走。但不久就發生林宅血案，方反成了全國最關切的人。我一方面十分同情，一方面也感到這樣下去不得了，會逸出政治層面，引起族群對立，影響深遠。我這樣個藍色血液的公子，若能幫上點忙，也是積陰德，不但是替自己積陰德，也是替外省族群積陰德，因此就積極起來。家屬方面，也覺得這根稻草還不只是稻草，可能是根絲繩，雖不能把人拉上去，但抓一抓、搖一搖，也會讓上面知道下面還有人。因此，在以後一、兩年，我成爲黨內外溝通的重要管道，而這根絲繩也常常被搖。尤其周清玉，半夜三更，可能是想姚嘉文想得厲害，一個電話就打進來，開始是哀怨，接著是嗚咽，接著是破口大罵：「你們不得好死啊……。」怎麼辦呢？只有陪不是。好在她只是出氣，出完氣就掛了電話，明天再打來。

但我的溝通，也只自我局限於人道面，不及政治面。因爲我認識到：黨內黨外的政治矛盾，不只是意識型態，也不只是民主與否，是牽涉到政權的生存基礎。若眞正實行民主，台灣必然會本土化，進而台獨化，而大陸來台的國民黨政權，也就必然會被取代。沒有一個政權是甘願被取代的。而雖然我深信民主，但情感上，甚至理智上，我自己也不能接受與中國完全分離。且不談感情上的中國文化情結，即使理智上，站在台灣立場，台灣優先是當然的，我長於斯，業於斯，當然認同此立場；但獨立要付出太多代價，而且終不能根本解決問題，分離是要雙方同意才行。而且，另一方面，至少我個人認爲，兩岸的矛盾都不是永久性的，有必要付那麼多的代價嗎？

這些道理太複雜了，那時的朝野，不會想到那麼多，我也沒有那麼大的本領去說服雙方，所以決心不涉足政治溝通。面對黨外人士，不得已時，就宣揚我的和平演變論，「世界潮流，浩浩蕩蕩，順之者昌，逆之者亡。」求生存是任何政權的本能，民主是世界潮流，國民黨也是靠民主陣營保障才能生存，台灣本省人占了八〇％，總有一天會完全本土化，那時再爭統獨不遲。船是總會到彼岸的，重要是不要翻船，翻了船再翻過來，是不是到得快點也不一定，但溺死的人卻再也活不過來。

我是和平演變論的忠實信徒，而且相信對島內、對大陸、對兩岸關係都適用，也是我革新保台，一國兩治的理論基礎。後來去大陸我也講，但在大陸，「和平演變」是一個專有名詞，是犯大忌的，這名詞原是一九五〇年代美國國務卿杜勒斯（John Foster Dulles）首創，意思是共產世界終將受西方世界的滲透影響而「異化」，而失去共產本質。因此，在毛周時代，那是一個一等一的反動名詞，到九〇年代初也還是忌諱。我和江澤民對話時，江大大攻擊和平演變，認爲是資本主義資產階級的癡心妄想；我爲之辯護說，即使馬克思也認爲變是常態，不變才是異態，和平的變總比暴力的變好，等等等等。對話結束後出來，同我陪見的幹部大爲咋舌，說到中南海談和平演變，實在膽大，我肯定是第一個。不知就在那天，鄧小平已由京去滬轉粵，開始南巡，大大鼓吹改革開放，也就是從內部展開和平演變了。

那是後話，以後再表。七〇年代末八〇年代初，我在台灣主要從事的是兩件事，最初只是協助美麗島家屬，後來擴及協助海外黑名單人士歸國，按陶百川先生說，只是「幫些小忙」。事實上，以一人之力，將努力局限於此兩方面，因而不招忌，可能反而是效率最高的方式。

但即使盡力避免捲入國內政治，即使只局限於人道溝通，因爲直接接觸的還是情治單位，還是不可避免的窺覷到甚至介入到政治的最黑暗面。戒嚴時期的三大政治血案，林宅案、陳文成案和江南案，我直接介入了前兩案，不但溝通家屬，有時還參與研判案情。爲了陳案半夜到殯儀館去祕密驗屍，眼看著把已死的人從冰櫃裡拉出，一刀刀的切割開來；參與林案，跟著他們將無辜稚子血淋淋布滿刀痕的照片，反覆的看，推敲兇手從何下手。這些不愉快的經驗，我這個「公子」是從未想到會遇見的，二十多年過去，現在想起來還不寒而慄。

常常有人問我，到底眞相如何？說實話（現在也沒有理由不說實話了），確切的眞相，恐怕永遠不會有人知道。知道眞相一角的，或者去世，或者遠颺，或者退隱，也永不會再開口。對這些案子，我接觸的面可能較廣，執政當道、情治單位、受害家屬都有，但不深入。一方面是他們不讓我深入，一方面也是我不願深入。希區考克有一部電影「北西北」（North by Northwest），主角加里・格蘭特（Gary Grant）風流瀟灑，艷遇頗多，但到處爲人追殺，因爲「他是知道太多的人」（He is the man who knows too much.），我只羨慕他的那一半，卻絕對要避免另一半，所以頗爲警惕，耳朶絕不伸長，眼睛能閉就閉，該不知道的事就不去知道。所以現在只能猜測，雖然是理性的、客觀的、有事實基礎的猜測，但還是猜測。至少陳案，我認爲是情治派系內鬥的結果，主角之一是當時警備總司令汪敬煦，他也是受害者。

＊

許多事都已過去，該平反的已經平反，還當了權，不愉快的事就讓它永遠忘記吧。讓我講一個有趣的，也有象徵性的故事，也介紹一位可愛的人作爲這一段經歷的結束。

我從事族群溝通，有兩個自己無法彌補的缺點。一是沒有本土味，台灣話不會講，也不太會聽，甚至吃食也是喜歡江浙口味，台菜到現在還吃不慣。二是知性的貴族氣息太濃，我生活簡樸，也平易近人，但知性上卻有不經意的崖岸自高，對品味不合的人，話不合味三句多，也不是擺架子，只是冷漠以待，人家講話，我自去神遊太虛。所以，即使是好心幫人忙，人家也不見得領情。雖然多是他們自己不得已時才來找我，卻總把我看做老K（KMT）那面的公子，至少情感上如此。

因此，我必須尋一位合作的夥伴。首先就想到，也馬上就找到紀政。她和我在族群、家世、氣質、事業，甚至飲食習慣，不論任何方面來說，都是兩個世界的人。有人說她是高山族（現在叫原住民，但原來的名字更形象些），長得也像，其實是一半閩南，一半客家。五歲時被送去做養女，逃了四年，最終還是被她逃回本家。赤著腳在煤渣跑道上跑出天下，一度保有七項世界紀錄。她對弱勢族群基層民衆有天生的認同，嘻嘻哈哈的一下就混到一塊。我們唯三的共同點就是公平感（fair play）、同情心和無欲也少心機。我們相異之處，也正是互補之處；她本性純眞，但並不笨。她的教練，後來結了婚她還是叫Coach的瑞爾教練培養了她，或者說啓發了她「現代淑女」（modern lady）的氣質品味。她在政治上，有觀念但未形成理念，她一直叫我沈老師，在溝通理論談判爭鋒的場合，我也確實是他的老師；但一到感性群衆的場合，那就是她的天下了。

一九八二年夏，北美台灣人教授協會和台灣同鄉會聯合在田納西一個小鎭的

1982年，方素敏（左二）與林奐均（左一）母女出國後，沈君山（右一）、紀政（右二）與之同攝於洛杉磯。

鄉村大學召開年會，許多黑名單上的異議份子都會去，那時陳文成案已告一段落，安全單位對於僅僅言論上「反動」的輕微異議份子，允許單次返鄉探親，但不得在島內有「顛覆言行」。相對的，台灣同鄉會們要政府保證人身安全，這就給安全單位出了大難題，一位情治首長曾經很痛苦的對我說：「我們怎麼會去惹他們呢？說實在話，愈保證愈危險，自己人幹了也會賴在我們頭上呀！」

我想想，他說的也不無道理，就想直接去和同鄉會的人溝通一下。年會當然是最好的機會。正好那年教授協會的會長蔡嘉寅是普渡大學教授，和我公私交情都不錯，有一次我回普大就住在他家，兩人喝酒喝到深夜，談民主和台灣前途，他知道我的中國情結，就說民主以後，保證可以讓我在火車站前面吆喝統一，「要關的話，我陪你一齊關！」然後瞪瞪的看著我，意思是現在怎麼樣？我回答說：「現在我給你送橘子。」他知道這是實話，我的地位也只能做到這樣，乃哈哈大笑而罷。

因此，我就把想去他們年會的意思轉告，他探詢了一下，回信說可以。但去參加這麼一個會可不是簡單的事。當時台灣同鄉會是準叛亂團體，教授協會是準準叛亂團體。一句台灣話都不會說的我，闖此龍潭虎穴，恐怕連蔣幹的處境都不如，因此必得安排一下。首先安排了紀政和高育仁同行，高那時是台灣省議會議長，算是體制內最有民意基礎的官員。

臨行前我們還去新店望候了美麗島的受刑人，又和紀政同到土城探望呂秀蓮和陳菊。她們住在一棟雙戶隔開的平房，看來很平靜，一齊喝了一壺茶，告別後我在車裡等紀政，老不出來，原來她們去採園子裡的蓮霧了，看著紀政捧了一手的蓮霧上車，心想女人到底是女人，多事。周清玉繡了一雙繡花鞋，給了紀政，說是要送給同鄉會的鄉親，並且「不要給沈君山知道」，後來我當然還是知道了。女士們心思曲折細緻，不容易懂，大概是「臨行密密縫，望夫速速歸」的心思吧。不過，我知道是知道了，是間接知道卻從未見著這雙鞋，紀政還是守信諾的。

於是，我和紀、高兩大護法，還有繡花鞋、蓮霧兩件法寶，浩浩蕩蕩的出發，遠征異域。但是一到舊金山，高議長就落跑了。他去參加國民黨支持的台灣同鄉聯誼會，說是參加完就趕來，不過當然始終沒來。這就把我害慘了，蔡嘉寅大不高興，他請的客人，去了對頭同鄉聯誼會，令他大失面子。

回國後，我的老闆吳三連先生又冷言冷語了我一番。原來陳文成案後，政府認識到要緩和朝野的對立，就改組了團結自強協會。一個原本無甚任務的國民黨外圍民間團體，請吳三老擔任理事長，我擔任祕書長，後台支援是國民黨祕書長蔣彥士和權傾一時的王昇將軍。每週四，祕書長去向理事長彙報會務，會務三分鐘報完了，三老就開始憶述他最懷念的日治末期台灣的文學抗議活動，我對台灣文學本來就有興趣，台灣詩的開山祖師沈斯庵原是從寧波漂流來台，還是我的本家前輩，因此也很熱心的聽。三老躺坐在極軟極軟的大沙發裡，雙腳擱置在極厚極厚的地毯上，用有一搭沒一搭，實在也聽不淸楚的老輩台式國語，慢慢的想，慢慢的講，我偶爾還能揷上兩句，他就頷首笑笑，滿室洋溢著溫馨的氣息。這樣，老少都很期待每週四的到來。他的二公子是台灣同鄉會的理事，對於我想找人一齊去同鄉會的主意，三老十分贊同，我想他對同鄉會是有些感情的，這使他想起早年在東京他參加的一些台灣人活動，所以層峰在徵詢他意見時，他十分支持，可能高議長也因此才得以成行。這次高卻轉去了同鄉聯誼會，使他有被矇騙的感覺。最初他還以爲我們全部都去了聯誼會，後來我婉言解釋，三人中兩人還是去了同鄉會，他才略爲釋懷，但此後我們的關係就有了距離，週四的會晤不再那麼自然了。

但那是後話了，我此去還有紀政護衛，我們到田納西時，主人還是非常客氣，第一天就排了一個座談會，由我主持自彈自唱。因爲我不會台灣話，座談會全程以北京話進行，這在台灣同鄉會是空前恐怕也是絕後了。紀政原也坐在台上，會議開到一半，被鄉親們邀了出去，最初我沒有注意，後來發現會場聽衆愈來愈少，而且只剩男士，只好趕快結束。出去一看，另一室裡，紀政被一大群人一重一重的圍著，高眺的身材如鶴立鷄群，正興高采烈的在獻寶：蓮霧和繡花鞋。她顯然已忘記了侍衛長護衛的職守。同鄉會的人，有很多很久沒能回台了，蓮霧是台灣的特產，睹物焉能不生情？而紀政呢？

我自故鄉來，頗知故鄉事；
來日獄窗前，蓮霧生滿枝。

儼然是權威使者的身分，看她把玩蓮霧侃侃而談的樣子，原來在採集它們時早已有盤算。紀政也不簡單喲，哼！

晚飯是自助餐，侍衛長早被她的鄉親簇擁著不知哪兒去了，我一個人有點孤單的托著盤子。忽然，一塊牛排掉進了盤子，抬頭一看，排在前面的一位中年人，正回過頭對我嘻嘻的笑著，牙齒白白的，一股溫暖湧進心頭，謝謝！我也眞心的笑了回去。但仔細一看，這人似曾相識，對了，是「獨匪」（情治單位稱呼台獨的專用名詞）的大頭頭呢！

我囁嚅著問：「你是蔡先生嗎？」

「我是蔡同榮。」他笑得更坦然，一點也沒有江洋大盜的樣子，正想多談幾句，他卻馬上被人拉走了，這位大頭頭忙著呢。

第二天早上，好不容易跟紀政安排了一齊早餐，好互相彙報一下，她卻心不在焉，吃到一半，就匆匆要走，說是和人約好了。

「誰呀？」

「蔡同榮。」

蔡同榮！危險，那可得跟著走，看來我只好做我的侍衛長的侍衛長了。剛跟著走進一間房，卻被我想侍衛的人擋了出來。

「好了，你回去吧，你也聽不懂啊！」

抬頭一看，昨天那位笑咪咪的中年人，還是笑咪咪的，正站了起來，卻沒有邀請我留下的意思。

那只好很有紳士風度的退了出來，在外面等著，十分鐘過去，二十分鐘過去，三十分鐘也過去了，康寧祥遠遠的踱了過來。

原來這次同鄉會，老康、尤清、張德銘、黃煌雄四位黨外立委也來參加，後來被稱為「黨外四人行」，在形式上我們是唱對台的。

他看我失魂落魄的樣子，就問：「大公子，什麼事呀？」我有點不好意思，但也不得不解釋一番。他聽了哈哈大笑：「哎喲，那有什麼關係！走走走，我們聊天去！」

於是我被拉著，走進隔壁的一間房，張、黃都在，老康繪聲繪影的說了一番，大家都笑起來，我可笑不出來。張德銘是個橋牌迷，讀過我寫的書，就講起橋經來。但這是什麼時候，哪還有這個興致，一個鐘頭都過去了。老康到底是老友，而且在這種地方，最通情達理，一面調侃著：「唉，大公子喲，什麼陣仗沒見過，怎麼這個樣子呢？」一面還是拉著張德銘說：「我們去看看！」

轉了一圈出來，嘴裡嚷著：「安啦，安啦，大公子安啦！」一面拍著我的肩膀說：「蔡同榮要紀政馬上出來，可她說再談一刻鐘，安啦。」一面笑得可開心了。

再等了半個鐘頭，紀大小姐終於出來了，神采飛揚，問她談些什麼，她只神祕的笑笑，怎樣也不吭聲。不過一從那天下午起，她就給我談公投的意義，公投的必要。公投我從來就贊成，是人民最基本的權利嘛；但斯時斯地，聽她那紀老師的口吻，就全不是味道。

但最精采驚險的一幕，還在最後，大會對我很禮遇，把我安排住在校園後面一棟樓房，那層樓只有兩間客房，大概是學校的貴賓室吧。會議第二天結束，第一天晚上回去累極了，倒頭便睡。

凌晨四點多，忽然驚醒，有異聲！定一定神，月明星稀，萬籟俱寂，窗外有一影子作勢要翻進窗來，再定睛一看，原來是風吹樹影，不禁啞然。但異聲卻是眞的，在洗手間，有人在我的洗手間！看一看門，鎖得好好的——自從介入陳文成案後，每晚都鎖門，已成習慣。怎麼會有人跑進我的洗手間呢？直覺的反應是厲聲喝問，但瞬即覺得不妥。我的情治朋友並沒有教我在這種情況下怎麼應付，但看〇〇七的電影，詹姆士．龐德是從不叫的，這樣只會警告敵人，引起殺機！乃悄悄起床，從書桌上拿了個重重的銅紙鎮，躡手躡腳的走到洗手間門側，握緊紙鎮，待那人出來，然後，對不住，先下手爲強！聲音愈來愈響，水聲之外還夾有小調聲，眞是肆無忌憚，可惡！但聲音雖多，卻沒有動作，五分鐘過去，十分鐘過，水聲停了，卻沒有出來。總要出來的啲。冷汗淋漓的握著紙鎮，告訴自己要鎮靜。但還是沒有出來。輕輕的把門推開一條縫，馬上閃到門後，沒有動靜，窺覷一下，漆黑一片。洗手間的燈關著，慢慢的把門打開，渾身神經尖銳緊繃，再摸索著把燈打開，洗手間裡水跡斑斑，卻沒人，哪兒去了？沒有天窗沒有地道，難道一切都是我的幻覺嗎？

再仔細一看，對面牆上也有一道門。喔，原來如此！輕輕的在那門上敲了兩下，沒動靜，慢慢的把門打開，被窩亂著，但卻是空空的，人早走了。

後來我才知道，隔房住的是蔡同榮，他因趕第一班飛機早起離去。同鄉會的主人也煞費苦心，將我們安排在雙房一浴的隔壁，希望會不期而遇於中間地帶，袒腹相對就也許會袒腹相談，談出什麼驚奇的結果也說不定，但卻太守密了，也不告訴我們（至少我）一聲，假若蔡君眞好奇又熱心的伸個頭到門這邊，啪！喲！那眞是驚奇了！

無論如何，會議結束後，各各打道回府，我第一次也是唯一一次的同鄉會之旅總算平安無事的圓滿完成。但在轉到別的議題之前，在此談談我對「公民投票」的看法，公投肯定會是今後台灣政壇最有爭議，也最有影響的一個議題。

＊

事實上，一九七二年，我還在普渡大學任教，台灣的聯合國席次岌岌可危之際，就曾聯絡許倬雲與五十多位留美學人和學生，公車上書，引法國戴高樂總統處理阿爾及爾爭議之例，要求政府對當時堅持法統的國策舉行公民投票（原件經過後來刊載於一九七〇年《遠見》第四十七期，見頁九十三）。當然，這是當時的國民黨政權不能接受的，便由時任總統府祕書長的張群（我父親和母親在大陸結婚時的證婚人）給「賢棣」寫了封義正辭嚴的回信打發了。

公投是任何民主國家國民的基本權利，我國憲法的國民有複決權就是公投的法源，其議題不應局限。有人說只及公投政策不及統獨，是不通也不智的。

但是公投議題的選擇及其提出的時機，考驗執政者的智慧，也是執政者的責任。政治是現實的，後果決定是非。台灣不是生存在眞空管中，是國際政治大漩渦中的一葉扁舟，如何不致覆舟，如何駛抵彼岸，不是吆喝叫嚷、亂衝亂撞便可如願，製造悲情氣氛更無濟於事。

公投問的是是非題，不是選擇題，故提議必須明確。公投的社會成本很大，故其結果必須可行，舉辦才有意義。二〇〇三年秋，大家談論是否公投的公共政策議題是，核四續建及加入WHO（世界衛生組織）。前者我認爲是很好的公投議題；雖有專業性，但有半年三個月，也可以大致把問題向民衆說淸楚了。核四續建不續建和核能發展不發展（這兩者是兩回事），是價値取捨；經濟淸潔與絕對安全之間的取捨，由全民決定再合理不過。加入WHO，我認爲是個不必要的議題，只是一個政治花招罷了。問老百姓想不想加入WHO，就好像問中學生想不想上台大，誰不想呢？問題是能不能加入，用什麼條件加入。這樣複雜的議題，再加上進不進得去是國際政治角力，公投有什麼意義？只有製造悲情和挫折感而已，也許有些短線政治利益，但今天的民衆也不是那麼的笨了啲！

統獨是公投的終極議題。有人明指，公投其實是爲最後的統獨決定攤牌，這話，也沒有錯。但如前所說，政治是現實的，以成敗決定是非，台灣不是生存在眞空管中。我以爲，理論上必須堅持統一要經過公投，而現實上，不能考慮獨立的公投。獨立的公投，在可見將來的現實環境中，不會達到目的，只會帶來災難。所以現實上，一般公共政策之外，國之大事必須經過公投的，唯有「統一公投」；中共不是聲稱，統一是絕大多數台灣同胞期望的嗎？那就辦個公投：「以一國兩制和平統一，你贊不贊成？」結果如何，中共自己也很清楚，這樣的公投，全世界（包括北京）無法反對，台灣人民的眞正意願也可以看得清清楚楚！

這也許稍嫌理想，但不是說笑。統一或者統合，要經過公投，不但是民主的基本理論，也是長治久安解決兩岸問題必須通過的關卡。現在統一公投在台灣當然不會通過，但兩岸的政治環境會改變，「一國兩制」的涵義，也可以與時俱進。兩制會漸漸演變成一制，一國也會漸漸不再集權，兩岸原無宗教民族等基本矛盾。每四年選一次總統，就來一次公投，我個人相信，總的趨勢票數會愈來愈接近。將來，也許十年，也許二十年，也許更久些，總有通過的一天，那一天眞正的和平統一就會水到渠成。最近北京常說統一要有個時間表，不能無限期拖延，這就是最合理的時間表！

寫此文時（二〇〇三年秋）離當年赴教授年會，不過二十一年，當年認爲叛國言行的公投，現在已成朝野熱門的話題。雖然公投議題之引起，源於選舉運作，無論藍綠，多在爲短程選票之得失而爭，少在爲眞正國家長遠前途著想。但這原是民主選舉的常態，許多複雜的不正當因素互相牽制之下，常會得出正當的結果。公投不會是走向獨立的終南捷徑，但卻會成爲滑向統一的合理煞車。世事變化難料，當年闢室密談的蔡「公投」同榮先生，不知滿意今日的所謂公投否？

本章附錄

台灣第一份要求公投的文件

本文是一九七一年秋旅居美國知識份子的一份「公車上書」，由我起稿與許倬雲共同具名領銜，署名者六十餘人，有許多現在國內知名之士。除了提出改革建議外，文末要求政府「在短期內，提出確切的國策政綱，以政策昭示於民，在台澎金馬地區，舉行一次公民投票」。相信是台灣第一份要求公投的歷史文件。

＊

半年來，由於國際局勢的演變，引起國人對國事的關注，我們是一群在海外的中華民國國民，值茲第一屆國民大會第五次會議召開前夕，願借此表示我們對國是的意見，以供政府及代表諸先生參考。

一、我們對時局的看法

我們認爲自由中國當前的危機，不在外患而在內憂。在短期內，中共並無力用武力來侵犯台灣，但是它會用它在國際舞台上驟得的地位，從兩方面來打擊我們。其一爲在外交上、經濟上孤立我們，以削弱政府的實力；其二，有些海外知識份子，由於仰望一個強大的中國，往往忽視人權法治對生活在其中的個人的重要。中共會利用此一心理，使他們因同情而爲中共宣傳，進而影響國內民心士氣。

這些統戰手法，假若我們自身堅強，並不會產生作用。但現在人民心理方面，尚有潛在性的省籍隔閡，易爲政治性煽動所乘。經濟成長方面，我們仰賴於國際交流者頗重，如何消此隱憂，我們認爲關鍵是政府能否腳踏實地的建立在民衆基礎上。只有建立在民衆基礎上的政府，才能有所恃而無所懼。

二、我們的意見

要做到這點，我們認爲政府必須實事求是，以大多數人的目標爲目標，國策政制必須反映當前環境。毫無疑問，台灣與大陸的命運不可分離，但是目前我們最可盡力者在將台灣建設成三民主義的模範省，自保自足，然後始可談反攻復國。不幸，現在國策法統往往被引用成一套邏輯，阻塞新陳代謝的生機，成爲內政改革的絆腳石，在理論上原是一個崇高理想的國家最高目標，在實際上成爲矯飾的口號。爲求與民更始，促進團結，我們建議大會明確表示在統一復國的大目標下，目前以建設並保衛台澎地區爲第一優先，凡與此目的妨礙之法令規章、機構組織，皆宜或暫停實施，或修改而去之。

有了這樣的大前提，政府體制、民意代表等問題即不存在。處於當前局勢，我們擁護一個堅強有力的領導中心，但在國家安全的範圍內，人民的意願必須尊重，鑒於此我們認爲：

1.民意代表顧名思義應代表民意，在此原則下我們贊同全面改選。

2.人權法治與輿論之眞確自由是民主政治的基礎，是反共最大的動力，在不挑撥省籍歧視與不鼓吹顚覆政府此二原則下應享有充分之保障。

3.司法獨立應迅速建立，以保護人民在法律範圍內無疑懼自由，政治不得干預司法。

4.經濟繁榮成果的分配，我們希望能更進一步的全民分享，健全現在工會（包括漁會、農會）成爲眞正爲勞工所有、爲勞工謀利的組織。

5.對外交涉和海外宣傳必須維持民族的自尊。先要自己站得直，以修明的內政爲外交的基礎，對一個海外的中國國民而言，國家民族的情感遠強過空言的宣傳。

三、我們的期望

以上是我們的意見，或將損害既得利益階層中一部分人的權益。但今日的危機是全民族、全國家、全政府的危機，時機迫切，一縱即逝，戴高樂以光明心地行霹靂手段，出處進退分明，再造法國共和，迄今生民頌之。

我們期望政府在採納各方意見，容納各方人才後，在短期內，提出確切的國策政綱，以政績昭示於民。在台澎金馬自由地區，舉行一次公民信任投票，則內可以取信於民，表示眞正改革之決心，外則於民主國家間之國際地位自然提高，中共之統戰顚覆政府分子之讕言皆無所施其技。吾人於此，寄厚望焉。

沈君山
許倬雲

一九七一年十一月三十日

兩岸初期交涉之參與

我參與黨內外溝通的時期很短，一九八二年以後，就開始淡出。基本原因是，美麗島事件所引起的急遽升高的朝野對立暫趨緩和，方素敏出國了，人道溝通的需要告一段落；體制內的民主機制也開始恢復運作。像我這樣的貴族清流，只有在高度威權（但還不到專制）的時代，能發揮邊際效用，真正進入民主時代，自有政黨人士、國會議員等在體制內發揮功能。做一隻意見領袖的烏鴉，也許還有意義；內內外外、上上下下，不在其位亂謀其事的雞婆，就大可不必。

但是兩岸關係是我回國之初就想定立命的，從一九七〇年代末到二〇〇〇年代初，只要給我機會，就會以各種身分以跡近「鑽營」的方式參與——雖然此鑽營與名利權位沾不上關係——二十餘年來始終如一，所參與的大致包含四個方面：

一是基本政策的制定。從一九九〇年的國是會議到國統會，到二〇〇〇年的跨黨派小組，正是台灣的大陸政策從基本觀念上動盪轉變的時期，不管這些會是否有實質效果，我都會興高采烈的去參加。在上述的那些會中，國統會當然是最有具體成果的，它最大的成果不是國統綱領，那只是將當時已經有的一些觀念，已經在實施的一些步驟，歸納綜合起來，步步爲營、面面俱到（陶百川評語）寫成一篇難免有點模糊矛盾的官樣文章。眞有突破性的是一九九二年經第八次國統會通過的關於「一個中國」的定義：兩岸各表主權，各擁治權，也就是一國兩治的具體闡述，這成爲後來所謂九二共識的基礎。我的看法，二〇〇四年總統大選之後，無論誰贏，兩岸關係終將重新出發，還是會重新從這個基礎上，略予修正開始。

其二是兩岸領導人士間觀念的溝通。象徵的代表是和江澤民的三個對話。其實，我前前後後、直接間接的與不同層次的人士一直有對話，甚至在二〇〇〇年總統大選變天之後，我以中風殘疾之軀，以信使方式（但不是代表當局）兩度進出大陸，雖然受了不少白眼，對緩和當時氣氛，還是略有所助。

再其次是文化學術交流。從最初的傑出人士、老院士的訪台，期間經過浩然營等等，到現在吳大猷暑期科學營，當時是開風氣之先，現在不過是隨衆之一員，但熱心推動十餘年如一日，始終沒有利益瓜葛，恐怕是上了癮。

最後是國際組織的交流與參與。從奧會到國際科總到物理學會到……，一般歸之於非政府（NGO）也應該是非政治的國際組織，實際上卻牽涉到最政治的兩岸較勁。從一九七九年開始到一九九〇年代初，從幕後到第一線，我始終參與，鬥智鬥力過程，枯燥中帶有刺激，也相當程度的象徵了兩岸關係的發展，到今天這個問題還有現實的興趣。故在此把我個人的經歷從頭說起。

兩岸在國際上的較勁，一九七二年是一個轉折點，一九七九年又是一個轉折點。一九七二年北京在聯合國中取代台北，象徵國際舞台上中共的崛起，「中國」的法統由中華人民共和國繼承。一九七八年底，「台」美斷交，「中」美建交，由於美國在兩岸關係中舉足輕重的份量，此舉象徵這轉變的具體完成。此後在國際政治舞台上，台灣成了一個幽魂，一個實實在在的國家成爲一個不存在的國家，其原因當然是中共所謂和平統一，甕中捉鱉的政策。此後，所有台灣的外交活動，包括所謂「參加聯合國，三年成案」等，主要都是對內，像非洲某國的國王來台，還成爲舉國轟動的新聞。他後來轉向北京，在台北留下一只爲他特製的特大龍椅，有人說乾脆也送給北京作爲陪嫁，當然沒有成爲事實。現在據說還保留在外交部地下室。

但是在非政府（但也很政治）或半政府的國際舞台，兩岸的競爭卻不這樣的一邊倒，其中部分原因是這些國際組織，至少在原則上遵循兩個原則：會員普及與會員平等（universality and equality）。對於台灣要保留會籍繼續參加，基本上是贊成至少是同情的。其次，我認爲實際上可能是主要的原因，是鄧小平的台灣政策。這個政策第一次宣布，是一九七九年元旦葉劍英以人大委員長名義發表的談話，到一九八一年成爲更具體的文字，即所謂的「葉九條」。這一個政策到今天基本上還沒有變，具體的反映了鄧思想。中美建交完成之後，鄧認爲一個中國基本上已大勢底定，乃大膽的提出了一國兩制的構想。我說大膽，是因爲在意識型態掛帥的共產黨，這種明目張膽接受資本主義制度的做法，若非鄧小平，在當時是沒有第二個人敢和能將之立爲國策的，形諸於國際組織之兩岸參與方面，北京的基本立場也從此確立，包含三點：

一、一個中國，中華人民共和國代表中國。

二、台灣是中國的一部分，但接受台灣目前不是中華人民共和國一部分的事實。

三、允許台灣獨立參加NGO和SGO（semi-governmental organization），但以不形成兩個中國爲底線。

關於第三點，當然有其統戰考量。據說在中共內部辯論時，保守派和外事部門都反對：對於蔣幫，何不除惡務盡？鄧說了一句：「這樣隔離下去，台灣一定會跑掉！」才就此拍板定案。

無論如何，一九七九年以後，在NGO和SGO的國際組織中，形勢就從漢賊不兩立變成漢賊可並存。從前是賊來漢去，雙方立場都很堅定，或者很僵硬，因此倒也沒有什麼談判、接觸和妥協的必要，現在漢賊可並存了，那就有得可爭。北京外交部對台灣參加的立場優先次序很明顯：一、併入；二、從屬；三、地區性。併入或從屬於北京中央，我們是不考慮的。我們外交部的官方立場從沈昌煥任部長時傳下來，還是不變：我們是正統，他們是匪共，在會場裡，不應正眼視之。但蔣彥士以總統府祕書長臨危授命出任外交部長，官是降了一級，權卻並未稍減，他生性本就隨和，處事不拘一格，和外交部文化格格不入，他們背地裡給他取了個「無軌電車」的綽號，但表面上仍不得不畢恭畢敬。

我原本就是台灣的天文學會的理事長和物理學會的常務理事，又是中華奧會的顧問，加上和蔣彥士的關係，現在官方外交沒得玩了，民間外交登場，風雲際會。一九七九以後幾年從運籌帷幄之中，到決勝千里之外，我無役不與，大大的活躍了一番。

天文學會

那時台灣在國際NGO方面的活動，原就有一些人在負責，主要是體育和學術兩個方面。經濟方面因爲大陸還是關閉自守的社會主義體系，和西方社會尚少往來，APEC（亞太經濟合作會議）、WTO（原名GATT，世界貿易組織）都是後來的事。台灣方面原來的負責人和中共的交手一直在進行，外事經驗都很豐富，我並沒有外事經驗，但有三個他們沒有的優點：一、自己有一套一國兩治、三和漸進的兩岸關係理論；二、注意也瞭解鄧、葉等中共領導人的言行政策和他們背後的思想；三、棋手的訓練。圍棋講究布局、謀定後動、勢孤取和，棋手下棋也從不必把對手當仇人，但對手還是對手，棋盤上絕不手軟，贏最重要，但棋盤外是可以做朋友的。

我對中共也從不把他當仇人，甚至他們仗著地大人多，蠻橫欺人時也一點不生氣，儘量發揮弱勢方面（underdog）靈活自如的優勢。這與專業訓練和意識型態上都敵我分明，因而必然態度顯得僵硬嚴肅的職業官僚相比，要占不少便宜。當然，無可諱言，最重要的，我後面有個蔣彥士，自己權宜行事，別人也莫奈我何的大靠山。

一九七九年名古屋的奧會交涉確定了奧會模式，對以後兩岸關係的影響無疑最大。但這之前，學術團體的幾次交手，已經顯示了新趨勢，其中之一是國際天文學會（International Astronomy Union，簡稱IAU）。IAU是ICSU（International Council of Scientific Unions，國際科學總會）當時下屬十八個學會之一。ICSU與國際奧會地位相當，相當於學術界的聯合國。

一九七九年的七、八月間，IAU的年會和另一ICSU下的生化學會年會同時舉行，一在美國的邁阿密，一在加拿大的蒙特婁。北京的代表懷著新的政策，全師而來，準備加入。那時我是台灣的天文學會會長，代表台灣和他們在蒙特婁交涉；王紀五則是國科會的副主委，是台灣學術外交長期以來的負責人，在邁阿密和他們過手。我們每天通電話交換情報，並肩作戰。最後，在蒙特婁的天文學會，條件談不攏，中共鎩羽而返，沒有加入。在邁阿密的生化學會則得到初步協議，後來衍生爲國際科總兩岸共同入會的藍本。

前面說過，一九七九年元旦葉九條之後，北京改變了他們的基本政策，但我們的官方政策還停留在「漢賊不兩立」、「拒匪入會」的階段。務實的官員當然瞭解，如此一定導致「賊立漢不立」、「匪入我走」的後果，漸漸的也就把努力的方向轉爲「平等自尊」的原則下保留會籍。但對於外事單位，匪就是匪，必須凜然以對。天文和生化兩會是首次與「匪」正面交手。

＊

行前，外交部交付一份厚厚的與匪交往遵循手冊，其中有「態度冷漠，相機策反」等警句；我看了起先頗爲反感，既要策反，又怎麼冷漠以對呢？後來才悟出運用之妙，存乎一心，每次和匪嘻嘻哈哈，都是策反嘛。但老實人往往就慘了，和我同去的有位蔡章獻君，是台灣普及天文的奠基者，數十年如一日，厥功甚偉，但國語都不太會說，英文更別提。到蒙市以後，我忙我的，他倒是自得其樂，但每天下午在四樓舉行的通俗演講，都看到他滿頭大汗的從一樓爬樓梯趕上來，我頗爲不解，問他爲何不坐電梯，他囁嚅的回答：「電梯中太多他們的人了。」那倒也是，硬要板著臉的態度冷漠是不容易的事，所以只好「匪坐電梯，我走樓梯」了。

還有一故事，就更可笑了。國際天文學會的會長勃勞（Bllaw）是荷蘭人，他實在搞不清我們在爭什麼，就跟我說，你們自己去談談，談妥了，我們一定同意。因此，在一個晚上，我就摸到北京的中國天文學會會長張鈺哲房裡，張老先生是大陸天文界前輩，和我父親在南京金陵大學曾是同事，是李國鼎的老師也曾是他的上司恩人。我敲門進去的時候，他正休閒的躺在床上看書，見一位「蔣幫」人員忽然闖了進來，頗有點尷尬。我自我介紹，說父親是沈宗瀚；這些背景，他當然原本知道，就說是老朋友了，我又說李國鼎先生託我問你好（事實上李先生根本不知道開會的事），他噢噢的兩下，有些激動，這樣就聊起來了。後來轉到如何共同參加天文學會。我們都認爲都是中國人，這樣爭下去在外人面前不好看，究竟爭些什麼，他亦不甚瞭然，不過他說會給「他們」說說，尊重我們選擇自己名稱的權利。

告別了張老，我馬上給勃勞通電話，說中國問題有可能解決了。那時已是深夜十一時，但他聽了就說馬上過來。我說太晚了吧，他說沒關係，穿了件休閒衣就來了，聽我說了經過，就說第二天找我和張一齊說定。我告訴他，這樣最好，但我們政府有規定「不談判，不接觸」，我和張會長不能面對面公開的談。他有些訝異，但很快就瞭解，我們商定了第二天會談的方式，勃勞興沖沖的回去了。

勃勞的興奮不是沒有道理，那時「中國問題」已經成爲ICSU中最頭痛的問題。一九七九年以前，漢賊不兩立，賊漢也不兩立，問題不能解決，各學會的年會中每次都吵。一九七九年後露出一線曙光，假如天文學會率先解決，那是很露臉的，這突破就像發現一顆新星一樣，會載諸史册的，怎能不興奮呢？

第二天的會談就很有趣了，張會長帶了一位翻譯，我是一個人，蔡章獻來轉了一下，看看會場的布置就走了；另外還有勃勞和天文學會的祕書長。我們五人分賓主坐定，勃勞和祕書長坐在中間一桌，張會長與翻譯和我分坐左右兩桌（桌子也要有三個）。首先，勃勞用荷蘭英語發言，翻譯譯給張，張用中文回答，翻譯再用英文譯給勃勞，勃勞再問我，我沒有翻譯，就直接用中國英語回答。這樣來來去去當然費事，但符合了「不接觸，不談判」的國策，而且對我有利，因爲張用中文一說，我就完全瞭解，等到轉了一圈到我這兒的時候，早就想好了答詞。談到最後關鍵時刻，卻出了笑話，討論到台北天文學會的名稱，張會長說「我們會尊重台北方面的決定」，翻譯聽了頓了一下，譯出來卻多了一句「我們會尊重台北方面的意見，但必須符合我們剛才所說的原則」。勃勞聽了，轉過頭來，用荷蘭英文再說了一遍，然後加問了一句「同意嗎？」我這時急了，也顧不得非禮勿聞的三不國策，就回答勃勞：「假若你問我是否同意張會長剛剛說的話，我的回答是完全同意。假若你問我是否同意你的叙述，那我必須說這樣恐怕仍得不出結果。」

勃勞一時愣住了，看看我又看看他們，回過頭來再看看祕書長，祕書長聳聳肩。我從眼角餘光裡看去，張和他的翻譯低頭商量，有點窘迫，最後張會長開口了，這回用的是純正英文，他是芝加哥大學的博士，怎麼會不會英語呢？只不過中共那時強調的反帝民族意識，正式交涉概用中文罷了。當然翻譯是外事單位派來的，對官方政策更爲瞭解；張會長是純粹學者，政治的事問不清楚也不想多問。因此，事實上交涉的主導就由譯員擔任。這時出了紕漏，張不得不出來圓場，他說：「我的意思其實就是X君說的那樣，恐怕有些誤會……。」

經此打岔，當然談不下去，只有回去繼續協商，終究沒有協商出結果，第一次接觸，也終究沒有得到第一次突破。

究竟爭些什麼呢，現在看起來很可笑。開始時雙方立場有相當的歧異，到最後主要部分都同意了，一個中國下兩個平等獨立的天文學會，並列於國際天文學會的手冊，PRC和ROC的名字都不出現，甚至列名的方式也談妥了，就是：

China
- Chinese Astronomical Society (Nanking)
- Chinese Astronomical Society {of / at} Taipei (Taipei)

用南京而不用北京，是因爲當時大陸天文學會的總部設在南京的紫金山天文台。但問題出在 at 和 of 兩字之爭，北京不同意at Taipei，只同意of，情願不入會。勃勞非常失望，但在最後會議總結時，仍請我代表中國向大會說明經過，我將 at 和 of 之爭譯作「等於」和「屬於」之爭，把一國兩制和一國兩治之別好好的給各國天文學家上了一課，北京的代表也在下面聽，我想九九%的聽眾都聽得一頭霧水。

「拒匪入會」的最高使命是達成了，但我心中一點也不高興。事實上，最後一天晚上，我和在邁阿密的王紀五爭得很厲害，他不同意接受of，我說我們的名字由我們決定當然不錯，但勢不如人，他們這次沒能入會，下次一定還會再來，我們的條件只會一次比一次差。但王堅不同意，他是科學外交的總負責人，我只好聽他的。我最後的講演是列入了天文總會的紀錄，但天文學會模式終於沒有留下來。

無論如何，這是一個勝仗，回到國內，各方情報已經到了蔣部長那兒，他非常高興，頑皮的沈君山終於讓他露了臉。我也寫了個報告，把我的意見痛痛快快的說了出來。

在蒙特婁會議結束的最後一天，我去向張鈺哲會長告別，對未能共同入會表示遺憾。他老先生倒很大方，要我向李國鼎先生問好。那我問他是不是寫幾個字呢？他就用天文學會的信紙寫了一封短簡，又讓我帶了一罐茶葉，我帶回台北送給李先生，告訴他經過情形，並很抱歉的說，沒得他同意就代他問了張老先生好，不算代他通匪吧，李先生哈哈大笑，請我喝了一杯濃濃的咖啡。

奧會

奧會的交涉從一九七二年北京進入聯合國後就開始，但一九七九年以前，基本上國共雙方都堅守漢賊不兩立，因此漢賊也不必接觸這兩條原則，故所謂交涉，是事實上只代表台灣，卻自稱代表全中國的中華民國奧委會和國際奧會在交涉。台灣這個看起來荒謬的立場，因爲中共也是要就全要（將台灣排斥出去），要就全不要（自己也不加入），它對台灣爭取留在奧會倒也沒有產生大的妨礙。

奧會的組織很特別，奧運會由國際奧會（ＩＯＣ）擁有主辦權，邀請各國的國家奧會（ＮＯＣ）組隊參加。奧會新委員則由舊委員推選，是一個封閉性的組織，有點像大企業的董事會。徐亨是國際奧會的委員，台灣另有一個小團隊，包括丁善理、張彼德等處理奧會事務。

我在一九七七年就被聘爲奧會的顧問，但事實上只對蔣彥士、孫運璿等兩、三位領導人，就兩岸關係（那時剛剛萌芽，還沒有這個名詞）提供意見，實際奧會的事完全沒有介入。一九七九年夏，天文學會歸來，「拒匪」入會有功，當地國府工作人員的報告紛至沓來，都是好話，蔣彥士頗覺臉上有光，就要我參加奧會的談判隊伍。

正好奧會談判也到了緊鑼密鼓的時候，台灣的立場實際上已有了改變。雖然在島內的國策依舊維持三個堅持、堅持法統、堅持一個中國、堅持中華民國就是中國。但在NGO的交涉中已不再堅持代表全中國，也不再排斥北京入會，只求保留會籍。為此，還上了國際法庭。

那時，有幾位管對外事務的政府高階人士，常聚會商議因應決策，外傳是「七人小組」，眞的有沒有這樣一個小組，可能也存疑。蔣彥士初為總統府祕書長，後為外交部長，是所謂七人小組的核心，我跟著去開過兩、三次會。最後他們得到一個原則性的決定：一定要維持原來「國家奧會」的會籍，獨立平等的存在。至於旗、歌、名儘量維持不變，但可有彈性。「堅持地位，爭取名義」成為最高指導原則。

我列席七人小組會議時，沈昌煥已經因中（台）美斷交而下台，但潛勢力猶在，開小組會議的時候，還有堅持國策拒匪入會的聲音。有一次，蔣彥士主持會議，我也列席，有大官就此點慷慨激昂的發表了一篇演說。蔣耐心的等他說完，笑咪咪的指著我說，沈教授剛從加拿大回來，在天文學會力抗中共，是拒匪有功的學者，我們聽聽他的經驗。我沒有蔣的好耐性，聽完那番不知有漢遑論魏晉的發言，心中早已有氣，聞邀再不客氣，站起來就先貶我自己。我不是「拒匪有功」，是「誘敵無方」，沒有讓匪平等入會，有勇無謀，有虧職守，應該關禁閉

（我在受訓時，闖過兩次禁閉），還到廟堂上來發言，實在慚愧，云云云云的把自己好好罵了一頓。然後才將「漢賊不兩立，必致賊立漢不立」的道理闡述一番，那些話在今天已是常識，但在那時是大忌諱的；兩年後紀政競選立法委員，我幫她寫政見稿，用了這些話還引起軒然大波，導致登這篇講稿的《中央日報》總編輯下台。

那天會議出來，我有些不好意思，向蔣道歉，他一點也不生氣，只是笑笑說：「你是教授，沒有關係，講講也好。」還一臉得意的樣子。我心中才恍然：孫悟空終究還只是如來佛手掌中的一枚棋子！

在七人小組之下，奧會談判團隊也常常開會，我記得是在火車站前的中國飯店，徐亨年最長，由他召集。那時交涉已到最後階段，台灣留在奧會大概沒有問題，但是否以國家奧會名義留下尚有爭議，至於旗、歌、隊名等更是未定。九月中，當時的奧會主席基蘭寧（Lord Killanin）來台，聽取我們的意見。這是一個關鍵，但只能說是聽取。因為奧運會由國際奧會主辦，邀請各國選手參加，它若不邀請，除了徐亨可以奧會委員在會內發言，只有上國際法庭打官司，別的你拿它一點辦法也沒有。

＊

最重要的還是十月在日本名古屋舉行的國際奧會全體委員大會，就像選城市辦奧會一樣，大會的決定是最後的決定。這是最後決戰，台灣當然也要派代表團前往，除了過去參與交涉的團隊成員外，我也以奧會顧問的名義參加。原來一共五人，但我建議另外增加楊傳廣和紀政兩位體育界的人。

這個建議，除了徐亨之外，原來談判團隊的人大多不甚贊同。奧運雖是體育盛會，但奧會本身卻是政治性很濃的國際組織，尤其中國入會問題，是微妙的政治角力，和實際的運動扯不上關係，他們去做什麼？我的想法不同，名古屋大會中國問題是各方注目的焦點。但是實際決定權是在奧委會的幾十位委員，我們可以著力之處不多。另一方面，近幾年來中共從鎖國走出國際，一舉一動世界矚目，而台灣過去一直聲稱代表全中國，實際的本體反而模糊了；楊、紀二人是台灣土生土長的世界級選手，他們的出現可凸顯台灣作為一個體育國家的實力。何況這也是退出聯合國，中（台）美斷交之後，難得可以露臉的國際場合。

我的這些想法，代表團的成員反應很冷淡，但蔣彥士倒挺贊同。最後，折衷採取這樣的安排：代表團正式成員還是原來五位（連我在內），楊、紀兩人隨團前往，幫忙宣傳公關，由沈君山負責監督，但不參與談判。

關於談判，我另外還有一個想法，雖說按照當時國策，我們只能和國際奧會談，但該說的我們都說了，也許有理，但國際交涉是講勢的，我們眞正的對手是中共，他們勢強，但也不到爲所欲爲的地步；他們，至少他們的體育界，想儘快入會，而他們的基本政策也並不是一定想將我們排斥出去。這和聯合國不一樣，這裡不是零和遊戲，既然不是零和遊戲，應該可以談。何不直接找中共談？何況我們還有最後一招：上國際法庭，在田徑協會我們的官司還打贏了呢！對這，國際奧會和中共也不能不有所顧忌。

和中共談，這在當時是大大違反國策的，政府每天都在宣示三不：不談判、不接觸、不妥協。我這個想法當然不便和代表團說，他們連邀楊傳廣、紀政去都抱持保留態度，只有婉轉的向蔣彥士說，他一聽就明白，對我在天文學會幹了什麼事，幫張鈺哲帶茶葉給李國鼎等，他都淸楚。他耐心聽我說完，翻翻眼睛，沒有正面答腔，「奧會雖不是聯合國，可也不是天文學會。」只說了這麼一句沒有下文的話。我知道他是在考慮，而且恐怕連他也做不了主，也就沒有多說了。

後來，經過一些高階層的運作溝通，這一點也說通了。有一天，蔣彥士安排我去見蔣經國，表面上是報告我在一些學會中與大陸交涉的事。蔣經國對共產黨當然瞭解得很，但我直話直說：「我們的政策是不接觸、不談判、不妥協，但這三者是不一樣的，不妥協是原則，但接觸談判應該可以彈性些。」講了十分鐘，他聽著，只說了一句：「政府還是不接觸、不談判。」然後就問起我爸爸的身體怎樣？林海峰怎樣？（那以前不久，林海峰回國，我陪他去見過蔣經國）很和藹的談了一回。約定三十分鐘，二十分鐘就出來了。後來蔣彥士問我談得怎樣？我照實回答，回答完了，又問他：「我不是政府吧？」他沉著臉，瞪了我一眼：「你不是！」又接加一句：「但要小心。」

因此，後來到了名古屋，我就照我的構想直接找中共的代表團去談，「但要小心」這句話我是牢記在心。其經過十分祕密，同去的代表團並不知道，我自己事後也沒有放在心上。

＊

直到二〇〇二年秋，北京得到主辦奧運的權利，紀政是台灣民間支持中國申請主辦奧運最力的領導人士，應邀赴北京參與慶典。在許多主人之中，有一位中年男士上來和她打招呼，自我介紹是北京奧運籌委會的國際部的張部長，又說二十幾年不見了等等。紀政有點惘然，談起來才知是在名古屋遙遙的見過。

張殷勤的問起：「沈君山好不好？」

紀政非常驚異：「你們認識？」

張部長有點神祕也有點慨然的說：「怎麼不認識，在名古屋就是我和他談的，……。」這樣，紀政才知道當年原來還有這麼一回事。當時她和我是一齊作戰的戰友，後來也不能說不熟，怎麼就沒聽我說起這事呢？回台灣後，她再問我，我說確有其事，對方是他們奧會的祕書長，姓宋名中，但是體育的事是和一位年輕的小助理談，恐怕就是這位張部長了，他挺精明的。

那時，紀政剛剛出了《永遠向前》（天下文化出版）一部自傳性的書，中間有一章講打造奧會模式的經過，也提到我，但卻沒有提到這一幕。她知道我正在寫有關兩岸關係經歷的書，就慫恿我和張清張部長見個面，見見老朋友、老對手，也把歷史搞明白。我原有點猶豫，身體也不大方便。紀政鼓勵說：人家都說現在可以說了，你怕什麼？因此，經過她熱心的安排，在二〇〇三年七月的一個上午，在北京奧會籌委會，我和張清又見了面。同行的除紀政外，還有邱近思，她在《九十年代》做編輯時，就一直關注兩岸交往的事，也採訪過我，以下是她根據我們談話錄音整理的紀錄：

沈君山、張清對話紀錄

時間：二〇〇三年七月二十八日上午十一時

地點：北京二〇〇八奧運籌備委員會

對話人：沈君山、張清、紀政

記錄：邱近思

張：歡迎你來北京。名古屋一別二十四年，將近四分之一個世紀了。

沈：是很久了，聽說宋中先生已過去了。

張：是的，宋先生原在情報局，那時調來奧委會做祕書長，負責加入國際奧會的事已經交涉了很久，來名古屋要得個結果。聽說你願意出面，但不太清楚你的身分。那時一九七九年文化大革命剛過去，但是內部還沒鬥完，搞不好就戴個帽子，裡通外國，和特務份子來往。尤其當時「新華社」記者也知道，後來來旁邊聽，宋就讓我負責和你談，後來主要就是咱們兩個人談的。我那時只有三十九歲。

2003年7月28日，於北京奧運籌委會，沈君山（中）、紀政（左）再度與張清（右）見面。

沈：我四十七歲。

張：那是你少壯最火紅的時候，看了就是很有學問的樣子，談問題也很快直接切入主題，讓人放心。實際上，和台灣一齊參與奧會是「一國兩制」的一個探測，是鄧小平親自批，也親自抓的。

沈：一九七〇年代末我就擔任奧會顧問，但實際上只是給蔣彥士（時任總統府祕書長，後來做外交部長）和孫運璿（時任行政院長，相當於國務總理）提些意見，和國際奧會的交涉是由丁善理、徐亨等人在辦，紀政還上過國際法庭和你們打過官司。

紀：那是代表田徑協會，告的也是國際田徑總會。

沈：那也是整個交涉的一部份。我一九七九年以前參與的交涉局限於學術界，當時政府的基本政策是「漢賊不兩立」。對不起，把你們當賊，哈哈。具體規定是三不：不接觸、不談判、不妥協。但一九七九年元旦葉劍英的文告後，我感到你們的基本政策改變了，後來七月間天文學會的交涉，更得到證明，就把這些看法給上面說了。

從八、九月起，他們就讓我加入台灣的談判隊伍，但基本上是獨立行事。來名古屋之前，我和蔣彥士說，中共現在是漢賊可兩立了，而且他們的優勢會愈來愈大，會籍問題得快點解決，快點解決對我們有利。

後來我們和更高層的領導談了，基本上同意我的看法，又得到默許可以便宜行事，所以到名古屋，我就直接來找你們的宋中了。但是在公開政策上，我們是不能和你們直接談的。所以不能被別人，尤其是不能被記者看見。

那時我們住三樓，記者多住在四樓，你們在七樓，總之中間隔了幾層樓，不能坐電梯，電梯會碰到人，只有走樓梯，還好你們是七樓，如住在十七樓就麻煩了。

張：當時聽說你要來，我們都有點意外，有點緊張，請示上級也不給主意，還是宋中拍板，他先見你，然後由我談。我記得一到時，你敲敲門就進來了。

沈：對，我很少那麼準時的，我記得你們有四、五個人，我當然只有一個。我和宋中先從共產黨一九四九年打南京說起。

張：是，你好像談你那時是中學生，如何書沒讀完就走了。宋中是從部隊上來的，他是第一批帶部隊進城的。

沈：我當然先打聽過了，是你們「新華社」的記者告訴我的。

張：他現在還在「新華社」，做主任了。

沈：那他是裡通外國了。無論如何，一講起進南京，宋中緊張才減少些，說其實也沒怎麼打，就開進城了。不過其他的也沒多說，就說具體的事和你談。

張：主要就是咱們兩個談，一共談了三次。

沈：當時我判斷你們的底線是三點：

一、一個中國，即中華人民共和國。

二、台灣是中國的一部份。

三、最重要的是在奧會這樣的非政府組織，台灣要讓它進來，不進來就會跑掉了。

這是鄧先生的意思，是一九七九年初才定的，是不是？

張：七〇年代初我們才開始參加國際比賽，當時大部分比賽原來都由你們代表中國，你們在我們就不進來，這政策維持了三、四年，也就是只要有台灣參加的，我們都不參加。後來覺得不對，七九年起就改了。

沈：是葉劍英的元旦講話形成基本政策的改變？

張：那也不是葉一個人的意見，是政治局整體決議由葉來說，也就是一國兩制的開始。

沈：一國兩制的詞，一九八三年大陸才說呀！

張：但意思那時就定了。但要個實踐，奧會就是第一個例子。在那個講話之後，覺得對台灣這樣搞也不是個辦法，應該要變，但是外交部不放，說不能變，一變就是一邊一國，兩個中國。

沈：我記得當時爭的是NOC（National Olympic Commitee，國家奧林匹克委員會）這個詞兒，國際奧會的會員每個都是NOC，台灣原來也是，假若大陸進來，兩個NOC，不就是兩個中國嗎？

張：對，外交部也是合乎這個來說。總之，只能有一個中國，這是底線，是原則，不能變。

沈：我們也知道這是癥結，在台灣的時候，我就給上面說，在許多學術團體，也常出現Country、Nation等名詞，但後來都註明，是泛指有獨立學術活動的地區，並無政治意義。後來丁善理他們和國際奧會交涉，國際奧會說同意加註說明，但大陸最初還是不同意，說Nation就是國家，會引起誤解，最後還是鄧先生拍板的？

張：對，我們內部辯論得很厲害，我們是同意，但外交部就是不放。最後還是鄧小平拍的板，香港奧會問題也順便解決。總之只能有一個中國，其實後來奧會的交涉也由鄧親自抓。

沈：哦？那我們在名古屋談，他還抓？

張：是我們談完後，就由我給上面打電話，那時我們主要四個人，除宋中外，蔡季舟會日語，管對日本的記者們；我就專責對你的交涉。打電話可麻煩，因爲是機密，不能在旅館打，得去大阪的領事館打使館線，而且得打紅機，不能打黑機。四天裡談了三次，我跑了兩次，給「家裡」報告請示。

沈：那可眞辛苦你了，名古屋、大阪來回一次，光車程就要三、四小時吧。「家裡」是誰？鄧先生嗎？

張：那倒也不是，是他下面的祕書，再由他彙報上去。因爲實在太累，第二次去時，就說已和台灣方面談過了。我們的態度是這樣這樣，「家裡」說不，再打電話過來。不然，就由我們決定了。

沈：後來雙方同意，兩邊同時以NOC參加IOC，基本問題解決了，就剩旗、歌、名。歌比較容易解決，國旗歌就很好，大家都沒有異議。旗的問題比較麻煩，不能用青天白日滿地紅的國旗，那時你們建議用黨旗……。

張：我們的意思是可以接受黨旗。

沈：國民黨裡有些人說用黨旗，國旗原是黨旗蛻變而來。我說不能用，因爲我們已是民主國家，隨時可以換執政黨，那怎麼辦？而且，中共用五星國旗，我們用黨旗不就矮了一截？後面這一說法，黨內的人也認同，所以後來就設計了梅花旗，參加奧林匹克有三種旗：國旗、會旗、隊旗，大多數國家三種旗都一樣，只有台灣不一樣。

張：你那邊還有一點空間，我這邊一點空間也沒有。「家裡」怎麼交代，我就怎麼辦。

沈：那也不是只有你打電話，我回去也給蔣彥士打電話。不過，就在我旅館房間，不用跑幾百里路，而且也是「家裡」，是蔣彥士家裡。我們那時有個七人小組，由政府高層人士組成，我雖然不是正式成員，也去開過兩次會，他們需要一個信得過的非政府的獨立人士。當時去名古屋的談判隊伍有七、八個人，包括楊傳廣、紀政是我拉他們去的，並非正式成員，我算是正式成員。但和你們直接談，只有在台灣的兩、三個人知道。後來我也沒說，也忘了。直到一、兩個月前，紀政碰到你，回來告訴我你問起，才回想起來。

張：我也只記得你和紀政，還有楊傳廣，知道他來了。

沈：最後問題在名字上，你們堅持Republic of China, R.O.C.等都不能出現，我記得宋中只說了一句「一九四九年後中華民國就不存在了」。只用台灣，我們政府也不願意，你們似乎未置可否。

張：那是你們不提，要提的話，後面就得加個……。

沈：對了，Taiwan,China，中間一定要加個逗點。第一次談完後，有十幾個可能的名字，各種Taiwan、Taipei、China、Chinese的排列組合都有。第二次談完還有四個：China Taipei、China Taiwan、Chinese Taipei、Chinese

Taiwan。我是覺得Chinese Taiwan最好，因爲China有國家政府的概念，Chinese則代表中國人、中華民族。台灣的運動員本來就是在台灣的中國人的代表，但最初你們一定要China，台北的官員要Taipei，說Taiwan有台獨的味道。最後你們接受了Chinese，至於Taiwan或Taipei由我們挑。最後，國際奧會就用了Chinese Taipei，這就是奧會模式的由來。一下，四分之一世紀過去了，我倒是想知道你們最後是怎麼接受Chinese的？

張：我們在國家奧會也覺得China是特定的名詞，一般就是指大陸。Chinese比較適合，台灣有台灣的解釋，大陸有大陸的解釋，只要雙方都能向各自的政府做說明，是中性的，比較容易。不能不給台灣留口氣。但外交部不這樣想。

其實當時鄧小平並沒有明確說要收回香港，只說香港必須回來，包括台灣也是。不過，港澳是第一步，因爲「台灣塊大」——這是毛主席的話，也就是塊頭大，加上離我們也遠一些，不可能一直盯著。事實上，小平臨終時說過，台灣除了名字不能再叫中華民國，其他的共產黨根本就不介意。你愛怎麼搞就怎麼搞，但對外還是一家，不能說兄弟倆分家。

沈：奧會的事是直接和鄧小平談嗎？

張：是公文用紅筆圈了一下，表示同意。你七九年後常來大陸？

沈：九〇年第一次來，當時常來。不過，後來做了台灣的清華的校長就不能隨便來隨便談了。

張：聽說你促成和北京清華合作交流，做了不少好事。

沈：我們也簽了合作協議，簽了四份，兩份簡體字，兩份繁體字；兩份北京清華在前，兩份新竹清華在前。一下就談好了，愉快輕鬆。經過奧委會這些長時間的交涉，我已經是身經百戰了，王大中校長現在退休了吧？

張：退了。前年我們去莫斯科還邀請他去，他舞跳得不錯，舞蹈學院三分之一都是他的學生。

沈：Chinese Taipei 的中文翻譯始終都沒搞清楚。

張：現在我們中國奧會用的都是中華台北，在我們奧會能開會能控制的範圍內，如開幕式、閉幕式、現場轉播等都用中華台北。

沈：但別的方面還沒弄清楚。

張：那我們管不著，外交部也覺得困擾，但中國奧會在八八年後，就統一用中華台北了。最初是從大學籃球賽……。

沈：最早是在國際圍棋聯盟，一九八五年胡耀邦批的，肯定也是鄧點的頭，金庸爲此事出了不少力。

張：我也聽說，也是沈先生交涉的吧！

沈：是呀！都十幾二十年了，現在不覺得有什麼了不起了。但當時眞正字字皆辛苦。我記得在名古屋的時候，我和你們說，兩邊用國家奧會參加的事都講妥了，但爲什麼我們的名字差一個字都不行呢？宋先生只是說一九四九他進南京城後，中華民國就已經不存在了。你們的苦衷今天才淸楚，不是鄧小平畫個圈，那時還結不了案呢！我也是晚上十一點給外交部長打電話，說**Chinese Taiwan**比**Chinese Taipei**好，用台北好像有點不倫不類，他也說好。可回去就變了，就是忌諱台灣兩個字嘛。現在台北的立場轉了個大彎，可你們都不那麼排斥中華民國了，這些問題還在。我們都老了，你還挺精神，我可頭髮全白了。

張：我也老了，只有紀政小姐愈發得精神。

沈：她是愈來愈漂亮！

奧運是較聯合國更爲顯眼的國際舞台，奧會也是少數幾個台灣今天尙能以平等獨立方式參與的世界性組織，奧運模式更是最早一個通過的兩岸雙方協議。達成的「一個中國」框架下台灣參與國際活動的模式，後來許多參與方式都從此延伸出來。從名古屋回來，因爲旗、歌、名都改了，尤其「中華台北」之名，受到國內保守人士的攻擊，代表團枱面上的人，很受了一些委屈（但現在回首當年，或者不能不慶幸得到這樣一個結果吧）。

我因緣際會插上一腳，表面上並無責任，只是報國心切。和楊傳廣、紀政等三人前去助陣，被媒體捧爲愛國的風塵三俠，很出了一陣鋒頭，一時頭腦發脹，寫了一篇文章，引用《孟子》齊宣王問交鄰國之道。孟子說：「惟仁者能以大事小，惟智者能以小事大。」又說：「以大事小者可以保天下，以小事大者可以保其國。」光復大陸是得天下，我們推行三民主義是行仁政，將來必得天下。但現在時機尚未到，《圍棋十訣》有云「彼強自保，勢孤取和」，革新保台，隱忍待時，以保其國，才是睿智的行爲。

這篇文章在報上刊出來後，招來老一輩政論家胡秋原的一頓痛罵，說是「直線賣國」，較汪精衛當年的「曲線賣國」更爲無恥云云。

二十多年過去，回首當年，愛國也好，賣國也好，都是無虞的毀譽。對我而言，眞正的收穫，是得到紀政這樣一個朋友，經歷四分之一個世紀，情誼的性質或有不同，其眞摯誠實則無一日稍改。因此，我想在這兒岔出來，追述一下我們的交往。另闢一章，置於自述篇之末。

圍棋協會

和體育交涉平行的還有學術文化方面的交涉，奧會模式形成後，成爲兩岸參與NGO國際組織的範本，但還有兩點關鍵性的象徵，沒有完全解決。其一，台灣是中國的台灣，還是中國人的台灣？前者是China Taipei（Taiwan），譯做中國台北，後者是Chinese Taipei（Taiwan），譯做中華台北。二〇〇三年夏，我與張清的回憶對話中，可以看出一九七九年時雙方的立場和心態，北京方面（尤其外事單位）堅持奧會模式是一國兩會，台北方面則力爭一族（一個民族）兩會，最後以Chinese Taipei白紙黑字的簽訂協議，可以說基本上解決了，雙方可以各自解釋。但此後幾年，無論是官方公報、新聞報導，還是在其他簽訂NGO兩岸入會的新協議中，北京都一律使用「中國台北」，甚至英文用詞也爭China Taipei。

另外一個問題是，即使在一個中國的架構下，台北與北京是否平起平坐？一九八〇年以後，在逐漸形成，但尚未正式通過的國際科總協議中，接受了北京與台北各以獨立組織同時入會，但後面加了這麼一句：「認知只有一個中國，台灣是中國的一部分，……中國科協是代表中國的國家會員。」（Acknowledging there is one China and that Taiwan is a part of China, ..., and the China Association for Science and Technology .....is the national member representing China.）這是一句相當有政治涵義的話，明示台灣是中國的一部分，而中國科協是（唯一）的中國國家會員。

這些細節，NGO的其他會員當然並不關心，「中國問題」已經煩擾了他們太久，他們只在乎大陸能在裡面；其次是台灣沒有排除出去，其他就不重要，中國問題能夠歸檔是上上大吉。但對北京和台北，尤其是台北的有關方面，這卻是關鍵所在。誠如張清在二十四年後的老實話，奧運模式（或其他的兩岸同時入會的模式）對鄧小平是「一國兩制」的一個測試。

另一方面，對台北官方而言，是台灣在剩餘的國際舞台上能否生存的一個測試，對我個人則是「一國兩治」的一個測試。

當時兩岸的國策都將一個中國視爲圭臬，但在一個中國的原則下，台灣如何在現實的國際舞台上獨立自主的生存卻十分困難。我的理念一直是：一個中國是指歷史、未來，以及文化上的中國，現在則是分治的兩個實體，在國際上平等自主的存在。這在聯合國等政府組成的組織中顯然行不通，北京等了二十三年，才在聯合國中取代了台北，她絕不會容許再有第二個政治實體分享中國的地位。但是在ＮＧＯ中，有一部分也是因爲鄧小平不必把台北排除在外的決定，兩個體育、學術……等非政治的實體就要擠在原來只容得下一個實體的「中國」屋頂下，你高我低的擠來擠去。因此，一九八〇年代初的ＮＧＯ，成爲測試兩岸關係定位的舞台。

就這樣，緊接著奧會交手以後，國際圍棋聯盟和國際物理學會適逢際會的登上了舞台。

國際圍棋聯盟（International GO Association，ＩＧＡ）是一個由日本棋院主導的很鬆散的組織，既不屬於學術的ＩＣＳＵ系統，也不屬於體育的ＩＯＣ系統。一九八〇年代初，台灣的企業家應昌期捐出一億元成立應昌期圍棋基金會，找我做董事長，並且準備舉辦後來叫應氏盃的第一個世界圍棋比賽，因此，首先想加入ＩＧＡ。正常情況下，這是兩分鐘就可以解決的事，但是在八〇年代初，任何涉及兩岸的事，都不會正常。ＩＧＡ入會，台灣花了兩年，而且牽涉到北京兩位最高領導的親自介入，才定了案。

ＩＧＡ是中共在內（他們原就是創始會員）。我們申請加入，彼守我攻。何況，那時日本朝野都對大陸充滿了畏懼和討好的心情，故我們雖想加入，只要北京堅持反對，台北肯定入不了會。

如此，情勢對我們似乎很不利，但剛剛相反，大陸棋界最最支持我們入會。大陸棋界的領導陳祖德和聶衛平等與我的私交都很好，尤其聶個性豪邁，極講義氣，又非常喜歡橋牌，常與我搭檔參加國際橋賽，交稱莫逆。那時他正在鋒頭上，中日擂台賽十一連勝，成了抗日民族英雄，他和鄧小平也是橋牌搭檔，聶和日本棋手決勝的時候，鄧常常等到知道結果才休息。陳、聶都盡力幫忙我們入會，除了私交以外，他們對應氏盃也很期待。那時改革開放剛剛開始，大陸還沒有企業家能支持一個世界比賽，應氏盃獎金豐厚，而且用上「中國人爲中國人辦世界大賽」的口號，擺明是想讓聶衛平拿個正正式式的世界冠軍。那時聶所向披靡，日本人怕他怕得不得了，而韓國人還沒有出頭，我們這樣期望，不但是眞心實話，也符合客觀現實，這話我到處說，傳到鄧那兒，肯定是起了作用的。

如此說來，台灣的加入世界圍棋聯盟，應該是水到渠成了，但事實卻不然，碰上了一個意外的障礙。

原來，IGA的官方語言是日文和英文，章程用日文，各國參與組織的正式名稱，也必須用日文，一般是用漢字表達。因此，台灣的名稱就須在中國台北或中華台北擇一，模糊的空間消失。在國際協議中，正式的用中文確定台北的名字，這是第一次，用台灣俚語來說，「代誌大條」了。

在名古屋會議結束，決定兩岸同時參與奧會後，中共內部開了一個會，統一規定，將Chinese Taipei 譯做中國台北，從內部文件到「新華社」到《人民日報》，無論官方民間，全用此名。顯然，外事部門的人，對名古屋交涉，宋中他們接受了Chinese Taipei並不滿意，嚥不下這口氣。

這個決定，陳祖德他們雖然同情台北，但也不敢違反。於是，在這一點上，我們開始「打劫」——討價還價。IGA的總部雖然在東京，但實際交涉是在香港。IGA的祕書長大技雄介去了兩趟香港，北京方面提升到部長層次，中共負責香港事務的許家屯和體委主委李夢華也都參與，台北方面，還是一人：我。爲什麼去香港呢?當然，對中共，在香港是方便些，但最主要是一位熱心居間協調人士：金庸，他住在香港。

＊

我認識金庸相當早，一九六〇年代初，他的《書劍恩仇錄》、《碧血劍》等在《明報》連載後，以一本本薄薄小冊的方式被盜版發行，在美國留學生間大爲流行，當時我在普林斯頓大學做博士後，一週緊張而且常常徒勞無功的研究工作後，週末最大的樂趣就是到紐約「日子」(date)、吃中國館，然後買金庸小說。薄薄的一冊很快就翻完了，發覺作者很迷圍棋，書中陳家洛、木桑道人等主角都愛奕，而且武技與棋藝相通，用棋子當暗器使，客來奕代酒，一子子向數丈數十丈外懸空的棋盤擲去，落處子子不差，一盤下了又一盤，武技誠然高強，但卻有一大漏洞：棋藝不通。因爲隔空投擲只可落子，不能提吃，尤其不能打劫，這棋怎麼下?

一九六四年初，我途經香港，年少氣盛，就去拜山，在電話中向金庸挑明了他書中的漏洞，金庸倒也大度，設宴相待，請了一大批以《明報月刊》同仁爲主的文化人相陪，席間坦承此一失漏，但也有知奕的陪客幫主人辯護：高手對奕，意在子先，布局既定，勝負便分，又何必中盤纏殺，所以沒有提子打劫的問題。

拜山的遠客當然也不爲已甚，於是賓主盡歡，宴畢以奕代餘興，那就不客氣了，把所謂香港高手一個個殺得片甲不留，當晚也不回旅館，留宿半山的查寓（金庸本名查良鏞）。次晨醒來，紅日滿窗，花香鳥語，傭人待之以豐盛的早餐，悄悄告訴，主人正在寫稿，是否可請稍待？客人當然欣然頷首。壁間淨是史書佛經，想是主人頗好此道，隨手翻閱，倒也興致盎然。待到日上三竿，主人喜孜孜的出來，說今日功課已畢，而且昨夜得到靈感，構思一棋局，一子下去，全局皆活，因此不會有提子打劫的困擾，客人當然助興說最好最好。於是重新沏茶開盤，對奕兩局，再叨擾了一餐，盡興下山，已是萬家燈火了。

從此，我每經香港，常去相訪，發覺共同的興趣很多，奕棋反是餘事了。

金庸常言，生平最羨佩兩人，今人是吳清源，古人是陶朱公范蠡。吳清源他只能高山仰止，心嚮往之，今生是絕不能至了。但陶朱公的三大盛事：繼亡興絕，助勾踐復國；事成之後，攜佳人逍遙江湖；又經商致富，三者中，金庸做到了後二者，但他無國可復，香港絕不具備興國復國的條件，於是金在名成利就之後，只好以維護香港回歸之後的安定繁榮爲己任。在《明報》寫社評，鼓動風潮，又熱心參與基本法的制定，他的主要觀點只有一句話，就是「河水不犯井水」，只要河水不犯井水，那香港就能安居樂業，眞的舞照跳，馬照跑。但「河水不犯井水」說起來容易，做到卻難，尤其在中共體制下，有權不用，過期作廢，九七一旦回歸，中央大員陸續南下，那香港不搞得鷄飛狗跳才怪。對此，金庸那時就憂心忡忡。

金庸喜歡圍棋，而兩岸的圍棋領導又都是他的好友，參加IGA雖然本身沒有什麼實質意義，但卻是一國兩制的一種測試。所以，一開始他就全力協助我們加入。

一九八〇年代初，陳祖德以養病爲名，在查宅一住就是大半年，金庸趁此跟他下了許多盤棋，自不在話下。我則港台來去如通勤，去時也住在查寓，度過了一段很愉快也很得意的時光。那時查寓已搬去太平山頂，原是美國駐港總領事官宅的華屋。八〇年代初，香港決定九七回歸，柴契爾夫人在人民大會堂前跌了一跤，香港的股市地產跟著大跌。金庸顯示他陶朱公的眼光，以不到原價一半的價格將此宅買進，數年後，以超過原價一倍賣出。我赴港時，住在那兒，清晨和陳祖德一齊出來散步，沿著太平山脊，浸沉在含著朝露的新鮮空氣中，望著山下尚在沉睡的城市，慢慢的走，慢慢的閒聊，雖然我們是兩岸負責參加IGA的協商代表，卻絕少談到「正事」，那太無聊了。

陳祖德是中國第一個九段，文革開始時他不過三十出頭，是第一位打敗日本九段的中國人，吳清源看了他的棋譜，認爲將來振興中華棋運攀登世界巔峰的，非他莫屬。但是文革發生，十年惡夢，吞噬了他的青春，也吞噬了他的世界冠軍夢。文革結束，陳幸運活了下來，但已四十多歲，健康也亮起紅燈。一九七八年文革後的第一次全國圍棋大賽，他依然奪冠，但是一九八〇年的第二次大賽，他和聶衛平爭勝，中途吐血，送進加護病房，陳自此退出第一線比賽，中國棋界也從此進入聶時代。但是他累積的聲望和待人處世的能力，使他自然成爲中國圍棋界的領導人。

我們在太平山巔散步，各自想著兩岸圍棋發展的前途，那也是我們閒談的主題。大陸圍棋一直在社會主義體制下發展，這當然也有它的優點，棋士生活由國家照顧，獎金收入只是象徵，因此競爭壓力不是那麼大，長幼承傳也更自然。但另一方面，個人棋藝的發展難臻極限，年輕選手的出頭也不夠快速。那時，整個社會已經明顯將走向市場機制，不可避免的圍棋發展也將受制於市場機制，像改革開放路線確定後，中國許多其他事物一樣，怎樣從舊機制平穩的過渡到新機制是一大挑戰。這個題目，當時我們就思索研討，但到今天似乎也還沒有完全解決，中國圍棋一直還在摸著石頭過河。

至於台灣的圍棋發展，在太平山頂的漫步和閒聊中，我悟到一個結論：必須融入教育。我國傳統上將圍棋劃分爲兩個層次，一個層次是競技；一個層次是文化。資訊時代到來之後，圍棋必將國際化，以台灣的條件，在競技層次不容易培養出頂尖可與日韓爭一日長短的本土棋士；至於文化層次，那只是古時文人雅士的閒情雅事，在生活步調緊湊的現代社會，一定發展不起來。但在文化與技藝兩個層次之間，卻還有一個過去從未有人注意到的教育層次。

在某種程度上，圍棋和數學相似，都是磨練腦力的一種訓練，但圍棋更有兩個數學沒有的優點：首先，讓青少年在進入眞刀眞槍的競爭社會之前，先嘗試一種勝固欣然，敗亦「無傷」的競勝經歷，這是很好的體驗。其次，圍棋易學難精，很快就可入門，入門之後，登堂不易，入室更難。但一旦學會，終身難忘，而且也不易退步。將來的社會，人活得更長，有三分之一以上的生命會在退休以後度過，漫漫長日，何以解寂寥？必須在年輕時代就培養一些休閒的嗜好，圍棋是很好的選擇。

我回台灣之後，把這個意見給應老說了，他完全同意，從此應昌期基金會全力提倡青少年圍棋，而且特別注意態度禮儀，排除茶館奕棋的惡習（儘管我自己始終改不掉）。漸漸的，圍棋在家長心目中，成爲和音樂舞蹈相似，而且更爲簡易，更有益的一種身心訓練。今天台灣青少年圍棋之蓬勃興盛，冠於全球，而且有了這樣雄厚的草根基礎，職業棋士即使不靠奬金，也可以教棋爲生，其地位也自然的穩定提高，應老地下有知，亦當含笑九泉吧！

＊

在香港時，我和許家屯見過兩次面，一次在宴會上只寒暄了幾句，另一次則是在金庸家中。許那時名義上是「新華社」香港分社社長，實際上是中共駐港的最高負責人，也等於是香港的地下總督，而且，大家都知道他是通天的，和鄧有直接管道。初來香港時，許的態度很強硬，後來對香港瞭解多了，變得相當開明。我和他見面時，正是他摸索認知之時。

有一天下午，陳祖德出去了，我一個人在查寓看書，忽然家裡的傭人來告訴我，剛剛查先生從報館打電話回來，要我不要出去，他有要事馬上趕回來。果然，不一會，金庸就神色匆匆的回來，對我說許家屯要來和我談談，希望我不要拒絕。我一時摸不清楚，他應該不管圍棋的事啊，找我談什麼？但無論如何，與這樣一位神祕人物談談也不錯，便很高興接受了。

不一會兒，兩輛黑頭轎車到了門口，許家屯領先，後面四位隨從副手，神采奕奕的走了進來。他比宋中大方多了，而且已在宴會上見過面，稍稍寒暄兩句，便進入正題，他先講一國兩制和中共的香港政策，然後就問我以為如何。我說：「重要是河水不犯井水，井水不犯河水。」他說就是這樣，又說中共一向講話算數，是誠心的搞兩制，保證回歸以後，香港一切不變，台灣當然會更寬，等等等等。

那時距釣運也已有十年，又經歷了不少實際交涉的訓練，我對「一國兩治」

的理念邏輯早已運用純熟，而且又確實相信那是在一個中國架構下，唯一可行之道。許家屯既然主動提起，又用香港做比，當然正合我意，於是用「一屋兩室，各執門匙」爲喩，好好的發揮一番：現在兩岸在一個中國的架構下，有兩個分別的實體，就好像一宅中有兩個房間，中共對香港一國兩制的政策是兩房，各過各的日子，各維持自己的生活方式，河水不犯井水，還可以互相協助，這當然很好，台灣人民也沒有什麼好反對，但有一個基本的問題台灣和香港大不同的，便是誰拿房間的鑰匙？原則上，誰掌握了門匙，誰才眞正的當家做主。香港沒有誰拿門匙的問題，因爲從來就是殖民地，門匙拿在英國人手裡，香港的自由法治，是靠英國的民主法治延伸過來，是間接的保障，當然，也只有這樣，金母鷄才會繼續生金鷄蛋，祖家（英國）才繼續有進帳，這是實際利益的保障。

九七回歸之後，門匙交給北京，香港沒條件爭，也沒什麼好爭。二房的生活日子怎麼過要靠大房的善意理性。現在查先生們努力搞基本法，無非是加一層形式書面的保障，但鑰匙還是拿在北京手裡。台灣的情形就完全不同，有自己的體制，自己的政府，門匙一直自己掌握，而且受了幾十年民主教育，老百姓對這把門匙還眞看重。一屋兩室，大家都姓中國，互助互榮，都好談，但首先要接受各執門匙這個概念，承認各執門匙這個事實。

這一套說法，我後來藉《九十年代》訪問我和翁松燃對談之便，發表出來，題目就叫「一屋兩室，各執門匙」。當時許是怎麼回答的，時隔二十年，細節不記得了，但關鍵兩點還很清楚：旗幟一定要換一面；中央政府只能有一個。許強調就是這兩點，其他的一切都好談。他認眞的看著我說：「假若你能代表台灣，我現在就可以負責的答應你。」

我當然不能代表台灣，只好笑笑的說：「中央政府的事慢慢再談，但門匙的事一定要先解決，台灣才有可能坐到談判桌上來。至於門牌嘛，大家都用中國，各自可以對內解釋嘛，一定就要用五星旗取代青天白日滿地紅，也不實事求是吧！」

許家屯哈哈大笑，結束了一個多小時愉快的談話。那時，他來港已有一段時間，對一國兩制的瞭解，無論理論上或實際上都遠超過其他中共官員。對我而言，這次對話是很暢所欲言的，甚至超過九〇年代初和江澤民的對話，那幾次談話，當然涵蓋面更廣，談的時間更久，但我坐在中南海的會客廳，簾幕後坐著看不見的人，江介紹我坐的位子，是尼克森坐過，柴契爾夫人坐過等等。區區書生，在十一億人的領導面前，說一點不緊張，那是違心之論，自然不像在金庸的客廳那樣閒聊的言所欲言了。

和許晤面，我想是金庸的安排。鄧小平一國兩制的構想，原是爲台灣設計。項莊舞劍，意在沛公，香港不過小試而已。許也自然很願意和台灣的來人談談，多所瞭解。另一方面，金庸他們一直試圖說服中共，香港回歸以後，河水不犯井水的必要，我一國兩治的理念，雖然與之有各拿門匙關鍵性的不同，想法畢竟相近，因之他想借我之口，來強調這一點，利人而又利己，這是金庸聰明的地方，也就是他之所以能爲陶朱公的理由吧。

許告別的時候，留下一張名片和兩個電話號碼，要我來港時和他聯絡，再好好談談。後來雖然因爲沒有必要，沒再去找他，但那個電話號碼卻幫了我一次大忙。有次赴港，簽證出了問題，找中華旅行社（台灣的地下領事館），效能亦不大，我靈機一動，就按那號碼打了個電話，半小時後，港英就給我發了簽證！

後來許把我們這次見面，寫進了他的回憶錄，還十分強調我四大公子的身分。現在回想，那時眞應該多去和許家屯這樣的人談談，一國兩制和一國兩治之間確有一條很深但卻不寬的鴻溝，如何折衷取和在觀念上先有了溝通，也許不必等九二年就會有一「共識」，誰知道呢？

＊

說起「九二共識」，此處想插進來說明一下。這是一個到現在還常被提出來的歷史名詞，很多人認爲它是兩岸協商過程中的一個最高點，假若要脫離現在的「政治冷戰」恢復協商的話，也許還得從這個最高點重新開始。

但是對「九二共識」的解釋，因爲政治立場的不同，從來沒有一致過，有人甚至說九二共識其實是一個「沒有共識的共識」。我則以爲它是一個有半個共識的共識。

「九二共識」的歷史事實是：九二、九三年間，兩岸因籌劃辜汪（或汪辜）第一次會談，由海基會與海協會密集協商，牽涉最敏感的「一個中國」的詮釋。當時一個中國仍是中華民國立國的基礎，台灣的國統會在一九九二年八月一日曾通過了一個「關於一個中國的涵義」的決議，將主權與治權分開，中華民國的主權及於全中國，但治權僅及於台澎金馬。這在當時的官方文件中，算是一個突破性的宣示。海基會乃將此文件作爲台方對「一個中國」立場的答覆，電傳北京，北京認知說收到了，雙方此後沒有再在此問題糾纏，而辜汪會談亦於九三年四月舉行。

顯而易見，當時至少是將「一個中國」的問題擱置了。此後有一段時間台灣方面宣稱，辜汪既同意會談，就代表中共已接受了我們對「一個中國」的詮釋，即九二共識；中共當然不同意，認爲沒有共識。這樣直到兩國論出現（一九九九年），一個中國的基礎動搖；在此之前，台北對九二共識的詮釋，至少還站在一個中國的基礎上，中共對之也就不再駁斥。漸漸的，九二共識雖然解釋各有不同，但這個名詞卻成爲兩岸復談希望之所繫。

二〇〇〇年民進黨執政後，情形當然更不一樣，兩岸進入政治冷戰，且有走向兵戎相見之可能。在台灣方面乃不時有人提出在九二共識基礎上復談的言論。一、兩年前我有機會在北京重晤一位當年參與其事的要員，坦白的交換了意見，他回憶說：「你們的那個文件（指國統會決議文），我們只同意第一句話『海峽兩岸均堅持一個中國原則』，對於第二句『但雙方所賦與涵義有所不同』是事實陳述，也還可以，但後面有關中華民國主權治權的一些闡釋，站在我們的立場，當然不能接受，不過事情總要往前走，就暫時擱置，把會談的議程先提上來。」我再問他：「現在假若再開始，是不是可以就從那兒起步呢？」他當時已不負責兩岸的決策事務了，只是對內部的一些想法還很瞭解，我們交換了一些意見，對這個虛擬的問題，得出一個不是答案的答案：「那就這樣，『兩岸均認同一個中國的原則，但對其涵義解釋不同』，然後就此打住，接下去談實際的交流問題，至於解釋如何不同，各自回去說吧。」

當然，這只是兩個老人，對一個歷史的問題，做一個虛擬的回答，假若眞能出現這樣的實景，那還是兩岸關係之幸，不過，……。

＊

圍棋協會的事，到一九八四年底告一段落，最後是大技雄介（ＩＧＡ祕書長）、李夢華、我三人在香港碰了一次面。李夢華是大陸體委主委，因爲官大也兼了圍棋會長，但棋並不高明，對兩岸事務並無興趣，也不求瞭解，當然這原也不在他的職務範疇內。最後一些細節是我和一位體委負責外事的隨員談，李的蒞臨不過是提高規格，最後三方簽了字，作爲協議草案，算是拍了板。

但是還沒有完。台灣入會名字這個關鍵問題，最後是怎麼解決的呢？原來日文包含了漢字和片假名；國名人名等向例用正式的漢字，但中華台北、中國台北既然搞不定，最後就用拼音的片假名イユウタイペイ（Chinese Taipei 的直接音譯）作爲台灣入會的名字。

這個主意原是我想出來的，算是一種妥協吧，但簽字的第二天早晨，我在金庸家裡，愈想愈覺得窩囊，一個中國人的隊伍，參加一個代表中國文化的國際協會，因爲政治的緣故，居然不能用中國文字的名字，這是對中國人的大諷刺。台灣覺得難堪，大陸又何嘗臉上有光？

我把這意思和金庸說了，他完全有共鳴。我們這一代的中國人，青少年在中日戰爭中度過，對日本都有一些複雜的情結；金庸朝我很快的看了一會兒（我現在還記得他那時的眼神），陶朱公的頭腦好好的運作了一番，忽然對我說：「你給我寫封信，把這意思好好說一下。」我先是一楞，給他寫信幹嘛？他從頭到尾參與此事，甘苦經過一清二楚，還要我寫信？但瞬即瞭解：這信不是寫給他的！

便馬上頷首，說下午就寫。他又交代一句：「用點心思！」就上報館去了。

那天下午，泡了壺濃茶，起草這封信，以謝函的意思帶過入會交涉始末，進入中心議題，大意就是前面寫的：敘述台灣圍棋會不得已要用日文片假名入會的事，不過感情澎湃，這是眞的情感。想起生母在抗戰期間，一面躲警報，一面帶小孩，一面還要做實驗，最後在鄉下的實驗室中去世，去世時連一個正式的醫生都沒辦法請到，那時我才九歲，而今算是戰勝國了，但費盡心機還是要用日文入會⋯⋯。這些話當然沒有全寫進信裡，但卻帶動了我的情感，現在回想起來，當時一邊寫，一邊熱淚盈眶的情景還猶如眼前。信下午寫好了，晚上再謄清一遍，然後交給主人。

第二天早餐時，主人笑咪咪的說：「你的信我看了，還得加個信封吧。」於是找了一個空白信封，寫好上題「轉交」查良鏞先生，下題沈緘，然後鄭重其事的交給主人，主人鄭重收下之後，忽然迸出一句評語：「沈教授，你的文章比你的圍棋好！」然後上報館去了。

那天下午我就離港返台，在飛機上琢磨金庸的評語，究竟是誇我信寫得很好呢，還是說我棋不怎麼樣？後來想想，金庸的文章當然比他的棋好，而且好得多，那麼他的文評自然比他的棋評要可靠，想著想著，非常得意就笑咪咪的睡著了。

回台兩個月後，忽然收到大技的信，說最近ＩＧＡ的執委會開會，通過接受台灣入會，但中國代表建議名稱就用「中華台北」，不必用イュウタイペイ，問我們同意不同意，我們當然同意。就這樣，歷時兩年的ＩＧＡ入會申請終於結束。

ＩＧＡ的加入，對台灣圍棋的發展幾乎一點影響都沒有，但中共正式接受中華台北的名字，這是第一個例子。

據我後來瞭解，是總書記胡耀邦首先同意，聶衛平又在鄧小平那兒打了邊鼓，他們兩人都點了頭，外事單位再怎樣反對當然都沒用，但還是加了但書，圍棋會是特例，因爲圍棋那兒日文是官方文字，其他協會不得援例。但有了特例就會有持續的突破，兩年後大專籃球在日本比賽又產生中華台北、中國台北的問題，後來解決了。

二〇〇三年夏，在北京和中國奧會的國際部長張清話舊，確定在奧會的範圍內，北京接受了中華台北，但在其他領域中還在爭，已經爭了二十年了。

＊

在轉到別的題目之前，還想再說一件事。我和陳祖德都住在金庸家的那段時間，兩人常常談圍棋，但只是談，卻沒有奕。那時他剛從第一線第一國手的拚鬥場合退下來，身心都很疲憊，在金庸家也是眞心養病，也下下棋，但多是和金庸下，客客氣氣。

金庸當然也很慫恿我和陳祖德下一盤，但我對陳愈瞭解，愈覺得此棋不可輕易下。

陳外表溫文爾雅，人文素養頗高，但內心非常好勝，意志堅強，標準的外柔內剛。他在文革中吃了些苦，不算多，挺過來了，其經歷在成千上萬的中國知識份子中，也算是很一般的；但他是一個天才，天才除了智力與趣外，是否眞成大器，個性才是最重要的。

陳的個性，在眞劍對決的棋盤上，最能發揮，他自己也瞭解，對自己的期許很高。十年文革一個大浪，淘盡多少英雄人物，也淘去了陳祖德的錦繡美夢。但他還是一個很好的共產黨員，從小就這樣培養的嘛，雖然惋惜悔恨自己被剝奪逝去的青春，對未來中國的圍棋發展，還抱著很大的期望。他和業餘棋士下棋，從不手軟，在中國是有名的。那時兩岸交流還沒正式開始，我們對奕是兩岸第一局。

因此，我就拖著，直到第二次去港，交涉很順利，心情很愉快，就和金庸說：「看來醜媳婦總要見公婆，明天我就和祖德奕一盤吧。」

第二天，金庸到報館轉一下，就趕回來了。這盤棋規格可不一般，陳祖德授我兩子，金庸記譜，查夫人奉茶，這盤棋足足下了六小時，其中我用了五小時（陳後來認爲還不止），用句日本圍棋術語，是精根傾盡的一局。下到後來，記譜的人也去休息了，對手也躺到沙發上去了，只有我坐在棋盤前苦苦運思，一百八十七手後，棋局才結束。

結果呢，黑子完勝。賽後覆盤，陳祖德詳評，說我確不愧業餘頂尖高手，晚上金庸還設宴相慶。

海峽兩岸第一局，尤其是贏了，當然不能不報導，記者不寫，我自己寫，也不管不接觸不談判的禁令了，寫完附上棋譜，投寄《聯合報》副刊。不幸遭遇到近三十年來第一次被退稿，因爲副刊向無發棋譜之例。後來運用人脈關係，在文化版面上刊出，棋譜縮成一塊，沒人看得清。不過對岸體委的外事人員卻看到了，那時台灣報刊極少登大陸的人與事，他們打電話給陳，還恭喜他輸得好呢！

＊

花了這麼多力氣加入ＩＧＡ，最初的動機不過是爲了辦個世界圍棋大賽，打破日本對世界棋壇的壟斷。但好事多磨，日本人不是那麼大方的，第一個世界圍棋賽怎能讓中國人辦去？於是來了個「拖」字訣，一直拖到一九八八年，他們找到富士通公司贊助，辦了個富士通盃，兩個月後才准許日本棋院的棋士（包括林海峰、王立誠等）請假參加應氏盃，於是應氏盃成了第二個世界賽，此後許多世界賽才陸續出現。

應氏盃初賽在北京舉行，盛況空前，可惜當時我正入閣做政務委員，未能參與其盛，最後決賽一九八九年八月在新加坡，我已回學校重新任教，才得前往。那時聶衛平正在巔峰狀態，一路過關斬將進入決賽，最後碰上韓國棋士曹薰絃，一般認爲曹不是聶的對手，但聶下棋「氣勢」是很重要的一個因素，過去擂台賽，中日對決，他以最後守擂的主將出賽，提了氧氣筒上陣（聶有先天性心臟血管疾病，常致供氧不足，用氧氣筒可幫助頭腦清醒），一夫當關，懸崖決勝，全國十一億人都屏著氣爲他後盾，所以未戰氣勢先勝。但八九年六四事起，北京亂成一團，聶和鄧小平全家都是橋牌好友，但他的另外兩位橋友卻因上街示威捉進官去，十一億人的後盾不見了，在新加坡被曹連勝兩盤，冠軍和四十萬美金獎金拱手讓人，聶的棋從此走下坡，與世界冠軍再也無緣。而韓國也從此崛起，君臨世界棋壇至今。聶兵敗新加坡的最後一天，衆人均已歸去，只有我陪他在棕櫚薰風下喝清酒，吃生魚片度過漫漫長夜，迄今也已十四、五年了。

物理學會

和加入國際圍棋協會同時進行的還有加入國際物理學會（IUPAP），這可是一個有歷史組織嚴密的學會，和天文學會一樣是國際科協（ICSU）下屬的十八個學會之一。因之，加入IUPAP的方式必然會影響其他學會，當然也受到其他學會入會方式的影響，這和圍棋協會一個孤獨的案例大不相同；國內關注的人較多，受的牽制也多。

從一九七九年開始，北京改變「漢賊不兩立」的政策，全面申請加入各個國際學會，兩岸間「學術外交戰」也全面展開。台北方面的總帥是時任中央研究院院長的吳大猷；前敵總司令則是時任國科會副主委的王紀五，他也兼中央研究院外事小組的召集人，學術外交事實上由他負責。王反應靈敏，中英文俱佳，戰鬥意志旺盛，但戰術能力太強了，往往影響戰略思考。吳先生那時已年逾八十，但頭腦清楚，他對我在一九七〇年代末辦的幾次交涉，有滿有不滿，常常告誡我，不要自恃聰明，主要是平等獨立的留在學會裡，名字過得去就可以，纏鬥無益。這些大方向我是同意的，但畢竟年紀尚輕，能鬥得贏當然不會鬆手，給他的報告常有些自吹自擂，他看了就劃上兩個大叉叉退回給我。吳對王紀五的一些作風，當然更爲不滿，別的學會他不太管，但對物理學會是親自抓的，早年還自己去開年會，我在美國教書的時候，就被他抓過兩次公差，陪他去開會。

我還記得有一次，他氣呼呼的拿了份電報讓我看，原來是由大陸的物理學會會長周培源署名給國際物理學會的，罵台灣竊據會籍，而吳大猷等蔣幫走狗、爲虎作倀等等等等。周培源是老一輩的物理學家，中日戰前就和吳先生認識，還同過事，這回無端被他罵，吳老當然氣不過，就四處的給人看這封電報。吳的老同事和學生，可能楊振寧、李政道也在其內吧，在大陸問周，周說全不知此電。七九年後兩老在新加坡見面，周還特地向吳說明，那是文革期間，他下放五七幹校時發生的，實與他無關，不過用他的名發電，當時是想當然的。

一九八四年的國際物理學會年會在義大利的特里斯特（Triest）召開，已先決定接受北京入會，如何處理台北的會籍還不確定。王紀五給了吳先生一份他和國際科協交涉得到的初步協議，吳先生看了不甚滿意，就找了我去，問我意見，要我去代表出席物理學年會。我們一齊看了那個初步協議，覺得有兩處不妥，其一是在接受代表大陸的中國科協（CAST）入會的敘述中，有一段前言忽然冒出一句「認知只有一個中國，台灣爲中國的一部分，……接受中國科協爲中國的國家會員。」（Acknowledging that there is one China and that Taiwan is a part of China,...... accepts CAST as the national member of China.）這句話在奧會、天文學會以及其他入會成例上是沒有的。我們都認爲這句話太政治，沒有必要。其二是中央研究院的列名從Academia Sinica改爲The Academy located in Taipei，吳先生認爲不能接受，因此責成我在物理學會入會模式上把它修正回來。

＊

物理學年會十月初在義大利召開，九月底國際科協在加拿大的渥太華有一個年會，我既然成了中研院外事小組的成員，也就陪著王紀五前往，國際物理學會的會長勃朗列（Bromley）是國際科協的當然理事，也許可以順便交涉一下。我們到渥太華的時候，正值教皇來加訪問，這在天主敎是一件世紀大事。渥太華有一條運河，從郊外一直通到市中心，從前是交通要道，但近年來飛機汽車代替了舟楫，這條運河除了冬天做溜冰大道，供好此道者在上面馳騁運動外，再別無其他用途。但教皇來訪，不同一般，市政當局和熱心教徒合作設計了一條御舟，遠遠的就把教皇請上了船，然後在清風徐來，垂柳輕拂，信徒夾岸膜頂禮拜中緩緩的駛進市區，端的是莊嚴非凡。我們住的旅館正好是敎皇下船處，據說爲了瞻仰龍顏，幾個月前就被信徒們訂滿，好在我們駐加的領事，早早就爲了我們保留了房間，王紀五住的套房有臨河大窗，我們到時正是敎皇來臨前兩天，沿岸早就張燈結綵。王紀五戲稱敎皇爲老和尚，我們就說是老和尚下江南，雖稍有不敬，但亦頗近乎實。

國際科協雙方入會的交涉，兩年前已達成初步協議，但其中關鍵數點，包括前面講的一個中國等，雙方堅持不下，王紀五主其事，他當然最清楚，就由他和國際科協單獨交涉，我們則分別和其他所屬協會的會長去談。但我和勃朗列只單獨的談了一次，他很坦誠的告訴我，物理學會雙方入會的事，任何模式只要我們雙方同意他都接受，若有不同意見，只有以國際科協的協議爲準。

我知道多談無益，而且那時我已有腹案，就不再囉唆，專心的去看老和尚下江南。教皇御舟到的那天，王紀五忙著交涉，一早就出去了，他把他套房鑰匙交給我，要我好好的看，再給他報告，我當然謹遵命令。教皇下船算是正式踏上加拿大國土，有一個盛大的典禮，紅男綠女，萬頭鑽動，政教要人紛紛致詞，一番熱鬧不在話下。我臨窗下望，把教皇看得一清二楚，據我的天主教友人說，得瞻龍顏是很難得的事，有人千里跋涉尚難如願，我有此際遇實是福分。但不管是不是福分，禿禿的頭，胖胖的臉，一直不變的笑容，看久了也沒有意思，不一會兒我就去做自己的事了。等傍晚王紀五等回來，我盡責好好的報告了一番，但王的臉色卻一點也不開朗，國際科協的事他已經搓了三年，一點進展也沒有，他告訴我們，國際科協說大陸方面認爲「There is only one China and that Taiwan is a part of China.」已是國際接受的定式用語，不宜刪除，但讓王在後面附註加了個說明：「此句並無政治意義」等等。

這原是意料中事，七九年後，北京在各種國際組織全面出擊，而且交涉手腕也與時俱進，再不是當年吳下阿蒙，國際組織的最高目標（也是唯一目標）就是讓代表十億人的大陸入會；其次則儘量設法不讓台灣被排除在外，現在北京已經答應台北留下了，其他「枝節」問題，台北爲什麼不讓一讓呢？

我們當然也知道這些是「枝節」，不但枝節而且無聊，但台灣的政府卻不能這樣想，自從在聯合國被迫退出後，非政府組織成了台灣維持一個獨立自主實體的第一線戰場，而且也是尙可一戰的戰場，要在「一個中國」的大帽子下爭，錙銖必較，也是不得已的事。王紀五的口才機智做事效率都是一流，能爭到「無政治意義」這句話已不容易了。

當天晚上，我就打了兩通電話，一通電話給台北的吳大猷，一通給紐約的李政道。原來吳先生是想自己來渥太華的，不但他很重視我們在國際科協的會籍，而且他曾在渥太華工作多年，是舊遊之地，直到最後一刻，才因身體和其他原因改變計畫。吳先生若自己來，李政道肯定會設法招待，吳不來，李對會籍的事，可能還是能幫上忙，我把這意思和吳先生說了，並說必要的時候，或者要去紐約找李，吳完全同意。

那時候我已參加過好幾次兩岸交涉，對兩岸同時參與NGO的困難癥結已相當瞭解。爲什麼去找李政道呢？道理其實很簡單，所有學會都在急著要大陸入會，只是台灣留會的方式未定，當時「一個中國」是雙方都堅持的，問題在北京的官方立場，他們是中央，台灣是地方，我們則要平等獨立的兩個學會。其中微妙差距的象徵，便顯示在前言和會名中。而中共立場既定，非到最高階層，一字也不能改，從天文學會到奧會到圍棋協會皆如此。

國際科協雙方僵持，三年未能解決也爲此。但在物理學會卻有李政道可做調人，他的特殊條件，不但在物理學界獨一無二，其他學會也沒有第二人可比。除了學術上諾貝爾獎得主的地位外，最主要是鄧小平對他的信任和他對吳先生的敬愛。李和吳的關係，從李十七歲進入西南聯大開始，吳一直關心提攜，其經過可以寫一本書，此處不贅，一句話：「情逾父子」，而且確實是「逾」，凡吳先生的事，他一定是盡心盡力。至於與鄧小平，除了從開始李就積極協助大陸的物理復興外，還有一特殊事件。

＊

在七〇年代鄧復出任副總理但四人幫尚當道時，有一次毛澤東接見李，江青亦在座，爲了科技教育發展的事，李和江爭辯起來，李一步不讓，後來還寫了一書面意見，毛認爲李有道理。這不但殺了江青的氣燄，對鄧政策的推行也有助，對講究歷史的共產黨來說，這筆正面的帳是一直記住的。當時，我對李與鄧之間有如此的歷史淵源，只是模模糊糊覺得，但對李在大陸的受尊重，卻充分瞭解，既然對台的事，從大到小，鄧小平一把抓，找李做調人，肯定是不會錯的。

因此，九月二十四日在渥太華與王紀五一齊和勃朗列做了最後一次晤談後，次日即搭清晨六時的飛機赴紐約。四點剛過，王紀五就來敲我的房門，他怕我起不來，堅持一定來叫醒我，也堅持一定要送我到旅館門口，加拿大的初秋天氣已經很冷，我一個人搭上計程車，王隔著車窗，頻頻叮囑「珍重、珍重」。車在旅館前轉了一圈，再從公路上經過旅館，晨星在天，曙光微現，紀五的身影，在寒風颼颼中，獨自佇立門前，孤單的揮著手，回頭相望，漸去漸遠，終至慢慢消失，此情此景，如在目前，王君則歸道山久矣！

早上十時到哥倫比亞大學，李政道已在辦公室等我，李的演講我當然聽過多次，他的哥哥李崇道在農復會任職，和我父親是同事，再加吳先生的關係，所以也見過幾次面。但這是第一次共同做一件事。見面之後，稍事寒暄，他就告訴我，已與北京的周光召（時任中科院院長，也兼物理學會會長）和勃朗列通過電話，充分瞭解他們的立場，大致是希望以國際科協的草案爲藍本，問我有什麼意見。我把在天文學會和張鈺哲得到的協議提出，又把和吳先生商量過的兩點提出來。首先是「只有一個中國，台灣是中國的一部分」這句話政治涵義很濃，希望刪去；其次，兩岸的物理學會用什麼名字？我們原來是中華民國物理學會，是不是循天文學會的例子，改爲「The Chinese Physical Society, Taipei」，而大陸爲「The Chinese Physical Society, Peking」？

李政道用電話聯絡了北京，不一會兒，答話過來，這份協議已經國際科協同意，而且已有別的學會沿用，尤其「只有一個中國」，這是兩邊都接受的，已經寫上了，再拿下來反而更敏感。我也瞭解，一個中國是當時的國策，就和李解說，一個中國當然沒問題，但科協草案中的寫法，前後連下來除了「只有一個中國，台灣爲中國的一部分，接受中國科協爲中國的國家會員」，再接下去，還有一段話說台灣的會員資格一定保留，但要研究「將『國家會員』改爲更適宜用詞的可能。」這兩句話連起來，就有大陸的科協是代表中國的國家會員，而台灣則成爲身分不明的次等會員的可能，這是不公平的。我說，吳先生和我都很願意配合讓北京儘快入會，大陸物理學界已經被排斥在國際物理學會之外數十年，這是極不公平的，再拖下去對大家都不好，但「平等入會」這個原則必須堅持。

李很同情我的說法，事實上，吳先生在前幾天就和他通過電話，因此即使在個人感情上也要傾全力支持的。李和周光召，誼屬師友，北京的科學界也只是想儘速入會，沒什麼堅持的，只是後面還有個立場僵硬的外事單位。周知道李在北京的份量，把幾個原則說了，就請李全權和我協商，然後希望他儘速赴京——李原本就要去大陸——在北京再做最後決定。

因此，二十五日那天，李和我就整天的商議，嘗試草擬一個協定，午前第一個草案擬好了，傳到北京，北京正在午夜，他們說還要商量，李就和我到哥大的教員餐廳午餐。用餐時，李說起在西南聯大時做吳先生學生的趣事，我幫忙補充了一段，我說：「吳先生告訴我，有一次他要在客廳鋪碎木地板，買了許多一邊寬一邊尖的碎木，它們原是設計好互補的，一行寬的向左，下一行尖的就向右，拼聯在一起，就成了一個天衣無縫的圖案，吳先生讓你幫忙鋪，可是晚上回來，地板是鋪好了，寬尖可全是朝同一個方向，於是中間露出一個個大洞，只好拆了重鋪，……，而且你鋪得賣力，釘得結實，拆起來可費了好大的勁呢！」李聽了，起先有點窘，隨即哈哈大笑起來：「吳先生連這事也和你說了，確有其事，確有其事，我眞是做了蠢事了。」

那頓午餐吃得溫馨愉快，回到辦公室，還得幹活。北京的回電來了，我看了，不能同意，於是改正後再傳回去，他們要再商量。李告訴我，那我們五點半再見，於是，他去做他的事，我則到另外一層樓，找另一位原是舊識的天文學教授羅德曼，他見我忽然出現，大吃一驚，問我怎麼突然來了，我說來找李政道，他更爲吃驚：「你轉行搞高能物理了？」我向他解釋，只是因爲中國會籍的事。他楞了一下，哈哈大笑：「還沒有完？你知道雙生似星體之謎已經解決了。」

原來在一九七九年的天文物理學年會，最令人驚異的科學報告是發現了兩個似星體，從望遠鏡中看去，是在星空中的兩點，照說應相距數千萬光年，但這兩個似星體光譜特徵完全一樣，似乎是一對等同的雙生子，怎麼會這樣呢？

似星體是一九五〇年代末所發現一種特殊天體，似星非星，一時成天文學界研究的焦點，經過二十年的努力，大致確定它們是宇宙初生時的早期星系，現在處於宇宙邊緣。眞相既明，近幾年來，已漸漸的退出主流研究舞台，但因為雙生似星體的出現，忽然又熱了起來，成為一九七九年大會的討論焦點。在大會結束時，會長做終結報告，說此次大會有兩個困難的問題最引人注意，也看到初步解決的曙光，這兩個問題一個是雙生似星體問題，一個是「中國問題」。

羅德曼當時也參加了大會，想必印象深刻，所以一提到中國問題，他就聯想起雙生似星體的問題。且讓我們先看看雙生似星體之謎怎樣解決的，看似相距數千萬光年的兩個光源，怎麼可能如此相似呢？答案很簡單，它們原是一個，只「看起來」是兩個。讀過簡單光學的人都知道，在一個光源前面放一個透鏡，經過透鏡的折射，在透鏡後面的觀察者就會看見兩個光源。雙生似星體現象的原理完全一樣，只是扮演透鏡角色的是一團質量極大的星系群，而產生折射的原因是重力折射，就是鼎鼎大名的廣義相對論理論中的「重力折射」。

愛因斯坦在一九一六年預測星光在經過太陽附近時會因太陽的重立場而起1.75"的偏差，一九一九年經觀察證實，從此愛氏成爲世界名人，後來在太陽系其他一些大行星附近也測到相似而更爲微小的偏差。但在太陽系外，而且這麼大角度的折射偏差，這是第一次發現。天文學家的興奮，可想而知，更有甚者，藉著偏差角度的大小，可以估計導致偏差的星系群的質量，但估計所得的質量，較我們看得見的質量，要大很多，這是太空中充滿暗物質（dark matter）的另一直接憑證。對宇宙論有很大的影響。

一九七九年後的四、五年，又陸續發現了好幾個雙生的似星體，羅德曼自己也投入研究，他很興奮向我叙述他的工作，在黑板上擦了又寫，寫了又擦。科學的世界是如此的明亮乾淨，全心投入時是如此的愉悅自得，十餘年前，我原也是斯道中人，但返國之後，這種機會就不多了；人生原本常要從一個舞台轉向另一舞台，既選擇了另一舞台，就得放棄原來舞台的角色，但他鄉聞舊道還是十分興奮。不知不覺間，兩、三個小時過去，到五點半了，才不得不向羅君告辭，向他解釋，還得和李政道去談「中國問題」，羅君一楞之後，恍然回到現實，忙說：「祝你們好運！」我聽得出其中有些許嘲諷的口氣。

＊

回到八樓，循著長長的走廊，向李的辦公室走去，不勝感慨，五年裡宇宙間幾千萬光年間的大謎，已經被人類解決了，但宇宙間一個平凡星系中的一個平凡行星上的一個平凡角隅小島上芝麻蒜皮的小事，卻還在糾纏不休，你說無聊不無聊？而我自己還更是此無聊小事中的一個角色，那眞是無聊之極了。但無聊歸無聊，李政道辦公室的大門已到，戲還是必須唱下去。

我進入李的辦公室，他已經在等我，周光召的答覆也到了，雙方已很接近，但還有一些很微小但很微妙的差異。於是我們又回了一電，下一個回電來，已近七點，終於得到一個雙方（科學家間）的初步協議，但最後還是要等李去見了高層才能定案。李就建議由他和我先簽一個草協，這樣有一個確定的書面的東西，他也好去說。我當然求之不得，那個草協，與以前不同地方主要有兩點，其一是名稱，其二是前言（見頁一七〇）。

草協定案以後，已過八點，李政道和我分別簽了名，雖然疲憊不堪，卻如釋重負。回到旅館，我把這份草案傳給台北的吳先生，次晨再打電話問他，吳先生說已詳細看過，也和有關方面複核過了，很好。我就電告李，台北方面一切OK，北京方面就要拜託他了。

二十八日李飛北京，我也回台北，離十月七日國際物理學會大會開幕不到十天了。

李去北京之前，交代了我們聯絡的方式，由他在哥大的祕書愛倫做中間人，他把在北京交涉的結果告訴她，再由她轉告我。我們有什麼意見也這樣轉過去。

我和李分手的時候，都很樂觀，李尤其自信滿滿，這是一個很公平、很合理的草案，應該沒有問題。但最初消息轉來卻不樂觀，問題出在意想不到的地方，別的都同意了，但「只有一個中國，台灣和大陸都是中國的一部分」這句話中的「和大陸都」四個字一定要拿掉，回復到原來「台灣是中國的一部分」。加這四個字有這麼大的差別嗎？在雙方都堅持一個中國的原則下，台灣和大陸都是中國的一部分只是一個事實陳述。我一直認爲一個中國是指歷史的、未來的，現在文化上還是一個中國，政治上則是以平等地位分治的兩個地區。

奧會、棋協一貫的交涉，都以平等自主分治爲「指導思想」，科協的協定和其他NGO的協定不同，忽然多了一段前言，這段前言一九七二年的「上海公報」周恩來講出後，中共就一直在講，不但強調一個中國，還含有北京是中央，台灣是地方的意義。這在加入聯合國或建立邦交時，中共這樣堅持，有其理由，因爲主權代表只能有一個，但NGO非政府組織，原不涉及主權，共同加入個別代表才是原則。這個意思當然在去紐約前我就想好了的，但整段前言的遣字用句，是和李政道共同商量決定的，李認為很滿意，也得到周光召口頭的同意，他才願在草約上簽字。但到了北京卻踢到鐵板，外事和對台部門堅持不同意，其他學會也有意見，周光召雖貴為中科院院長、共產黨中央委員，也沒有辦法，事情就僵持在那兒，時間也已非常緊。周他們要趕上學會大會，十月一、二日必須定案，「只有一個中國，台灣是中國的一部分」是周恩來口中說出來的，誰要改一個字，可能上綱上線，被指犯了路線錯誤，一輩子不得翻身。不過李也很堅持，他已經簽了字。像這樣的事，只有一個人可以拍板，那就去找這一個人——鄧小平。

那時正是國慶前後，外賓雲集，鄧實在忙不過來，李和周光召商量，只有十月一日那天的國慶大典，李當然也在貴賓之列，但平常他即使去，一般也不會跟政治人物坐在一塊，這一次有任務在身，就安排了一下，坐在離鄧不遠的地方。觀禮將畢，李慢慢的擠到鄧身邊，鄧看見李，很高興也很客氣，李沒有時間多寒暄，就把參與國際物理學會的事提出，關鍵在「大陸和台灣都是中國的一部分」這句話，鄧事先大概也知道李找他有什麼事，在嘴裡喃喃複述了一遍，就說「可以嘛！」

這「可以嘛」三字一出，諸邪辟易，百事通行，從外交部長以下，沒有人再敢多嘴，周光召才可以在草協上簽了名，內外出國手續兩天內辦完，十月六日他們就到義大利的特里斯特了。

我當然沒有上天安門，但此事經過大陸物理界的人都知道，李政道自己也很得意。假若沒有他從中斡旋，直達天聽，兩岸入會的事絕不可能這麼快就解決，我也好幾次聽他說起，所以上面的追述大致是不差的。

台灣出席年會的代表是劉遠中、王亢沛與我三人，在十月七日抵特里斯特，當時我們是會員，北京的代表雖然來了，卻還要等大會開會通過，才算入會。八日我們抵達會場，各自與熟識的學者寒暄交談，我注意到屋角圓柱旁的石椅上，坐著一位中年中國人，一直向我注視，我快步的走過去，他也馬上站起來，試探的問：「您是沈先生嗎？」我點點頭說：「是，您是？」他說：「我是周光召。」我誠心的高興他們歷盡困難終於能來，但沒有時間多寒暄，周馬上從他的公事包裡拿出兩張紙，一張是他和李政道簽的協議，我大致看了一下，和我與李簽的沒有什麼不同，另外一張紙則寫了兩行字。

CPS　　　　China
CPS Taipei　China

周說我們開會要用的名牌、座位牌、投票牌等，就用這樣分別代表兩會好不好？

CPS是Chinese Physical Society的簡寫，雙方事先同意都不用ROC和PRC，這當然是合適的選擇，但我們的有台北，他們的卻沒有北京，嚴格的說並不對等，我沒有馬上答應，只說先讓我介紹一下我們的代表吧。於是各自去找自己的人，相約五分鐘後再原地會面。我把劉遠中、王亢沛找到，將周提的名牌方式說了，這肯定是他們在北京就商量定了的，若我們不同意也許可改，但一定又要向北京請示，劉、王等都認爲我們的名牌方式我們滿意，沒有台北還不行，China那是當時國策，一定要的，至於他們的名牌方式我們就不必管了。三人都同意後，回到原地，周已經把他們的人找齊，互相問好，在四周一片英語、法語、義大利語中，七、八個中國人用中國話嘰嘰呱呱的說了一陣，倒也挺熱絡的。我把周拉到一邊，給他說：「就這樣可以。」於是一齊去找大會的祕書長，下午大會通過，從此國際物理學會中就有兩個中國的國家會員了。

至於周和我分別與李簽字的那個協議，也算是一個歷史文件，而且要分別與第三者簽，這第三者還是位第一個得諾貝爾獎的中國人，這就更珍貴了，將之複製附在一七〇與一七一頁；那段前言，我也將之譯做中文附上(見頁一六九)，供讀者參考。平心而言，這是到目前，海峽兩岸簽訂的國際協議中，最具平等地位的一份。

但是物理學會建立的模式並沒有沿用到國際科協，科協的入會前言仍然保留了「台灣是中國的一部分，中國科協（CAST）是中國的國家會員」這句話，而中央研究院（Academia Sinica）的名稱仍用「位於中國台北的學會（The Academy located in Taipei, China)」。我在物理學會事告一段落後，就沒有再參與國際科協的事，其後的交涉並不清楚，但吳先生對此顯然並不滿意。

＊

名稱的爭執並沒有就此結束，一九八九年國際科總在北京開大會，吳先生很想去，但中央研究院院長是當朝一品，不便去，叫我去，我時任行政院政務委員，也不能去。但是台灣總要參加，不能用中央研究院的名義，我就杜撰了個「台北科學會」的名義，吳先生大爲不滿，召開了一個記者會，說明他對此事的意見，吳先生是坐不改名，行不改姓的，把我叫去列席，足足訓了二十分鐘，在電視新聞中也播出了五分鐘。當時的一張照片，一直保留到今天，是我一生最珍惜的照片。從一九五六年清華復校時做他的學生兼助理開始，足足挨吳先生罵了四十七年，現在要想再聽他老人家的罵，卻已不可得了。

一九九九年北京大學一百週年紀念，邀請各界相關人士參加慶典，李遠哲院長和我都在應邀之列，中央研究院在國際科協中的名字還是一個困擾，老叫 **Academy located in Taipei** 總不像話。那時王紀五已經去世，李院長就叫我想想辦法，幾次協商以後，趁赴北京參加北大校慶之便，安排了在中國科協的會議室，由李院長率領我和他們開了一次會，總算正了名，離初次交涉，已經逾二十年了。會後，周院長邀李院長聚宴，我資格不夠，就由科協的幾位官員陪同，在科協會的一個飯廳另外吃了一頓小宴，倒也自由自在。陪客中一位，原是一九七九年時天文學會的「翻譯」，現在已是科協的外事部長，問起當年參加會議的學者，知道好幾位已過去了，談到往事都不禁感慨不已。

回到台北，吳先生已經住院一段時間，在加護病房，精神很不好，我去探問他，也向他報告中央研究院正名的事，他翻起白眼，看了我兩眼，似乎不太相信，吳老師對這個頑皮學生辦事的牢靠性總是不太信任的。不久，我也中了風，也住進台大醫院，就在十五樓，和吳先生的十四樓隔了一層，常一拐一拐的去看他，我們再沒有談起中研院的事，吳先生也沒有再出院。

至於「大陸和台灣都是中國的一部分」這句話，除了國際物理學會簽的那兩份協議外，也沒有人再提起，直到一九九九年，汪道涵在接見台灣客人時，用了這句話，一時報章大爲報導，認爲大陸的對台政策有了路線改變，後來錢其琛納入正式談話，在二〇〇三年換屆，汪、錢退出第一線，錢在人大做最後報告，又更完整的說了，含有中國兩個地區，平等協商之意。也許他們終於想通，用中央對地方的高姿態出發，和平統一連起步都不可能。不過二十年已經過去，台灣的政治生態已經完全不一樣了。

結語

這一章追述了我在天文學會、奧會、圍棋協會和物理學會參與交涉的經過。這也是一九七九年後的六、七年，中共以猛虎出柙之勢進入國際的舞台，兩岸在NGO中交手的代表性案例。現在回想起來，所纏鬥不休者都是枝枝節節，不要說從歷史的角度看，即使二十年後的今天，也有蝸牛角上爭何事之感。爲了讓讀者可以忍耐讀下去，我儘量選擇輕鬆而有象徵性的故事，用詼諧的筆調追述。但事實上是挫折多而成就感少。爲了一字一點，絞盡許多腦汁，虛耗許多時間，最後還多半功敗垂成。我不厭其煩的把它寫下來，一方面是留一歷史紀錄，另一方面，這一齣戲今天還沒有完，正熱鬧著呢，眞正是歹戲連棚。二〇〇四年台灣的總統大選辯論，一組人馬說一個中國就是中華民國，可惜，這句話走出台灣全世界很少很少人會相信。另一組人馬說，一中一台，一邊一國，這話理論上可以，邏輯上說得通，但挑戰現實，挑戰強弱懸殊的現實。所以辯論過程，言之者滔滔，聞之者或心懷惴惴，或難忍嘆息。心懷惴惴的是，若他當選，走向何方？戰爭還是和平？難忍嘆息的是，三十年前我們就因這句話出不了國門，爲什麼三十年後，還是這句話呢？

我深深相信：兩岸關係是兩岸的關係，一岸如何決策，必須要考慮彼岸的基本立場和實際情況。兩岸關係如要從谷底翻昇，十年之內一個中國的屋頂不能避免，但可以也必須求其虛。

我的一生，橋棋方面化了極少力氣，得到很大回報，出乎自己意料的回報。教育學術則投入和收穫相當，清華與我兩不相負，應是平允之言。唯獨兩岸，化了最大的心力，三十年來，衣帶漸寬終不悔，卻看不到驀然回首，那人卻在燈火闌珊處之境。看來，此生是看不到此境了。嘗自評「認知超先，經歷豐富，成果有限」，而政治的事，沒有成果就沒有意義。本書，當然也包含這一章，也就是一個個人的回顧罷了。

陶百川先生（左）指教兩岸與族群（1985年前後）。

本章附錄

「沈李協議」前言翻譯

台北中國物理學會的代表沈君山教授與李政道教授協商之後，得到一個過渡性的安排（modus vivendi）使得所有中國的物理學者都可以參加國際物理學會（IUPAP），並同意向國際物理學會推薦下述的協商草案，請其核准：

認知只有一個中國，中國大陸與台灣皆爲中國之一部分，因爲目前不可能使所有中國的物理學者在一個組織之下參與國際物理學會，我們同意，爲了得到一個過渡性的安排，以兩個獨立的組織代表所有中國的物理學者依照章程同時參與IUPAP成爲會員。這兩個中國的參與組織爲：

一、中國物理學會

二、中國物理學會，台北

After discussions between Professor C. S. Shen, the representative of The Chinese Physical Society, Taipei and Professor T. D. Lee, to achieve a modus vivendi by which all physicists from China can participate in IUPAP, it is agreed that the following draft Resolution should be recommended to IUPAP for approval:

*1 Acknowledging that there is only one China and that both Mainland China and Taiwan are parts of China, and that since it is not possible, for the time being, to coordinate all physicists from China into a single adhering organization to the IUPAP, it is agreed that, in order to achieve a modus vivendi, the two independent organizations representing Chinese physicists be enabled to adhere simultaneously to IUPAP as Members in conformity with the Statutes. These two Chinese adhering organizations are:

1. The Chinese Physical Society
2. The Chinese Physical Society, Taipei.

Having regard to Resolution No. 9 adopted by the 16th ICSU General Assembly in 1976, which recommends:

> "...that the Scientific Unions of ICSU provide for adherence, through appropriaite institutions, by scientific communities which effectively represent independent scientific activity in a definite territory provided they can be listed under a name that will avoid any misunderstanding about the territory represented..."

It is resolved that the two Chinese adhering organizations be listed in the IUPAP membership as:

China
1. The Chinese Physical Society
2. The Physical Society located in Taipei, China.

*2 It should be noted that this Resolution is not intended to require either of the adhering organizations to make any change in the name under which it operates, or of the style in which each organization designates itself in its *3 communications or in its Statutes.

Academia Sinica (Beijing) will actively urge the Chinese Geological Society and the Chinese Society of Geophysics and Geodesics to sponsor in 1985 the admission of the Geological Society and the Society of Geophysics and Geodesics, Taipei to IUGS and IUGG. They are to be listed as:

The Geological Society located in Taipei, China,
and The Society of Geophysics and Geodesics located in Taipei, China.

C. S. Shen 沈君山 T. D. Lee 李政道

沈李協議

After discussions between Professor Zhou Guangzhao, the representative of the Chinese Physical Society, and Professor T. D. Lee, to achieve a modus vivendi by which all physicists from China can participate in IUPAP, it is agreed that the following draft Resolution should be recommended to IUPAP for approval:

Acknowledging that there is only one China and that both Mainland China and Taiwan are parts of China, and that since it is not possible, for the time being, to coordinate all physicists from China into a single adhering organization to the IUPAP, it is agreed that, in order to achieve a modus vivendi, the two independent organizations representing Chinese physicists be enabled to adhere simultaneously to IUPAP as Members in conformity with the Statues. These two adhering organizations from China are:

1. The Chinese Physical Society
2. The Chinese Physical Society, Taipei.

Having regard to Resolution No.9 adopted by the 16th ICSU General Assembly in 1976, which recommended:

"...that the Scientific Union of ICSU provide for adherence, through appropriate institutions, by scientific communities which effectively represent independent scientific activity in a definite territory provided they can be listed under a name that will avoid any misunderstanding about the territory represented..."

It is resolved that the two adhering organizations from China listed in the IUPAP membership as:

China

1. The Chinese Physical Society
2. The Physical Society located in Taipei, China.

It should be noted that this Resolution is not intended to require either of the adhering organizations to make any change in the name under which it operates, or of the style in which each organization designates itself in its own communications or in its Statutes.

Academia Sinica and China Association for Science and Technology will actively persuade the Chinese Geological Society and the Chinese Society of Geophysics and Geodesics to sponsor in 1985 the admission of the Geological Society and the Society of Geophysics and Geodesics, Taipei to IUGG and IUGS. They are to be listed as:

The Geological Society located in Taipei, China, and The Society of Geophysics and Geodesics located in Taipei, China.

G. Z. Zhou
Zhou Guangzhao 周光召 T. D. Lee T. D. Lee 李政道
Date:

周李協議

Addendum

If the above suggestion cannot be carried out during the 1984 IUPAP general assembly, then the Chinese Physical Society, Taipei, will suggest to the general assembly that an extraordinary session be held next year to discuss the admission of the Chinese Physical Society with the listing of the two Chinese adhering organizations in the IUPAP membership in the form given in the above memorandum. Likewise, the Geological Society of China and the Chinese National Committee for IUGG will also propose extraordinary sessions in 1985 for the admission of the Geological Society and the Society of Geophysics and Geodesics, Taipei, to IUGS and IUGG in accordance with the listing mentioned in the above memorandum.

This addendum is not an integral part of the above memorandum.

C. S. Shen　　T. D. Lee

September 25, 1984

「沈李協議」附註說明

仕途和家庭

最後，還有兩件事要交代一下，一是仕途。我剛回國的時候，因爲種種條件，仕途看好，是標準的績優股，被列爲四大公子之一。三十年後，仕途上的成就，比起其他三位來是差了一截，只在一九八八年到一九八九年做過十一個月又五天的政務委員。不過那也是正牌的特任官，在前清是正二品，有資格戴雙眼花翎，乘紅呢大轎，所以在人生的途徑上，入仕雖只是春風偶偶拂過，略略吹起一絲漣漪，在墓誌銘上還是可以帶上一筆的。

出山、歸山的過程也很有趣。一個仲夏之夜，和佳人相約於後校園的相思湖畔，天階夜色涼如水，坐「談」牛郎織女星，回到宿舍已是深夜，忽然電話響了，一個熟識的聲音：院長到處在找我，希望明天一早我去台北一趟。我問是哪個院長，對方說是行政院俞院長。第二天我趕快趕去，俞院長是父執輩，一板一眼的君子人，很和藹也很嚴肅的對我說，要我「幫幫他忙」。我問幫什麼忙，他說李國鼎榮升資政了，要我去接他的位置，管科技能源方面的事。李先生這雙鞋，對我當然是太大太大，但因從來未入過官場，覺得沒什麼好怕的，就高高興興的答應了。

這樣作爲科技政委，平平安安的過了十一個月，然後也是一個傍晚，正和新婚夫人下西洋雙陸（**Back Gammon**），這是因爲俞院長辭職，內閣也跟著總辭，難得的清閒。一邊下一邊看新聞，忽然閃過一條，李煥組閣確定，新任閣員名單某某某，沒有沈君山，定睛一看，可不正是，卸任名單也出來了，卻有沈君山。麗華也看到了，問怎麼回事？我說沒事，繼續下，這位誥命夫人（二品官夫人是封誥的，她四月結婚後，就被聘爲主任委員是蔣宋美齡的反共救國婦女聯合會常務委員）也就繼續下下去，還下了兩盤，第一盤我贏了，第二盤卻輸了，這是從來沒有的事，修養畢竟還是差些。

第二天去行政院，趕快打包，因爲新官等著要用，只有兩天就要騰出辦公室。然後向閣僚同事們辭別，在馬英九的桌上，套用唐崔護人面桃花句留了一詩：

去年今日此門中，

君山英九辯三通，
君山不知何處去，
英九依舊笑春風。

馬英九也馬上回了一首：

我陪你匆匆的來，又送你匆匆的走，廟堂十月，身朝言野，
何嘗有意覓封侯？揮揮衣袖，甩甩頭，倜儻如昔，瀟灑依舊，
只憾鈴聲漸遠，空留去思滿樓。

這兩首詩經報章轉載，一時傳爲佳話。但我自知並無如此瀟灑，覓封侯不到一年，套句王安石的詩，「未成霖雨便歸山」，仍是有些遺憾；但隨即坦然。一年之後，李內閣總辭，郝柏村繼任閣揆，馬原職不動，已是三朝元老，我打了個電話給他，套用原詩謔之：

前年此日斗室中，
君山英九辯三通，

君山已去笑春風，
英九依舊斗室中。

馬英九是我仕途一年交到的好朋友，有些趣事亦與他有關，當時他任研考會主委，是俞內閣最年輕的閣員，我們常同去政院的公共食堂吃二十五元一客的午餐，是唯二去那兒吃飯的閣員。他那時早已是群眾偶像，有一段時間，我們常齊受邀參加活動，從群眾歡迎崇拜的偏向，很快讓我知道自己「過時」了。

舉一個例子，一九八九年六四前幾天，天安門廣場絕食事件傳來，台北的學生也聚集在國父紀念館響應支援。馬邀我一齊去參加，我們又是到場的唯二閣員，抵達時群眾已集合好，全場一致鼓掌歡迎，我聽了心頭當然也頗受用。散會後，我們一齊走出來，忽然一大群女學生圍衝過來，我還在驚愕，她們已紛紛的從我面前跑過，圍住了馬英九，原來是要他簽名。我沒有辦法，只有在旁邊等著，馬有點過意不去，就向學生介紹，「這位是沈政務委員，很有名的。」那些學生翻起眼瞄一下，相應不理，繼續爭著把簽名本塞遞到馬面前，馬來者不拒，在台灣六月中午的驕陽下，簽了二、三十分鐘，我在旁邊曬得滿臉油汗。好不容易，最後一個簽完了，一齊上車時，他還皮笑肉不笑，頑皮的問一句：「君公，還好吧？」

馬平常謙虛認眞，但對自己成爲偶像，內心還是挺得意，知道我這過時偶像有些吃味，還不時來刺激一下。有一天，我在行政院的辦公室審預算，他忽然彎過來打招呼，又像是透露機密又像是不好意思的說：「今天剛從一女中講演回來，體育館連球場中間都坐滿，窗口都有人，唉……。」

我心中沒好氣，就頂了他一句：「人家是看你講演，不是聽你講演，知道嗎？」他笑嘻嘻的走了。

官場進退，當然不都是趣事，有一窩囊事，隔了十多年還淸楚記得。去職之日，離端午節還有三天，循例的績效獎金是一個月薪水，已經領了，離任之後，人事室來追還，說是該給新任。我頗不以爲然，績效是獎勵過去，爲什麼要給新人？人事主任大陪笑臉：「這是編入預算的，你領了，人家就沒有了。」等等等等。我懶得爭，就讓妻退了回去，現在想想，還很生氣，應該不退的。

官場一年，意外的收穫是完成了終身大事。我在美任教時，有一次歷時十年的婚姻，回台時結束。回台之後，一直是單身，並無緋聞之事實，卻有風流之虛名，親友家人爲之擔心不已，對事業亦有影響。淸華校長出缺，每次都考慮到沈君山，但緊要關頭，一則花邊新聞，就形勢突變。進入內閣，當然更成爲記者關注的對象，俞院長亦十分關切。第一次去俞府拜年，俞夫人十分親切的對我說：

「明年一定要兩個人來才行喔！」院長老闆在旁微笑頷首，我也覺得該定下來了。婚姻是緣份也是時機，時機往往比人更關鍵。

＊

一九八九年四月我結束單身生活，當時我考慮的條件，最重要的是價值觀雙方要相符，助夫鑽營、媚上驕下、自我炫耀的官太太是我最討厭的，這點麗華絕對不會。但她官太太的命也只有兩個月，六月我就打回本色，回清華教書，她留在台北工作。從此一家兩治，各自生活，互不牽制，知心文友之情猶勝於夫妻。他人或不以爲然，我們卻頗自得，至少直到我中風難以獨立生活爲止，但這當然是始料所未及的。

中風以後，我們最關切的是當時年方九歲的兒子曉津，假若一切順利，他大學畢業時，我應該是八十歲。他現在正讀國中，一直和母親住在一起，在沉重課業的壓力下，經歷建構式數學等折磨（註），還很不容易的保持健康活潑。喜歡下圍棋，但絕非神童，這是做父親唯一的啓蒙貢獻。現在我們每週平均下一盤棋，總要先拂拭棋盤，再互相一鞠躬開始，有時我忘了，他一定提醒我。禮者敬也，雖然繁瑣，是一種人生態度的養成，是東方文化中的運動員精神（sportsmanship）。小孩好勝，但我並不輕易讓他勝。二〇〇三年除夕在婆婆家七子開了盤，三代同慶，拍照留念，看他雀躍之情，這可能是他最高興的壓歲紅包。開年不久，他升了初段，我身兼圍棋協會理事長，除了親筆簽頒初段證書外，還送了他一幅字：「御棋而勿御於棋」。這是業餘下棋最重要的一課，人生許多事或亦應如是觀。其實這可能是多餘的，兩年來，尤其在母親督促下，雖然是最喜歡的圍棋，他也已自然有了心防。現在這幅字，連同早已答應送給他的一個紅木彫金的棋桌，都留在我吳大猷基金會的辦公室，等他自立了，再搬回去。

現在，圍棋已經在曉津心中生了根，將會是他終身的，也可能是他唯一的嗜好。今天，它是我們父子溝通的橋樑；以後，很久很久以後，也不一定要記得我。這幅字、這個紅木彫金棋桌，就是我的一部份。

我第一次婚姻，有三個子女，後來在快樂的家庭環境，尤其是繼父悉心的教育下成長，現在都已成家立業，成爲成功的美國人。兩個女兒高中畢業時，在麗華（那時我們還沒有結婚）極力鼓勵下，我帶著她們做了三週歐洲的旅遊，從芬蘭的冰川到巴黎的紅磨坊。現在回想起來，這是我們最接近的一段時光，是我最珍惜的，也希望是她們很愉快的一段回憶。

胡適常引一首詩：「梵志翻著襪，人皆道是錯；乍可刺你眼，不可磨我腳。」人類要一代一代的傳承下去，必須要有一個家庭的方式，對幼小成長中的下一代，在心靈上生活上給予溫暖保護，這也是生物（包括人類）的天性。幾千年來，婚姻制度是家庭方式最重要的樑柱，但現在的制度，原是農業時代誕生的，也許還會延續下去，但其形式和涵義，必然會受到時代的衝激。人生憂患識字始，進入二十一世紀，每人都是一個知識份子，一個自我，而且也都不願喪失自我，不願壓抑自我。如何使兩個自我的婚姻生活平穩，如人飲水，冷暖自知，如此密切日常相貼的襪子，如何互不磨腳，只有自我調適，別人無法幫助，如何看法，也不是最重要的。

講到別人的看法，還想多說兩句。回國三十年，花邊如影隨身，雖多是捕風捉影，我亦從未置理，但其實頗受內傷。而今往事如逝水，已隨華年俱去，趁此總結回應一下，做個交代。

回國最初十五年，風華正茂，又是單身，悲歡離合之事難免，但對愛情婚姻，我有一悟三不：「得到了可能是失去，失去了卻未必不能得到」斯爲一悟。「交女朋友一不交學生，二不交清大同仁，三不交沒有愛情經驗者」斯爲三不。十五年進退於愛情友情之間，嚴守此「一悟三不」原則，未破一例，故十五年來的離合之間，愛情雖逝，友情永存；有悲歡，而無怨仇。六十七歲中風之後，養病兩岸，對官場情場的事，今天可以蓋棺論定了，自我評定：進退得失之間，進是不夠積極，不足取法；退卻十分瀟灑，堪爲楷模。是否眞的如此，讀者讀完《浮生三記》和《浮生後記》（也許還有《浮生再記》）後，再做評斷吧。

本章註解

註（頁一七九）：

本書進入二校時，發生了一個故事，很有意思，加寫於此，與讀者分享。

兒子功課一直還不錯，進入國中後，成績更加上升。上學期考完，媽媽告訴我，考了第二名，爸爸當然高興，答應給他買部捷安特高級腳踏車。今年開學，車還沒買，帶他出去吃飯，他開口了：「老爸，我上學期是第一名。」

「哦？不是第二名嗎？」

「那是學科，術科一平均，就第一名了。」

術科，嗯，不錯。想老爸當年和同學們比十項，棋、橋、籃、足、舞等等等等，十項中贏了七項，大學讀了六年（德文不及格，受訓回來又讀了一年），美國獎學金還是一申請就得到，就是因爲術科；校隊啦，冠軍啦，把老美教授給唬住了。看來兒子是得了老爸的眞傳。

「術科？很好，哪些術科？」

「家政、音樂、美術。」

家政？我的兒子會家政嗎？

「家政？考幾分？」
「八十八分。」
「美術音樂呢？」
「美術一百，音樂八十六。」
我瞇起眼睛，望著對面這個頭髮蓬蓬滿臉稚氣的少年，不像是說謊。但這是我的兒子嗎？他針線肯定不會，這是我知道的；洗過一次碗，三個碗中兩個油膩比沒洗前還多，還有一個打破了；美術我沒有看過他畫過一張畫；音樂，我沒聽他哼過一條歌，也沒學過樂器，老爸五音不全，音樂從來不曾超過六十分，他能得八十六分？
「眞的？怎麼可能？」
「考筆試嘛。」兒子到底不笨，猜到我的疑惑，輕鬆的回答。
考筆試？術科考筆試？懂了，筆試考些什麼呢？
「第九交響曲是誰寫的，梵谷是什麼地方人啦等等。」
「家政呢？」
「忘了，好像是布料羊毛什麼的。」
原來如此，完全懂了。我在大學時，追一位才女，請她去聽音樂會，爲了表示風雅多學，先背了一肚子名曲故事，音樂會時閉目養神，聽完了出來，精神抖傳。

撤，出處掌故，口若懸河，把才女唬得一楞一楞。看來兒子畢竟得了老爸的眞

他自己卻跟了一句：「眞是最大的諷刺。」

我鬆了口氣。兒子小時候很有靈氣，養蠶寶寶，看牠們作繭自縛，又再破繭而出，就生悲天憫人之心。夜觀星座，瞭解星座原是相距千百光年遠近不同的星組合而成，乃推論占星術絕不可信，媽媽要他寫報告，將這些看法寫出，抒情說理都有可觀。現在長大了，拜通才教育之賜，大書包的作業永遠做不完，這些全沒了。此刻忽然講出這句話，看來頭腦還算清醒，沒大發漲，我即刻回應一句：「不要考第一名了。」

「不要考第一名？」他看看我。

我們父子最能溝通的話題有二：一是圍棋，一是教改。圍棋我是英雄，棋盤上棋盤外他都心服口服。教改我卻成了狗熊，建構數學、一綱多本，我看他一路成長，一路受盡折磨，當然心痛。而他們母子同心同口，一律歸罪教改（很不公平）。我曾是教改委員，當年風光，今天就成了被指責的羔羊。說實在話，當時教育只懂二〇％，除了大學教育外，中小學教育完全不懂。現在跟兒子學，隨兒子與時俱進，漸漸的懂了，漸漸的有了觀念，千絲萬縷，但無能爲力，總結出一句話，「不要考第一名了」。

「不要考第一名了」，但已經考了第一，捷安特之外，還是加賞一本電子辭典，從理念到實踐，難啊！

紀政

四年多前中風得病之後，友人勸我寫回憶錄，我也覺得此生既已告一段落，寫寫往事以遣餘生亦未始不是自娛之道，乃思效法本家前輩三白先生，追述雖無豐功偉績，卻也頗有逸情趣事的一生，分爲六記，人文、科學、棋橋三者，選篩舊作貫以追述，已經集成《浮生三記》，以繁、簡體字分別在台灣、大陸出版。本書原是想包含「兩岸」、「老病」、「愛情」三方面，集成後三記，但後來發覺這三者性質各異，硬要集在一起，不但事倍功半，而且可能讀者互斥，變成完全沒有銷路，太對不起出版社。

兩岸包含相關的族群問題，是台灣這塊我雖未生於斯，卻長於斯，老於斯，最後亦必將終於斯的土地，所面臨的最基本的問題。三十年來，島內形勢雖已大異，整個框架，從歷史民族的角度來看，並未大變。我雖從未在位，因緣際會，也有些特別的際遇，鑑往可以知來，所歷所思，不僅是時代的反映，個人的回憶，對於未來的發展，或者仍可有助。乃以此爲主，再於自述中加補資料，包含教育方面的經歷理念，集成《浮生後記》。至於老病，現在還是進行式，一時的感悟未必是最後的感悟，因此只將驟然得病的經過感觸，寫成一章，以〈楔子〉方式置於全書之首。感情方面，執筆之後才發覺此事最不易寫，往事悠悠，少時心情少時愁，現在寫起來已不眞實；而更困難的是，每人對自己的往事隱私感覺忌諱不同，以一己之快，傷及曾相愛的人，最不可以，有此顧忌，落筆難免躊躇，故雖曾成斷簡殘篇，終棄之筐筴，此生是絕不會出版的了。

但與紀政的交往是一例外，主要是我們的交往，與我之介入族群與兩岸的活動，不可分割，可以說我們的感情，是在這些活動的參與中孕育成長。前些年有個熱門的電視節目，叫「兩極對話」，「兩極」一詞最能概括的形容紀政和我在族群、階級、專業等之間的不同，我若不走出校園，怎樣也不會和紀政相識，遑論相愛。一九八二年後，我們的交往中斷了十七年，直到一九九九年，那時台灣島內的大環境，已經翻了個身，我忽然的中風，而且不是小中風，實際上成了殘而半廢的人。因此，我也是翻了個身，她才又出現，都已是或近花甲或古稀的老人。她有助無類而且鍥而不捨的天性，我在天上飛的時候，認爲也太過分的天性，正好幫助我從泥沼裡站起來。若不是她的幫助，很難想像我如何能苦中尋樂，很快的調適自己，又重新成爲一個雖然不同卻一樣樂觀自信的沈君山。

我們本性都是坦蕩率眞的人，這一段前前後後交往的過程，親近的親友也都瞭解，作爲大時代的小插曲，它也象徵台灣本質上並沒有眞正的族群鴻溝。因此，在這兒就追述一下，和讀者分享這一段至堪珍惜的經歷。

＊

我們這一代的人大概都知道紀政，都會有些印象。一九七〇年前後，季辛吉密訪大陸，台灣被逼出聯合國，國勢最飄零的時候正是紀政在國際體壇最風光的時候：一個個冠軍，一項項的紀錄，都被她得到，被她打破。那時我還在美國教書，從電視上看見，對於這個有點土，揹了國旗拚命跑的台灣女孩，也很感動，卻完全不能想像，後半生會和她有什麼瓜葛。

眞正面對面的認識紀政是在一九七八年。那一年中（台）美邦交，警訊頻傳，從各種管道知道，美國隨時會和中共建交，和台灣的關係不會斷，但會轉換成民間性質。政府高層授意我出來籌組一個民間性質的基金會，要有代表性，也要能和美國朝野溝通，一方面推動邦交的維繫，萬一斷交，或者還可以做備用的管道。由一個熱心國民外交的黃不橈君籌措經費，我去找能代表「全民」的發起人，一個個電話打去，後來的發起人中，企業界有王永慶、吳火獅；學術界有魏火曜、毛高文；影劇界有林青霞、胡茵夢、鳳飛飛；「黨外」有康寧祥、姚嘉文，還有蘇貞昌。當時蘇是最年輕的，是青商會台北分會的會長，不是很黨外，算是社會人士。紀政是體育明星，語文能力強，待人親切，當然也是發起人，後來又擔任董事。這個基金會取名「自由基金會」，我被推選（其實是內定）爲董事長。自由基金會最初的構想，也許與後來的海基會相似，具有白手套聯繫斷交後中美事務的性質，但後來中（台）美關係實質上仍可以準官方方式推動，成員複雜、領導無方的自由基金會，很快就失去了它的作用。

1978年自由基金會成立大會，發起人代表左起：蘇貞昌、康寧祥、羅光、鳳飛飛、魏火曜、沈君山、吳火獅、胡佛（站立發言者）。

自由基金會是我第一次涉足校園外的公共事務，是一次徹底的失敗。但也有三點收穫：第一是瞭解到官場或準官場的不簡單，從此對之懷著惴惴之心；第二是認識了許多當時充滿民主理想的「黨外」；第三就是結識了紀政。紀政出身貧窮，做過養女，硬是自己逃回家，逃了四年，最後家裡不得不收留她。後來，在田徑場上發展，曾同時保有七項世界紀錄，是一個模範的運動員，樂觀、堅毅、永遠的向前看，不緬懷過去。

跑道是直的，高欄低欄即使有障礙，也是明的，不像實際社會那樣複雜。在她成長的歲月裡，被她的教練，後來成爲她夫婿的瑞爾保護得很好，所以，三十多歲了，還純眞得和小女孩一樣，但絕對不笨；回國不久，又是一個人了，正像海綿一樣吸收著新世界的一切，包括複雜的政治；並不漂亮，但健康自信從她身上輻射出來，吸引著周遭的人。當時我已四十好幾，還是單身，交過不同型的女友，也正交著不同型的女友，爲她純樸的魅力吸引，但眞正墜入情網，是在名古屋之旅。

＊

一九七九年十月初的一個星期天，台灣區運會（現在叫全（國）運（動）會）在台北舉行。當時政府已經決定讓楊傳廣、紀政跟奧會交涉代表團赴日，但楊、紀要參加區運會「薪火傳承」的儀式，代表團趕時間，前一天就出發了，讓我留下帶他們前往。訂好最後一班下午五時去大阪的航班，區運二時開始，聖火進場是第一個項目，應該可以趕得及。事先和《聯合報》約好，他們把專跑機場的採訪車準備了，停在運動場門口；又和專在機場拍照的攝影記者聯絡好，把一切通關手續先辦了。我早就發覺那時台灣有兩個行業的效率和牢靠，是世界第一：補習班和報業；尤其是所謂兩大報的《聯合》和《中時》，互相競爭之下，只要對本報有利，必全力以赴。我和兩報關係從上到下都不錯，雖然偶被發些捕風捉影的小花邊，令人氣結，但基本上還是很佩服他們敬業的精神。這一次是對雙方都有利的事，一談就談妥，果然第二天《聯合報》有一個獨家，楊、紀兩人穿了繡著國旗的田徑裝登機的照片，發在頭版，而我們也沒有誤了班機。

那是後話了。且說那個星期天下午二時不到，我就到看台上的貴賓席坐好，二時剛過，運動員進場，接著，抬著大會會旗的選手，在區運會歌樂聲中，啪啪啪步伐一致的走到主席台前站定立好，然後，兩個雪白的影子，在運動場兩端的入口出現，薪火傳承的儀式開始了。掌聲雷動中，楊傳廣和紀政，穿了潔白的田徑裝，舉著火炬，沿著跑道，分別從兩個方向朝主席台緩步跑去，筆直的身影，自信的笑容，優雅自然的步伐，不就是達文西畫中柏拉圖筆下理想的古希臘運動員的影子嗎？我的心忽然提升起來，眞正運動員健康的美有這麼動人，一般的所謂俊男美女哪有得比呢！

他們同時抵達主席台前站好，轉身向上舉起不執火炬的手，向主席團致敬，然後，兩位也是穿著潔白田徑裝年輕的運動員，從選手行列跑出，到他們「賢拜」（先輩）的身後立定，楊、紀轉過身來，將火炬交給這兩位年輕的選手，薪火傳承的儀式完成；他們再分別轉身，緩步循著來時的路，向兩個來時的入口跑去，雪白的影子，從現在已是出口的門漸漸淡去。

這個星期天，這個場景我永遠記得，到現在二十多年了，尚栩栩如生。但當時卻來不及多想，趕到看台下的選手休息室，還空空蕩蕩的，只有一、兩位大會職員和《聯合報》的記者。不久楊、紀趕來，衣服還沒有換，已經過了三點。那時，中正機場剛啓用，高速公路還沒全通，車程一般要兩小時，《聯合報》的記者急得不得了，催著上車。我當機立斷，楊、紀也不要換裝，反正行李已在採訪車裡。紀大小姐還想沖個涼，台灣十月熱得很，滿身汗淋淋的怎麼行；可是時間不等人，沈領導一聲令下，都趕上了車，風馳電掣的直奔機場。採訪車趕新聞是趕慣了的，大道小徑的跑，四時半車就趕到了機場。我心裡想，要是聽了蔣部長（彥士）的話，坐外交部禮賓車、警車開道的趕，也不一定有這個速度。到了機場，一切通關都已辦好，記者抓緊機會，趁楊、紀去洗手間換裝之前，拍了一張有紀念性的照片。在空服員催促聲中，我們踏上了旅途。

＊

到得大阪，八點多了，機場不再像白天那麼擁擠，顯得有些冷清，只有兩個人來相接，一位是政府的外事人員，他看我們通關無礙，說了一聲「祝你們好運、成功」，就回去了；另外一位是辜寬敏，他一直陪我們去名古屋，在名古屋一直陪我們到交涉完畢，然後還陪我去東京。

當我確定楊、紀會隨代表團一同赴日，「台灣可以走出去」，並且宣導它是一個獨立自主的體育實體，就擔憂一件事：我們三人無一通日語。代表團成員中有通日語的，可是他們要忙正事，無暇也無心來管我們；官方駐日人員中，日文專家當然多的是，可是我們要宣導的道理，他們未必聽得進，也未必願意惹火上身。不通語言如何宣傳呢？

這就想起了另外一條路，先去找康寧祥，在組織自由基金會時，他曾熱心相助。我告訴他，我們要去爲台灣打拚了，但不通日語，不諳日情，怎麼打拚呢？老康當然一聽就懂，就告訴我，有一個人你可以找，此人旅日多年，日文一級棒，而且一向活躍，日情當然通達，此人就是辜寬敏。辜寬敏？我只知道他曾是台獨的大統領，當然一向活躍，可活躍的是推翻蔣家政權，肯幫我們忙嗎？我再側面打聽一下，辜還在黑名單上，還不能自由返台；但最近與國府好像進入休戰狀態，既然如此，他也許肯幫忙也說不定。就拜託了老康一下，他把辜的電話給了我，我用某報的電話打過去（辜的電話一定被監聽，我自己也可能，但報館的就無所謂，反正他們什麼電話都打），辜自己接的電話。老康果然夠朋友，辜一聽就知道我找他做什麼，也不用我多講，就用相當紳士的口吻說：「那我就在名古屋恭迎大駕囉。」我向他解釋，還是大阪更方便些，我們一到日本，就什麼都不懂了，又把大阪的航機號碼時間詳細告訴了辜。他只是嗯嗯，未置可否，到最後電話講完，我也不確定，到了大阪會不會有人來接應。

到大阪下了機，果然只有一位政府的駐外人員，幫我們辦通關，我心裡有些失望。不過，既來之則安之，看來只好自己闖了。但出得關來，在有點空曠的接客大廳，看見一位花白頭髮紳士模樣的人，遠遠的、晃呀晃的向出關的客人望來望去。我趕快跑過去問：「辜先生嗎？」他很有禮貌的說：「在下就是。」也問了一句：「沈先生嗎？」於是，我們就這樣認識了。

我把他帶到同來的旅伴處向旅伴介紹：這位就是辜先生，來幫我們忙的，也向來接我們的駐外人員介紹，他當然也知道大名鼎鼎的辜寬敏，打個招呼，趕快的就走了。

於是我們搭上赴名古屋的子彈列車，這是第一次搭，果然飛快。那天有些微雨，雨珠打在車窗上，窗外沿路的燈光，就在雨珠間一閃一閃的向後飛閃而去。

我在飛機上已經向旅伴解釋過，到了大阪，可能有位辜先生會來幫忙，幫我們做翻譯。在火車上，我讓楊、紀坐在一排，我和辜坐另一排，沿路上我們交換了一些看法，當然更主要的是到名古屋後的任務分配。記者招待會中，紀是發言人，她的中英文表達能力都好，反應也快；楊傳廣在一九六四年的東京奧運會中，曾是整個亞洲的希望，在日本知名度很高，老一輩的日本人喜歡運動的，多知道他，盡量做會場外的公關，由他講自己想講的話。我們帶去的發言稿，則都交給辜，由他譯成日文，再複印了分發給日本記者。

在火車上就收到名古屋的電話，知道有一大群記者等著，要等我們開

1979年10月在大阪新幹線火車站，左起楊傳廣、紀政、辜寬敏、沈君山。

記者會。對於記者會，代表團成員的看法和我不一樣，他們是盡可能的低調，交涉就是交涉，跟記者多講了，國內報紙登得愈多，麻煩也愈多。這或許也是事實，但我的看法不同，記者會主要是開給日本人，還有歐美記者，台灣難得有在國際場合露面的機會，這次機會非把握不可。所以，代表團雖早到名古屋，只向記者發表了一個簡短聲明，就不露面了；記者來這麼多，可能辜寬敏這方面也透過他的管道，向日本傳媒做了些關係，台獨的大統領怎麼和國府的團隊合作起來？又加上中共這隻神祕的大老虎，傳媒當然都很想知道他們的立場。果然，火車一到名古屋，許多記者就包圍上來。

那時，辜寬敏早從另一車箱下了車，我們被記者簇擁著去了旅館會場，但記者會還沒有開始，紀政就嚇了我一大跳。在旅館大廳，我們搭了電梯直上三樓會場，電梯門一打開，記者對著電梯門照相。有一位「新華社」的記者，過去在田徑場上，可能採訪過紀政，對她笑了笑，打了招呼，紀政卻像他鄉遇故知般，撲過去給他一個大hug（擁抱），記者們啪啪啪的照相。我認出其中幾位是國內報社來的，大爲緊張，推著紀政，口中連說趕快趕快，遲了遲了，紀政卻心不甘情不願，還頻頻回首。那天她穿了一套全紅的洋裝，配了三吋高跟鞋，身材又高，鶴立鷄群，興高采烈，一路左顧右盼打招呼；卻不知那些照片在國內登了出來，會害死我，會被罵連拉裙角也拉不好。

好不容易到了會場，在台上坐好，紀政居中，楊傳廣和我分坐兩旁，中文發言稿是早寫好了的，英文譯稿也已準備，辜寬敏則在趕著譯作日文。那是一篇台灣爲何應在國際體壇上獨立平等存在的說帖，用詞必須小心斟酌，既要接受中華人民共和國的存在，又要強調培育出楊傳廣、紀政的在台灣的中華民國，還是正統的中國，這話到今天二十多年後還說不清楚，何況那時？紀政把中文稿的摘要簡單起個頭，接著就用英文講，但是是自行發揮，完全不理譯稿。我起先捏了一把冷汗，後來卻發覺講得自然有力，遠比我自己去講動人；她是從心中流露出來的，我只是從腦中想出來的。

＊

紀政從一開始就叫我沈老師，實際上也如此。前面已經說過，她從少女時代開始投入田徑，後來被瑞爾訓練成世界級選手。青春成長的歲月，全都在田徑場上度過，瑞爾把她保護得很好，與塵世幾乎隔絕，只有這樣專心致志，不動凡心，才能登峰造極。金庸小說中有個古墓派的，在地下古墓中睡在寒玉床上練功，意思大概就是這樣。但田徑生涯結束了，回到眼花撩亂的台灣，成了大名人，和瑞爾的婚姻也結束了，這結束是必然的；瑞爾不屬於台灣，台灣也從沒有公平接受過瑞爾，瑞爾和台灣是不能共存的。孤獨一人，從古墓中走了出來，倘若一般人，可能就此迷失沉淪。但紀政從六歲起，從養家逃回，被打回去，逃了四年，最後本生家終於不得不接納她。這樣堅強的韌性這次又救了她，不自覺的調適自己，不自覺的永遠向前，而且，瑞爾給她留下了一份珍貴的財產：堅定的價值體系。這些種種，先天的，後天的，使她在田徑場上成功，也使她在田徑場外立定了腳跟。

就在這時，紀政認識了我。從表面上看，我們是兩個不同世界的人，但內心裡，價值觀念是相通的，有好些部分，甚至是相同的。個性專長不同的地方，也互相尊敬，她敬慕我的理性理智，我敬慕她的堅毅活力。無論友誼、愛情，相敬是最堅實的基石，時光流轉，人事變換，情誼會沉澱淡化，甚至消失轉變，但眞正的相敬是不會磨損的。我們從初相識，到中斷往來，到二十年後的白髮蒼蒼時重逢，重新建立起新的不同的情誼，相敬始終未嘗中輟。

從一九七八年到一九八二年，我們認識相處的那幾年，正是台灣政治轉型動盪最厲害的幾年。外交上被逼出聯合國後，中（台）日、中（台）美相繼斷交，在台灣持續維持了三十年的中華民國法統，從根本上發生動搖，建立在根本上面，但以民主做號召的威權體系，要另從「治國」方面尋求正當性。美麗島事件、林宅血案、陳文成血案等接踵而來，正是那體系中的保守機制，在轉型中和社會潮流衝突激發出來的結果。我在那個時代，扮演著一個相當特殊的角色，我有三大「正確」：族群正確、階級正確、專業正確。應該是一位純正藍色血液的大公子——四大公子之名，是康寧祥首先叫出來的，在一九七八年的立委選舉中，被「黨外」用來做攻擊國民黨特權的文宣武器；直到今天，老康（他自己已是國安會祕書長了）還叫我「大公子」，叫時有些揶揄的味道——但卻有一不正確（至少我的長輩們這樣認爲），政治認識不正確。那還是一個民主只是理想不是利益的時代，我對「黨外」，尤其對因之而受苦受難的黨外家屬抱著強烈的同情心。我當然不是革命的，卻也不是反革命的，正是魯迅筆下那種不是被反革命所殺就是被革命所殺的「不革命」；但那不是一個殺人，至少不是一個殺「不革命」的年代，我的理智理性也使我知所分寸。

智慧、財富、愛情、權力四者，智慧最易與人分享，予人愈多，自己也愈多，至少不會減少。財富到了一定程度，象徵的意義多於實質，不足者固所仰望，多餘者卻未必以爲貴，稍稍分享一下，於名有益，於己無傷，至少不會大傷。愛情，詩人曾說眼睛裡摻不進一粒沙子，但那是在年輕青澀的年歲，是自尊和被愛混淆不清的年歲。成熟昇華的愛，只要自信是獨特的，不可取代的，所愛的人愛著和被別人愛著，或許也可接受。只有權力是絕對的，不可取代的，得到權力的多不能分享權力，至少絕不能分享到危及自己權力的地步，能分享權力者往往得不到權力，除非是爲了得到更大權力而分享權力者。無論如何，我和權力無緣，對權力既不崇拜也不蔑視，維持適度的尊重。這世界的秩序，終究還是要靠權力來維持；但也深知，對權力最好保持適度的距離，太靠近了會受灼傷。

基於這樣的認識和個性，對於兩岸和族群，從還沒有這些名詞的時候開始，到熱門話題的後來，我只在能力範圍內，對有權者做觀念、認知的溝通，對被迫害者給予人道人性的溫暖，是一個熱心但不熱中的逍遙派（逍遙派是大陸文革時期的一個名詞，指保皇派、造反派、左派、右派之外，明哲保身置身運動之外的一些人）。逍遙和熱心是相反的兩個名詞，但因爲我的三大正確，也因爲我的知所分寸，一九八〇年代前後，我的「能力範圍」還眞不小；但也有局限，右邊不說，左邊也常碰壁，名古屋的時候，就有這樣一番遭遇。

有一位田徑界出身，曾爲國手，書讀得很好，現在已是國內院校校長的C君，那時正在日本留學，住得離名古屋不遠，紀政、楊傳廣和他很熟。他知道楊、紀遠道來日，當然要盡地主之誼，紀政要我也去，我聽說他很活躍，在留學生界很有影響力，也就高高興興的去了。他們三人一見面，興奮得很，很快就用我不太懂的閩南話，熱烈的談些我不太懂的田徑界的事。紀政是很周到的，一進門就向C君介紹沈老師如何如何，C君也一直很禮貌，不時從自己的談話中岔出來，用挺標準的國語和我寒暄兩句。但談話進行到一半的時候，我犯了一個嚴重的逾越分寸的錯誤。在禮貌的寒暄中，認眞的提起了此行的任務，很自信的說，爲台灣的中華民國打拚的事，請他幫忙，最好動員些留學生來協助等等。我以爲這是天經地義的事，至少他也會敷衍一下，不料C君的臉色卻忽然嚴峻下來，冷冷的等我把話講完，斷然的說：「不會，絕對不會！……」詳細怎麼說，年月久遠，不完全記得了。總之，是把三十年來台灣人民在外省人政府下受的委屈訴說了一番，最後說了「若不是紀姊和C.K.，我是不會讓你進我這個門的」，這句結尾的話是確切說了的。今天我還記得他講這話時灼灼的眼神。

我緘默下來，紀政趕快幫我講了幾句轉圜的好話。談話繼續了一陣，氣氛卻不大對了，一會兒我們就告辭出來，離開的時候，C君和我也一樣的握了手，我望了一眼握著的青筋暴露運動員勞動的手，我們確是不一樣的。

這樣的經驗，後來還有好幾次，但這是第一次，所以印象深刻。C君不是政治人物，不過，是把他的心情直接說出來而已，那是一個我也許能夠瞭解，卻不能感覺到的心情。紀政常常向她所屬於也被接納的那個階級、那個族群的朋友解釋，沈君山是白羊中的黑羊；但我自己知道，黑的只是理念知性的外表，內心眞正流著的血液還是白的。

那兩年，對有些人是最淒淡的，對我們卻是最美好的。我常笑對紀政說：「你是我的passport（通行派司）。」眞的，在那急需人道溝通、人性關懷的年代，我們是互補的。沒有我的三大正確，我不會被這邊信任；沒有她的三大不正確，她不會被那邊信任，而我們兩個卻是互相絕對信任的。我們的情愫，就在對那黑名單，那受難家屬……的關懷中滋潤成長。我們最快樂、最溫馨的時刻，就是在設計幫助無辜而需要幫助的人的時刻。她是感性的，我是理性的，但卻同樣的眞正體會到助人爲快樂之本。常有人說「革命的」感情，我想我們是「不革命的」感情吧。

不過，那是後話。而且，淒淡的歲月，淒淡的記憶，就讓它遺忘，讓它過去。在這本書裡，我也不會再去談它。現在讓我們回到名古屋的記者會。紀政不理講稿自管自興高采烈的講，我起先有點緊張，後來發覺這樣更加有力，而且她的英文又好，那時比閩南話講得好得多，我自己上台也不會講得這麼好，就靜靜的欣賞她的發言答問，漸漸的有些神魂顚倒。

忽然，一位有點紳士味道、白髮蒼蒼的中年人，捧著一大疊紙匆匆的進來，原來是辜寬敏。他已經把發言稿譯好，印好，趕著送來了。我拉拉紀政再指指辜，她瞥我一眼沒有理睬，繼續講她的，辜寬敏也只好捧著那一大疊譯稿站著，站著站著也點起頭來。好一陣子告一段落了，紀發言人才指著辜，說道：「日文的發言稿已經準備好了，請各位去拿吧！這位辜先生的日文很好，我沒說清楚的，他會幫忙解釋。」但沒有幾個人去拿，也沒有人去問，記者先生們大概把這位大統領當做跟我們來的隨員吧。

紀政在名古屋耽了兩天，就先回台灣，楊傳廣一直留到大會結束，他在日本有許多體育迷，我在日本報紙看到他的照片和他的發言。他說，這些人（指奧會委員）在搞什麼他不清楚，但最重要是把選手送到運動場去比賽。倒也挺得體的。辜寬敏不但留到大會結束，還陪我去東京。除了稍稍一點冶遊外，還介紹我見了幾位日本的政界人物，包括後來做到日本首相的宮澤喜一。雖然政治理念很不同，我和辜還是很談得來，他是一位貴族，一位懂政治的貴族，那時雖然有些落寞，東京市區的最後一塊地，也因爲搞獨立搞政治賣了，但仍然保持著東方世家紳士的氣度，也眞的喜愛體育。楊傳廣曾是他的英雄，說起一九六四年的東京奧運，他和朋友們去捧場，十項比賽結束，楊傳廣落到第五名，觀衆都散去了，楊拎著撐竿跳的竿子，一個人落寞的站在田徑場中，西下的太陽，紅紅的，照出一個長長的影子。談起這已經十幾年的往事，悲哀的神情，還在臉上浮現出來。他實在是一個有點羅曼蒂克的人。後來，回台灣以後，我們還見過兩、三次面，那是紀政結婚以後的事，緬懷名古屋之旅，各自有不同的惆悵。

每個美好的故事，都有個結束，愛情當然也不例外。圓滿的結束，形式上都是一樣：結婚，然後live happily together forever（永遠快樂的生活在一起），儘管那「永遠」可能只有一、兩年甚至一、兩週。不圓滿的結束卻各有不同的形式。

紀政和我從名古屋之旅到關係的忽然結束，不過三年。

＊

一九八二年的夏末，我們都到希臘去開會，我去開天文會議，她去開田徑會議，中間相差不過兩、三天，我就在雅典一家叫Ilesa的小旅館等著，幫她也訂了房間。那兩、三年，我們最快樂的時光都是在國外，只有在國外我們才都恢復了自由的自我。台灣的環境太複雜了，一方面我們都忙，各有各自互不相關的正業。尤其紀政，她不是一個政治人，田徑界的事原已夠她忙的了，又選上了立委，還是以打破紀錄的最高票當選（十四萬多票，這個紀錄一直到今天也沒有破過，比她的田徑紀錄保持得還久！）。算是國民黨，但骨子裡卻又不太國民黨，選舉一開始，國民黨知道她一定當選，就不希望她一枝獨秀衝太高票，免得把同黨的候選人擠下來。給她派了一位女市議員做總幹事，我算是總協調，但好勝的她卻不甘願，背著我悄悄的去找蘇貞昌，要他做總幹事，眼光倒是蠻高的！還好蘇已答應了黨外的別人。我這個總協調其實也協調不了什麼，只是做做國民黨中央黨部（就是蔣彥士和關中）和她之間的溝通，要她不要敵友不分，要她不要跨區挖票，要她不要政見逾越國策太多。

但紀大小姐一切不管，已經鳴槍起跑了，當然就拚命衝；說實話，我這總協調有心無力，拉也拉不住。當然，無力是確實的，有心卻未必，最後一條，逾越國策太多，可能還是共犯。那時兩岸已是熱門話題，我們打出「三要三不要」口號（要三通：通郵、通商、通航。不要三不：不接觸、不談判、不妥協），援引國父遺教：物必暢其流、人必暢其通，認爲這樣才能驅除共產，光復大陸，又說漢賊不兩立，必致賊立漢不立，要確保復興基地只有漢賊兩立。這些似讜論、似謬論的話在政見會上講講也就罷了，紀政就是紀政，又能奈她何？但還寫成文章偷渡到當時是黨國喉舌輿論權威的《中央日報》政論專欄上發表。我很記得登出來的那天早上，被蔣彥士的電話吵醒，問我看過今天紀政的政見文章沒有？我有點糊塗，問：「什麼文章？」

電話那頭說：「就是講什麼賊立漢不立的那一篇！」

我說：「哦，嗯，嗯……。」不但看過，還是我寫的嘛，那邊接著說：「怎麼可以那樣寫！」

我這下醒了，口齒也清楚過來：「我們一直就那樣講的，怎麼了？有什麼不對？」

「有什麼不對？現在我這裡站著一屋子人，怎麼辦？」

我想了一下，似乎也沒有什麼辦法，就說：「那就讓紀政退選好了！」

紀政本來就不想選，是國民黨要她選，說好說歹才答應的，這點我很清楚。

那邊沒有聲音了好一陣：「唉，你們當心點，好不好！」然後，啪的把電話掛掉了。

怎麼辦？當然不能讓紀政退選，只有把倒楣的《中央日報》的總編輯撤職了！對於選舉，旁觀者多以爲苦，但當事人未必一定如此，尤其紀政是第一次，又不要出錢，又篤定當選，每天衆星拱月的趕來趕去，似乎又回到田徑場上去了。她也眞會選，半是天生，半是選手的經驗，魅力的笑容，溫暖的輻射出去，票就一張張進來。紀政體力充沛，拜票趕場就像趕嘉年華會，那次選舉，對她是一場愉快的經驗。但當選後，就不那麼好玩，她不是政壇中人，又不懂包工程包秀，服務選民幫體育界說說話，勉強算是一個乾淨盡職的立法委員，但還是闖了一次禍，出了一次鋒頭。就在去希臘前不久，一次總質詢中，她石破天驚的說了一番話，前半段是三通什麼的，那也還好，但後半段卻指責起「校園間諜」來。

美麗島事件後，台獨在美國的留學生界活動得很厲害，台灣的情治系統就在美國校園布建，也未必是眞的派什麼人去，只是通過軍方出國進修人員或拿中山獎學金的，或自願或受委託的蒐集些言行資料，建立起黑名單的檔案。陳文成案後，就有了個「校園間諜」的名詞。這在當時是十分敏感的。美國講究民主人權，國民政府從大陸時代開始，就揹著不民主的惡名，那一半也是拜共產黨和所謂「民主人士」之賜；來台之後，雖然勵精求治，堅守民主陣營，但還難脫外來威權政治的影子，不爲美國自由派人士所喜。陳文成案發生，美國學界群起指責，搞威權、搞特務還搞到我們校園裡來！美國一些著名的理工大學，包括MIT在內，長期與我國軍方合作，幫助訓練專業人士，也因此認眞考慮是否繼續，所以這是一個非常敏感的問題。紀政對此背景一概不知，她出國的時候，在洛杉磯台灣同鄉會鄉親們口中，聽到了些話，就加到質詢稿中，對著行政院孫運璿院長的面質詢起來，牙尖嘴利，義正辭嚴，引經據典，詳列事實，什麼「大鵬專案」等等，弄得孫院長下不了台，海外僑界中外報紙更大登特登，紀政也形象一新，原來她不只是一個四肢發達乖乖聽話的運動員！但國民黨內部卻火大了，蔣祕書長尤其尷尬，是不是又是沈君山闖的禍？但說實話，這段質詢，我是眞的不知情。我對孫院長一向尊敬，孫、蔣兩家的子女，個個學有專精，也都是通家之好，我們常常「聚一聚」，尤其國有大事的時候，「聚一聚」時是什麼話都可以談的。我記得中美斷交後，我用英文寫了一篇台灣前途的文章，就是由也常參加聚一聚的郭家「小妹」潤的稿，由殷允芃幫忙取了「one China, two systems」的名字登在《亞洲華爾街日報》上，後來一位知名海外學人，也是我的朋友，拜見孫院長談起台灣前途的時候，孫院長就給了他這篇文章。說起來，一國兩制之名，我們比鄧小平還早用了兩、三年呢。當然，我們的one China, two systems包含了若要兩制，必先兩治的意思。這是後話不提。總之，紀政的質詢之後，國民黨內群起譁然；她自己倒認爲盡了言責，跑到南部去主持體育活動了。

她回來後，我在她住的市立運動場看台下，那陰陰濕濕，一下雨就漏水卻整理得乾乾淨淨的客廳找到她，向她抱怨，怎麼不給我打個招呼，又說明此事影響的重大，何況我們協助黑名單和受刑人家屬的事，很需要有關方面的合作，失去了他們的信任，以後事情就難辦了。對於我的數說，起先紀政還只是嘬著嘴聽，但後來我說過頭了，冒出一句「不識大體」的話，她忽然的爆發起來，拾起永遠是太重的背包，回了一句：「那你們去找識大體的人！」就衝了出去。（註一）

那並不是我們第一次爭執；但本質上可能是最嚴重的，這樣的衝突，在內心已經醞釀很久，這次才爆發出來。在協調族群的努力上，我們配合互補，基本看法也大致相同，但還是有微妙的差別。她是先天感性的，也許因爲從小貧苦出身，父親在二二八時也吃了苦，對基層弱勢的群衆有自然的共鳴，同情是從內心流出；我是後天理性的，對於壓迫不公有理念上的排斥，但還是有我的階級性，是從上面往下看的同情。我生性隨和，生活簡易，紀政常說我這貴公子只公子了一半，是知性的貴族，生活卻是個平民，但就這知性的一半，在我們之間還是構成了不深卻無法消除的鴻溝。促成我們情誼成長的大我參與，卻也常是不愉快的導火線，我畢竟是白羊中的黑羊，她或者也是黑羊中的白羊，但本質上還是不同顏色的羊。在國內，我們的壓力相當大，因爲介入林宅血案、陳文成血案，我的電話有一段時間是被監聽的，我們的夜半私語，當然也被錄了進去。一位「他們」派來協助我工作的人，私下就曾警告過我。但一到國外，這些煩惱全沒有了，黑羊也好，白羊也好，都是羊，我們都一樣了。紀政是第一流的旅伴，行動敏捷，精力充沛，對什麼新鮮事都有興趣，領悟也快；我大概也正好滿足了她的期望，所以，對出國相會旅遊，都好像小孩對放假去迪士尼樂園一般期待。

校園間諜質詢風波之後兩、三天，我就先出國了；田徑協會開會她當然要來，見了面，爭執自然消失，而且，也許是互相都覺得有些抱歉，也許是直覺的感到：夏日將盡，羅馬假期總有結束的一天，我們對對方都特別體諒，對相聚相遊的每一刻都特別珍惜。紀政到的那天，我駕了早已租好的車去機場相接，當天晚上一齊去參加世界田徑協會的歡迎酒會，衣香鬢影；我還遇見了運動電影「火戰車」（Chariots of Fire）男主角之一的眞人，早已鬢髮皆白，但運動員的身材仍是筆挺，我對他說如何的喜歡「火戰車」，那運動員的精神眞令人感動，我看了三遍，對他敬佩極了。這些話他大概聽過多遍，看我如此認眞，大笑起來，對我說：「是嗎？我也感動極了，但那個不是我，我不太認得他呢！」然後拍拍我的肩膀，我領悟了，但美的故事就是美，何必追究，還是回他一句：「我就是相信，你騙不了我的。」他哦了一聲：「那你眞是一個幸運的人。」（You are really a lucky guy.）

田協的大會只開了兩天，其後的小組會議，台灣沒份，我們就出去玩。第一站去雅典城內的奧林匹克運動場。奧林匹克原是古希臘時代的競技大會，也是四年一次，那時希臘由許多城邦組成，常常打來打去；但在競技大會期間，一切戰爭暫行休止，讓選手、觀衆和那些互相打仗卻都尊重喜歡運動的城邦邦主都可以去參加。競技的運動場在波羅奔尼撒（Pelopennese）半島，現在從雅典去，開車也要半天，那時步行總要好幾個星期。現代的奧會是在一八九六年由法國人柯白丁（Coubertin）創辦，首屆當然選在希臘，但原來的競技場只剩頹垣殘壁，並且已是國家古蹟，於是在雅典城內另建了一個比賽場地。初期的現代奧林匹克承繼古希臘傳統，選手嚴格限於業餘，這個傳統一直維持到一九七〇年代，政客出身的基蘭寧接替了國際奧會主席才改變。雅典的奧運場規模不大，主體是一條每邊兩百米長的馬蹄型跑道，但非常典雅，看台用大理石砌成，中間兩個位子特別大些，是保留給希臘帝后的。我們跑道看台上下的逛，又坐到帝后的位子上，望著空蕩蕩寂無一人的運動場，頗興思古之幽情，紀政是奧會業餘時期最後一代的選手，當然很懷念那個爲運動而運動的年代。現代化其實就是資本主義化，一切講究效率，一切向錢看，科技的躍進更使之如虎添翼，許多美好的事物都漸漸消逝。我向她講說中國古諺中「君子不器」的意思，這和西諺「Renaisance men」

（文藝復興人）是相通的，都是業餘的最高境界，業餘當然並不表示不求精，但這種境界現在已漸不可得。紀政聽得一楞一楞的，地中海落日的餘霞從看台頂上灑落下來，灑得大地一片金黃，好美！我忽然興起一個頑皮的念頭，對紀政說：「我們去賽跑去！」

「賽跑去？好呀！」

她不太清楚怎麼跑，但新鮮的事她總是興高采烈的。

一面從看台往下看去，一面漸漸的得意起來：和紀政在奧林匹克跑道上賽跑！那可眞不容易！幻想和欲望這對雙生子膨脹起來是沒有止境的，假若跑贏了她呢？哈，假若跑贏了紀政！那我君山不器的器可眞大了！一定要跑贏，一定要想法子跑贏！

昏昏沉沉的走到起跑點，紀政卻躊躇起來，望著腳下三吋的高跟鞋：「怎麼跑呀？我穿了高跟鞋怎麼跑？」

開會應酬等場合，她總是穿上高跟鞋，出國亦不例外，只是鞋頭平些。

「沒關係，慢慢跑好了。」

紀政懷疑的看著我，賽跑她懂，沈老師的話這次不能聽：「我知道了，把鞋脫了跑好了。」於是她把鞋連襪子一齊脫了，在跑道上試跑了幾步，皺著眉頭轉回來：「好刺腳，不行。」

離赤腳跑已經二十幾年，從爸爸給她買第一雙跑鞋起，就沒有再赤腳跑過，已經不習慣了。

「那你憩著好了，看我跑，算你棄權。」我裝著無奈的對她說。

「那多差勁，不棄權，咱們跑。」

「好，好，我陪你慢慢跑，一齊慢慢跑。」我一半好心，一半也有些計謀的對她說。於是我們蹲下，起跑，不疾不徐的跑。

我憋著氣，不疾不徐的跑，三十公尺、五十公尺……，過九十公尺了，氣已經憋足，忽然一蹬腳，疾衝而出，紀政落在後面了。但七項世界紀錄到底不是輕易就破的，她一下就反應過來，唰！風樣的跑過我，跑過終點，然後還回過頭來得意的笑了一笑。君山不器，這器終究還是小了點，我終究沒有跑贏紀政。

那天晚上，我們到一家海濱的餐廳吃飯，海浪一啪一啪的打著堤岸，遠處的漁火夾著燈火明明滅滅，顯示著命運變幻無常，也顯示著時光的永遠向前。

＊

我跟她講了一個賽跑的故事，阿塔蘭塔（Atalanta）的故事。

阿塔蘭塔是希臘神話中的女英雄，因爲父母重男輕女，出生後便被棄養山中，賴母豹哺育，長大後，健壯美麗，出獵競技所向無敵，追求求婚者不計其數。她不勝其煩，便訂下規矩，來者先挨三鞭，然後和她賽跑，贏了她便下嫁，輸了再挨三鞭，趕將出去。規矩訂下後，最初門庭若市，但一個個挨六鞭垂頭喪氣而去，敢來的就漸漸少了。後來卻有一位青年，昂揚前來，不領三鞭，卻要先跑，輸了再加倍領罰，阿塔蘭塔心想也好，這小子不知天高地厚，就讓他先跑，贏了再好好打上一頓，也教他以後不敢造次！

卻不知道青年乃是有備而來，他知道用腳跑絕無勝算，用腦跑卻還有勝機，便去向愛神維納斯求助。維納斯給了他三顆金蘋果，要他好自爲之，他乃懷著這三顆金蘋果前來。比賽一開始，阿塔蘭塔一路領先，跑到一半，青年將一顆美麗的蘋果拿出來往前面一扔，阿塔蘭塔彎腰去撿，青年便跑到前面去了，但阿塔蘭塔撿了蘋果，很快又趕上來。青年一看不行，把第二顆蘋果拿出來，往後面一丟，但阿塔蘭塔是如此敏捷，回頭去撿了蘋果又追上來，這時終點已經在望，青年把最後一顆蘋果狠狠的向路邊草叢丟去。阿塔蘭塔知道再去撿的話，便追不上對手了，但金蘋果如此美麗，如此誘人，忍不住還是跑出去拾，金蘋果卻藏在草叢裡（據說是維納斯幫的忙），等她找到，青年已經抵達終點了。（註二）

紀政聽完故事很不服氣，說：「耍詐，不算。」又問：「後來怎樣？」

「後來當然只好下嫁，還挨了三鞭，算是替前面吃虧的男士討回公道。」

「哼！那你先去找三顆金蘋果再回來挑戰！」

金蘋果沒有找著，我們再上田徑場卻已是十七年後。我已是一個白髮蒼蒼一蹓一蹓拄杖而行的殘障老人了。

第二、第三兩天我們都出海。希臘沿海島嶼星羅棋布，兩千年前人類文明中最燦爛的花朵曾在此盛開，留下的傳聞逸事滲入土壤，溶入空氣，和這些島嶼結合在一起。時而晴空萬里時而怒濤洶湧的自然環境，確定了這個文明的基調：制天而不從天。重商輕農、城邦分治、不患不均而患不勝等等，迥異於從四季分明鮮少風雲變幻的黃土高原孕育出來的東方文明。後者從天而不逆天，重農輕商、中央集權、不患寡而患不均等等，兩者成爲鮮明的對照。這個制天的文明，經歷文藝復興工業革命，重新成爲西方文明的主流，科技又替它添上雙翼，在十九二十世紀橫掃全球，東方文明被壓迫得喘不過氣來，憂國之士得風氣之先者如胡適乃大聲疾呼：「從天而頌之，孰與制天而用之。」但到二十世紀末，全球文明即將溶合誕生的黎明，它發展到極致，卻遭遇到極大的瓶頸，主要由於科技躍昇再加但患不勝的心態，制天有餘乃至窮天，竭澤而漁成爲它的宿命。塑造世界文明，原始東方文明追求和諧的特質必將扮演重要角色。當然，不是說復古到「從天」，乃是折衷致中的「和天」。這些感觸，十分自得，後來寫成一個條幅，送給清大的人文社會學院，現在掛在院長室，內容是：

制天而用之孰與和天而共榮之

《荀子》〈天命〉「從天而頌之，孰與制天而用之」，今已為後科技時代之二十一世紀，略改數字反其意以贈黃院長一農

但當時出海之初，清風徐來，微波如鱗，我的旅伴，卻不甚感興趣，她畢竟不是一個女學究。好在一個島到一個島，一個神話到一個神話，或有穿鑿附會，或有添油加醬，但卻又何必深究，旅途倒也一點不寂寞，最後到了薩莫斯（Samos），此地是當時文人雅士智者之鄉，畢達哥拉斯（Pythagoras）在此出生，泰利斯在此講學，有一口井，相傳泰利斯曾掉進去過。泰利斯，公元前六世紀人，是西方科學之祖，後世許多科學的源頭都可追溯到他，他在當時已非常有名，是七大智者之首。有一天，泰利斯一邊散步一邊思考，不小心的掉進井裡，婢女將他濕漉漉的從井裡撈出來後，狠狠的教訓他一番：「主人，你每天想著天上的星星，卻忘了地下的洞洞，要知道地下的洞洞比天上的星星實際上對你重要得多。」（註三）

這口井當然早已枯乾，現在被欄杆圍著，一塊牌子上刻著這個故事。島上還有一種酒杯，居民向遊客兜售的，這種酒杯設計得非常巧妙，酒不能倒滿，只能倒到一半，過此就會流出去。據說這是畢達哥拉斯設計的，當時跟著他的學徒很

多，都喜歡飲酒，他就設計了這種酒杯，以爲節制。酒杯的定價很貴，但這既是畢達哥拉斯所設計的，（註四）又想起林洋港，就忍痛買了兩只。爲什麼想起林洋港呢？原來他做省主席時兼做省選委會的主任委員，我擔任選委會的委員，每次開會他都設宴招待，談吐風趣，勸酒殷勤，滿座皆歡；但有一點，他喝酒自帶酒杯，那酒杯倒一點就滿了，原來他的酒杯玻璃底墊得厚厚的，是有名的「主席杯」。我數度抗議，這大大違背了選委會最標榜的公平公正原則，林主席面不改色，回答上了宴桌，什麼精神都不管用，主人的規矩就是規矩，而且酒以齒序，要敬長尊老等等。總之，怎麼講都有理，三言兩語就又被灌進了一杯。所以，這次買下兩只，一只送主席，一只自用，取名委員杯，以後就用委員杯對抗主席杯。可惜的是，這兩只酒杯後來過關時打破了，未能盡其用。出國旅遊，最好能對旅遊之地的典故歷史先做瞭解，到時就可以不但目怡美景而且神交古人，我常常旅行，早已將此養成習慣，這兩天每日晨出晚歸，被導遊也權充導遊，景盡其美，人盡其才，十分愉快。

第四天，照行程必須歸去，訂好晚上八時的機票，還把握最後的時間，租了車去遊城南七十英里的海神廟。此旅最美的不是海神廟，是沿海的那一段看地中海落日的行程，明明已經要趕不上飛機，還在路邊把車子停了，橫過公路，翻下堤防，踏過一塊一塊的礁岩，直到一方突出海中的大石。重重的碧波，一波湧著一波，湧上礁岩，化作千絲萬縷，沿著岩隙礁縫，直瀉進來，只一瞬，又急急的尋路歸去，落日餘暉，映著海中的小島，裁罷蜀錦展吳霞，低低抹在秋山半，碧綠侵蝕著火紅，太陽沉沉的向大海落去，一片渾圓，漸漸的只餘紅紅一線，透出碧波，忽然，微微的跳，便都沒有了。（註五）

我們趕到機場，已是最後的旅客，繫好安全帶，隔窗望去，夜色層層中，雅典還在燈火闌珊處，我們的假期結束了。

我們幾乎趕不上飛機，也許是下意識的不想趕上，回到台灣就是回到現實，千絲萬縷糾纏不清的現實，眞不願面對，但那畢竟是客觀存在的，規避不了的。

飛機很空，我們各自占了一排座位，好在旅程的中途躺下來休息，但暫時還不必；各自坐著，擁著各自的愁緒，想著各自的未來。飛機騰空而起，無憂無慮的快樂時光，都留在漸漸遠去、燈火闌珊的雅典了。

1982年，沈君山（前排右）與紀政（前排左）同遊希臘。

＊

從希臘回台後，不到兩個禮拜，紀政就結婚了。從此，直到十七年後一九九九年六月，我突然中風，除了在共同參加的公衆場合，基本上兩人再沒有什麼直接的交往。一九八二年的秋天，我輕了七公斤，現在看看那時的照片，十分淸癯，是後來不可復得的體態，甚至有點羨慕。梁實秋說，中年人戀愛如老房子失火，一發不可收拾，理智強的人或不致如此，但結束的過程確是減肥的良方，至少對我是如此。（註六）

我們之間的情誼，或許也因爲結束得太突然，只是隱入內心的深處，從未消失。大概在她結婚後八、九年，我忽然收到一張無來頭的傳眞，是一首英文詩，下面只簽了C.C.兩字。當天晚上，我就把它譯了，簽上C.S.又傳回去，那英詩和中譯是：

Let's Never Let Go of Our Friendship

I don't ever want us to let go
of each other.
Maybe our paths will go
in separate directions,
but that won't change the bond
we share and what's in our hearts.
No matter where I am
or what I am doing,
when you come to mind
a smile comes to my face
and a warmth settles in my heart.
The day you and I met
will always be cherished.
We've grown together,
done a lot together,
and no matter what,
we will let each other know
that we do love and care
about each other.
You are more than
just a friend to me.
I often struggle to say how I feel,
but I hope we never let go
of what we share,
because whether it's across the miles
or just a short distance,
you are and will always be
a part of my life and me.

——Betsy Gurganus

讓我們的友誼長存

我從未願望，我倆就此分手。
也許我們的途徑，將有各的方向，
但那不會改變
我倆分享的內心，永遠的關連。
不論我在那兒，
不管我做什麼，
只要想起了你，
微笑就浮上面頰，溫暖就湧上心頭。
我永遠珍惜
我們初遇的那天。
我們曾一齊成長，共同努力。
不論世事變遷，
我們會永遠讓各自知道，
我們相互間，長存的摯愛和關懷。
對我，
你不僅僅只是一個朋友。
我常掙扎，如何來說出我的感覺。
但我希望，
我們永不會失去，我們曾有的共享。
因爲，
不管是相距萬里，還是近在咫尺，
你是，也永遠將是
我生命和我的一部分。

沈君山　譯

假若不是中風，我想那三年曾有的共享，會將永遠是也僅僅是相互生命中的一部分。但一九九九年的六月，我中風了，而且，不是輕微的中風。命運又使我們的途徑，重新再轉了一個方向。

大約是病發後七、八天的一個晚上，病情是穩定了，一時不會死了。但這次中風卻也不是小中風，因爲耽擱了好幾天，右腦受到很大的傷害，行動不會再恢復正常，左腦管言語思考，機能沒有受到直接破壞，但多少受到影響，能復原多少，要看以後的復健狀況而定，不但生理復健，心理復健尤其重要。總之，確定是「殘」了，「廢」多少，要看以後。醫生看我很理智的樣子，把這些都坦白的告訴我，又說，據統計，中過風的人，五年內第二次中風的機會，比常人要多五倍，要我千萬小心，好吃的不要吃，好玩的不要玩，至少不要多吃，不要多玩，像和尚一樣生活最好。

我聽了，懂了，可腦子裡還是空空洞洞的。那天傍晚，妻帶著曉津來看我，那時曉津剛滿九歲。麗華和我婚後，在台北、新竹兩地工作，有一段時期，她搬來新竹住，但每天來回的通車，實在辛苦，又帶著曉津，搬回台北，各自自主的過著自己的生活，倒有點「一家兩治」的樣子。曉津平常跟著媽媽住，和我互動不多，但見了面，我總和他開開玩笑，互相鬧慣了。那天，也可能科普漫畫看多了，他忽然靈機一動，知道我中風是因血管栓塞，就把練習本捲成一個紙筒，往我額上敲，說是像水管栓塞，敲通了就好了，把護士弄得十分緊張。病房畢竟不是小孩宜來之地，麗華趕快的把他帶回去。

那天晚上，又來了幾位朋友，熱鬧一陣，九點鐘後，探病的時間已過，最後一位來訪的朋友也回去了，思前想後，想想未來可能的生活方式，非常的寂寞。忽然想起一個「老」朋友，一個永遠堅強的「老」朋友，前一陣在報上看見她又恢復單身，「天下文化」爲她出版《永遠向前》，曾訪問過我，留下一個號碼，拿起病床邊的電話，試著打過去，運氣不錯，耳邊響起熟悉的聲音：「喂？」

「喂，是紀政嗎？」

「我就是，請問……？」

「我是沈君山，我中風了！」

我的聲音連紀政也聽不出，病後眞是一切都變了。

「中風？眞的？不要騙人。」

「誰騙你，報紙都登了，你沒看報？」

「我沒看報。爲什麼要中風？」

中風就是中風，還問爲什麼要中風，但也只好不厭其煩的把已經講過好多遍的中風經過，再報告一次。最後，又加了一句：「假若你能來看看我，我會很感激。」

「今天太晚了吧？」

「當然，你來了護士也不會讓你進來。」

「那，那……」

電話中沙沙的響，大概是在翻她那本厚厚寫滿各式各樣約會的記事簿。

「那就明天下午三點吧？」

於是，第二天她就來了，不是一個人，還有她的前後任祕書和正在幫她寫傳記的刁明芳，四位女生嘰嘰喳喳把病房弄得好不熱鬧，最後還合唱了一首歌才走。

從此，她又重新走進我的生命。

＊

中風開始只是一個shock（震撼），撼醒你，讓你知道未來的生活會永遠不同，本身並不痛苦，痛苦是以後無休無止的復健。上蒼判了你一個無期徒刑，不會有特赦的無期徒刑。最初一、兩個月住院復健是最需要調適的時期，我在神經科的病房住了兩週後，轉去復健科的病房。大概因爲生活富裕，致命的疾病又有各種特效藥可以控制，就像學科有「顯學」一樣，中風成了「顯」病，病房總是滿滿的，不是重患還住不進來，有新到、有常客，還有進進出出，中風了兩、三次，帶著無奈卻又必須活下去的眼神再住進來的。我每天主要的功課就是學走路，除了學走路還是學走路。走了一輩子的路，卻不知走路有這麼多的學問，扭呀扭的在無奈卻必須活下去的眼神間穿進穿出。走廊裡有一面落地鏡子讓你看自己走路的姿勢，看看鏡中的影子，皓首蓬髮，形容枯槁，一撐一撐像一個斷了彈簧的木偶的走，這個我見猶厭的老頭子，就是沈君山嗎？

病情穩定以後，麗華和我都瞭解，必須做長期打算。曉津是最重要的，兒子並不是自己要來，但畢竟來了。在父親的暮年才來，已經很對不起他，絕不能再因生病影響到他的成長；也是默契，也是約定，麗華負起對孩子的全部責任，至於我，一切復健，心理也好，生理也好，只有靠自己摸索調適了。

首先通過醫院，請了一位全天看護，一位壯碩的男士。據說是因我個兒大，所以特別找了位壯漢，打過橄欖球，曾想做職業棒球選手，沒有如願就來做這一日一計的全天看護。已經六、七年了，算是老手，最得意是從來沒讓病人摔過跤，當然不想在我這兒破例。他十分認真的護著我，稍微一歪，就從後面像抱橄欖球對手一樣的把我抓住，嘆口氣，然後嚴厲的數落，怎麼這樣不行！摔了一跤的話又會如何如何的。在病房裡，穿了病號制服大家都一樣，但在病號制服之外的，是另一個階級，看到主任、醫生護士們自在的走來走去，真好生羨慕。我的這位看護，在那個階級裡，可能是最低的，可還在我之上，他也讓我知道，在中風這行裡，他是資深，我是不行，一切得聽他的。

就在這時，紀政又重新走進了我的生命。第一次來過以後，她就常來，有時是一人，有時是一群人，她的祕書、女兒跟著一齊來。我最期待的是她來「陪走」。她在做選手的時候，受過傷也開過刀，在醫院裡住了一個多月，經歷過復健的辛苦，就在那個時候知道自己不能再跑了，不能參加一九七二年即將到來的奧運會。那時正是她的巔峰時期，保有六項世界紀錄，自他共許，是來屆奧運金牌最有希望的得主，也許還不止一塊，卻不能跑了。有一年多的時間，每當電視上出現徑賽的鏡頭，無論大大小小的比賽，她都要去把電視關掉。選手生涯結束後，她轉信了一種敎：運動敎。自己運動，也勸人運動，運動可以治百病，可以活百歲，可以……。又因爲她的知名度和天生草根性的親和力，參與和領導好幾個協助弱勢殘障的協會，對我這忽然加入行列，貨眞價實又需要運動復健的殘障同胞，正是服務的樣板，即不論過去情誼，本性的也覺得應該照顧。有段時間，每天下午四、五點鐘，她都會打電話來「查房」：「今天復健做得怎樣？」

「還可以啦，走了十圈！」

「不夠不夠，多走幾圈。」

「你來的話，就一齊再多走個十圈。」

「什麼？復健還有討價還價的！」

話雖這樣說，她總還是來的，從一些辦不完的活動中擠出時間來。我和看護知道coach（看護這樣叫她）要來，就推了輪椅一齊出來等著。不久，遠遠一個高眺筆直的身影，一路左右打招呼著穿過有的拄著拐杖，大多坐著輪椅的病友，風也似的一下就走到了面前，半眞半假的吆喝了一句：「怎麼還坐著？起來起來，走！」

於是，我們就開始走了，不到百碼的走廊，從這頭走到那頭，又從那頭走到這頭來回的走。走的行列挺壯觀，領頭的是紀政，倒退著走，其次是我，最初用助走器，後來只要用拐杖，一拐一拐的走，再後面是看護，緊跟著準備我一跌倒就抱住，最後面是Rose（紀政的祕書）、嘉敏（她的女兒）……（假若她們也來的話）。爲什麼紀政要倒退著走呢，原來她還要指揮，還要唱歌打拍子，起先是兒歌，最常唱的是「眞善美」的主題曲「Do-Re-Mi」。

Do, a deer, a female deer.
Re, a drop of golden sun.
Mi, a name I call myself.
……

就像幼稚園的老師，一面倒退，一面兩隻手隨著節拍輪流的指向天空，指向我，Do，指一指，走一步，a female deer，又指一指，又走一步，可以嘻嘻哈哈，但不能慢。這樣，走著走著，起先是台大醫院的走廊，後來是清大的荷花池畔，後來是學校的田徑場，後來是北京人民解放軍醫院，後來又回到清大的田徑場。這樣，快五年了，她帶著我，雖仍是一蹓一蹓，卻一直在走，從殘而不廢，到障而不殘，一直的走。

伴走的曲子也與時俱進，兒歌的曲調節奏太慢，會拄杖走後，改進行曲，最後改軍歌，紀政會的歌很多，雖然歌詞多半記不全。我們最喜歡的一首歌是「反攻大陸去」：

反攻！反攻！反攻大陸去！
大陸是我們的國土，
大陸是我們的故鄉，
……

這首歌節奏明快，詞句通俗，現在雖然沒有什麼人唱了，我們的那個時候可是很流行的，紀政小學赤了腳在煤渣道上跑的時候唱；我在鳳山受軍訓時也唱，因爲老唱走調，我還在晚點名時被拉出來當衆罰唱，記憶深刻。所以紀政一唱起來，我就有他鄉遇故知的感覺，這首歌後來成了我們的招牌歌，在台灣走路時唱，在大陸走路時也唱。

我在台大醫院住了一個月，回新竹休養一陣，因爲要接受中醫治療，又轉去北京俗稱「三〇一」的人民解放軍總醫院。得病之後，旅行必須有人陪伴，出國尤其如此，紀政只要有可能，總挪出時間來陪我（後來赴北京就醫，她也曾來相陪）。

那是剛剛九二一大地震後，地震那天晚上，我被震醒，從美國回來陪我的大妹一臉驚惶的站在我門口。不一陣，洛杉磯的小妹在CNN上看到了新聞，也打電話來，她們加州的居民住在地震帶，都受過避震訓練。她說餘震也很可怕的，一定要躲到床下去，最好抱個棉被。我心想現在翻個身都翻不好，怎麼躲到床下去？震不死也會給悶死，啐了一聲：「你們海外學人，情況不明主意多，謝啦謝啦，bye bye！」然後翻個身，抱了棉被再睡，那夜倒是睡得特別好。

地震過後兩天去了北京，住在三〇一的南八科病房，那個病房可是有歷史性的，文革時是老將們保身的最後一塊屬於他們自己的園地，葉劍英、陳毅、陳賡等都曾在此耽過，好幾位還在這裡去世，鄧小平後來也在三樓的一間房度過他最後的歲月。資深的醫護人員談起當年輝煌歲月，如白首宮女話天寶遺事般的驕傲。

我對這些把國軍打得大敗，把國民黨趕出大陸的名將抱著複雜的敬意，但敬意歸敬意，「走」還是得走。紀政留下照顧了十天，當然不會讓我偷懶，每天下午我都從住的二樓，到對面三樓的鄧房去報到致敬，然後再走回來，也有七、八百米的樣子，走著走著，招牌歌「反攻大陸去」就出來了，最初小聲的哼，後來漸漸有些忘情。護士們看我們與高采烈的走，起先還很讚許，說：「鍛鍊呀？好好，加把勁！」她們把復健叫鍛鍊，是軍隊留下的術語，後來大概是貼身照顧的小看護洩了底——可能是我一時得意忘情向她說了與高采烈的原因，總之，有一天護士長趁紀政外出時來找我，笑咪咪的問：「你們唱些什麼歌呀？能不能把詞說給我聽聽？」

「不必了吧，」

「說說吧，」

「您一定要，我就說，可是你要我說的。」

我只好把詞說了一遍，還有點唱歌的韻味，我看她臉色有些發青，趕緊接著解釋：「這是一個中國，您看，大陸是我們的故鄉，大陸是我們的國土，不就是一個中國的原則嗎？」護士長有些拿不定，這事可大可小，大的話是「現行反革命」，可不得了，小的嘛，多一事不如少一事，好歹這也是領導交代過好好照顧的台灣客人，撂下一句「不要再唱了吧」，就回頭走了。後來，小看護告訴我，護士長報告了主任，主任是見過大場面的，想想笑笑說：「好啦，讓他們來反攻吧。」也就沒事了。

兩個月後，紀政來接我出院，我們去向鄧房告別，規規矩矩的鞠了三個躬，是眞心的，又哼著我們的招牌歌，在門口來回走了三次，絕沒有不敬之意。兩個月來，天天照顧我的小看護，離情依依，一直眼淚汪汪的跟著我們，此時卻有些急起來：「快走，快走，還蘑菇個什麼？」這樣，我們就告別了三〇一。

＊

現在，離當初中風已快五年，病情早就穩定，慢慢的更老一點而已。最近看《何凡傳》，封頁裡題著他八十生日時自勉的話：「在蒼茫的暮色中加緊腳步趕路。」很佩服他積極的精神，但我從來不是一個急著趕路的旅客。「**廬山煙雨浙江潮，未到千般恨不消，及至到來無一物，回首再尋浙江潮**。」人生本來就應是欣賞旅途的，一個個的浙江潮，不過是旅程的指標而已。這五年來，客觀條件的限制，更只能閒庭徐步，但似乎也累積的做了些事。紀政還是一樣的忙，每天都像在朝日初昇中急急的趕路，這是天性，沒有辦法。我們現在並不常見面，有時她爲了辦活動什麼的，經過清華，像一陣風的衝過來，好高興的嘰嘰喳喳一番，又一陣風的走了。不過，當我眞需要，不管是心情低落，半夜撥個電話，或者是心血來潮（也許是眞有事）想出國旅行，找她作件，她總是興高采烈的回應，一定能減憂，多半還能成行，我們還是能互相配合最愉快的旅伴。

去年（二〇〇三年）「天下文化」出版了她的自傳《永遠向前》，中間有一章說到我們二十多年前的往事。有些朋友看見現在她又牽著我一跛一跛的走，當然好奇，我只能說：「朋友嘛！」

當然是朋友嘛。我們再見的時候，她剛結束了一次婚姻，我也是已近古稀之年，若不是得病了，可能就會像一般曾經知心而久別的老友，重逢時，懷著溫柔的情愫共同追憶那已經逝去，再也不會倒流的時光。回憶是充滿了溫柔，但最終還是會回去過正常的生活。以後，在挫折低沉的時候，在機緣允許的時候，也許會安排再喝一次咖啡。曾經知心畢竟是曾經知心，但也只能是一杯咖啡。

但上天的安排，卻使我中了風，身體是永遠的殘障了，心靈卻因經歷生死的徹悟，「潦水盡而寒潭清」。潦水盡而寒潭清！上天賦我不薄，人間繁華江上明月，都只是適度的，融會進來成爲一生的愉悅。但畢竟還是件著潦水，若不得病，寒潭清的境界，今生是否能得至，頗不可知。得病的時候，我的生命力還很旺盛，忽然的被禁錮在病軀裡，現實的限制，理智的抉擇，使我只能獨自居住清華。看護可以照顧我的生活，卻沒有辦法照顧我的生命；紀政，那隻曾經飛躍，現在只能慢跑，但還是優雅的充滿生命力的慢跑的羚羊重又再來。

在我努力掙扎，恢復正常的過程，她是不可或缺的支柱；現在，在我潦水已盡而寒潭日清獨居清華的生活中，每次她偶然的來訪，總帶來充滿生命的歡愉。我不認爲我們會再得到什麼，但肯定也不會再失去。

紀政的準自傳《永遠向前》出版以後，民視接著拍了一集用電影「麥迪遜之橋」（The Bridges of Madison County）的鏡頭做片首的專訪。（註七）我們過去和現在的交往，從來不是祕密，卻更引起關注，畢竟我們曾是名人。有年輕的朋友認眞的問：「你究竟後不後悔二十年前失去的機會？」

這眞是很難回答的問題。但「麥迪遜之橋」中的兩個場景，令人興共鳴的感慨：其一是背景殊異的兩位男女主角，在短暫只有四天的相逢、相處、相愛之後，面臨抉擇，是不是回到自己熟悉的軌道，各走各的途徑，還是斬斷一切共奔天涯呢？女主角梅莉．史翠普（Meryl Streep）經過痛苦的煎熬以後，向男主角說：「倘若我們就此分手，這四天將是我倆永存的美麗回憶；但若是我棄此隨你而去，留下無辜痛苦的家人，他們的痛苦將永是我心頭烙印。」這使我想起梁任公在徐志摩和陸小曼婚禮上那一番著名的訓話，也使我想起胡適之和徐志摩於愛情和理智衝突時，所採取不同的態度。作爲戀人，胡適之遠遠不如徐志摩的眞誠可愛；但世事變遷，也許永遠的溫情永遠的相憶比一時的激情更可珍惜，誰知道呢？「究竟後不後悔？」這是一個永遠無法回答的問題。此情已成追憶時，無法回答；在潦水未盡寒潭未清的當時，當然更是惘然。

這就想起「麥迪遜之橋」的另一個場景，從理性抉擇到實際割捨，還是有一段過程，若非太上慧者，這一段過程眞是何等困難：男主角和史翠普訣別後，因公事未畢，並未馬上離開小鎮，幾天之後，史翠普的家人已從外地歸來，她和她的先生一齊去超市購物後出來，忽然看見男主角掛著外地車牌的車子，也停在停車場。大雨滂沱中，兩部車一齊離開停車場，史翠普先生駕駛的車，緊跟在男主角的車後，到了紅綠燈路口，前面的車打出左轉的信號，那是轉上西去大道的路，此一去也，陽關千里。車子的燈一閃一閃，史翠普的手緊握著開車門的把手，握緊了放下，放下了又握緊，燈號變綠，前面的車子還是不走，史翠普的先生不耐煩了，叭叭的喇叭相催，車燈號還是一閃一閃……。最後，終於轉去，雨影中車影逐漸淡出。望著史翠普傷心欲絕的神情，茫然的先生頻頻相問：「怎麼了？我可以幫忙嗎？」史翠普只說：「給我時間。」

「給我時間」，是的，時間可痊癒一切。

愛情的故事千千萬萬，沒有兩個故事完全一樣，這兩個場景只是引起共鳴而已。事實上，那時我們都是單身，並沒有有形的束縛，再回答那位年輕朋友的問題：當時痛苦嗎？當然。後來後悔嗎？

後來後悔嗎？If I were a freshman again 之類的問題，永遠是可以發揮想像的好題目。但眞正的 I were，會不會走不同的路呢？愛情、婚姻，眞正的痛苦，不是沒有得到，而是失去。世俗的得到未必眞的得到，世俗的沒有得到未必眞正的失去；二十年後，回首往事，從來沒有失去也永不會失去，還有什麼要求呢？

本章註解

註一（頁二〇八）：

後來，紀政終以此質詢事件，受到國民黨停權一年的處分，但那是她結婚以後的事了。我在報上讀到這新聞，悵然很久。我想，站在她的立場她是對的，這事也反映了我們兩人性格的不同。

註二（頁二一三）：

Atalanta是著名的神話故事，我在講給紀政聽時，加添了些醬醋，此處照錄，請知者鑒諒。

註三（頁二一五）：

也有說這是蘇格拉底的故事，但在柏拉圖的著作裡，歸之於泰利斯，可能掉到井裡去的科學家不止一位。

註四（頁二一六）：

另說此酒杯是阿里斯道卻（Aristarchus，公元前三世紀的天文學家）所發明。畢達哥拉斯是大科學家，可是他爲學和授業的方式，卻像個教主。後來他在Croton（義大利南部的小城）創立的學團，也有點像教團，學員生活清苦，紀律嚴謹。有兩個學員因爲發現並且證明$\sqrt{2}$不是一個有理數，違反了學團的基本理念，還因此被溺斃。這樣看來，此酒杯可能不是畢達哥拉斯發明的。

註五（頁二一七）：

筆者的另一篇散文〈花蓮的白燈塔〉也追述了這段回憶，此處偷懶照抄用同樣的文字敘述，抱歉！

註六（頁二一九）：

這兒我要說幾句懷念三毛的話。三毛是我的好友，也是紀政的好友。爲了幫助美麗島事件家屬，我們三人合作過好幾次。三毛是一個很能愛人，也懂得愛人的人，尤其是當一個人心靈受創的時候。紀政結婚那天晚上，下著大雨，我茫茫然的跑去敲三毛的門，她看我淋得像隻落湯鷄，又沒有先打電話，有些詫異，卻一句話也沒問，只說快點進來，在走廊上，我告訴她紀政結婚的事。她把手伸出來，讓我牽著，也牽著我，走進她小小的，擺滿了各式各樣在我看來是稀奇古怪的擺飾的房間，泡了杯咖啡，讓我喝了，又幫我把皮鞋脱下，用吹風機就身上把衣服吹乾，讓我躺上床，用繡著各種各樣小動物的絲棉被把我輕輕蓋好，然後坐在屋裡唯一的、和房間比起來略顯得大了些的沙發上，靜靜的聽我訴説，慢慢的訴説，溫暖從她身上散發出來……。

第二天早上，我睜開眼睛，她還踡伏在沙發裡，那沙發愈發顯得好大好大。

有位潛心禪佛，相信心靈溝通的朋友，常諷刺我有智無慧。眞的，即使先天有點慧根，也被後天的「智」隱晦了。三毛是很相信靈異現象的，有些眞眞假假的故事、奇奇怪怪的理念。有一段時間，我們常被電台報章請去對話，從宇宙星象到人生愛情，從金庸的武俠到《紅樓夢》的人物，無所不談，從不準備的自然的談，號稱兩極對話。眞的是兩極，我們很能溝通，但是是不想也不能説服對方的溝通；我們是好朋友，但永遠是遙遠兩極的朋友。

三毛其實是很寂寞的。當別人，有些是或許根本不認識的讀者，需要溫暖時，來尋找她，她一定不吝給予，而且在給人溫暖的時候，自己也感覺到溫暖。但當衆人散盡，熱鬧過去，她也覺得寂寞，需要別人溫暖的時候，卻有人海茫茫之感。

大概在那個雨夜之後六、七年，一天晚上十一點多鐘了，忽然被電話鈴聲驚醒，迷迷濛濛中聽出是三毛的聲音，她說有一個很動人的鬼電影，就在我家隔壁的忠孝戲院上映，她想去看午夜場，問我願不願意陪她去看。我實在很倦，第二天一早還要開會，就對她說：改天吧。她有些失望的掛了電話。那一陣子，她一個人住在一棟十一層樓公寓的頂樓，過幾個禮拜，就會接到她的電話，多半是深夜，偶爾是清晨，說什麼躺在陽台的女牆上，望著下面車水馬龍的街道睡著了，夢見和荷西一齊飛過台北的天空等等。最初我十分擔憂，說：「那怎麼可以，翻個身掉下去可不得了！」隔著電話卻聽到一個很認眞的回答：「沒有關係的，荷西會護著我的。」這是一道我永遠無法瞭解、無法逾越的牆，後來她再這麼說這些眞眞假假、假假眞眞的話，我就不答腔，只是岔開去，說些她感興趣的雜事，她也會嘰嘰喳喳的接下去，可是這次，她只是掛了電話，再也沒有聲音。

三、四天後，我在報紙上看到，三毛在榮總病房的浴室自縊身亡。

那個動人的鬼電影名字是「第六感生死戀」（Ghost）。後來在飛機上、電視上常被重播，我每次看到，就會想起那個雨夜，想起那個踡伏在大大沙發中的小小身影。

註七（頁二三三）：

那個專輯，我以為是拍紀政現在的日常生活（她也如此以爲），有很多配角，但出來後，卻只剩下我們兩人，其他的人物其他的場景都不見了。但剪接得不露痕跡，表達的也挺眞實，不得不由衷敬佩製作群的功力。

【下卷】

這部分包含文摘和對話，
時間從一九七〇年到二〇〇三年，
概以當時文字為準，以保存其歷史面貌。

兩岸早期文摘

（一九七〇至一九九〇年）

「從長遠看來只有一個中國，大陸和台灣是應該、而且會統一的。但是對於生活在裡面的人，目前的生活方式、社會制度等，其親切性遠超過空洞的『統一』概念。大陸上的情形，我不知道；台灣人民，我相信絕大多數是不願接受中共實行的一套的。」

——〈談台灣「革新」〉（一九七〇年）

「革新保台，一國兩治，志願統一」是沈君山始終如一的兩岸和平主張。

談台灣「革新」

本文節錄自一九七三年元月號的《野草》，後轉載於《七十年代》。一九七〇年代初的保衛釣魚台運動，像山洪爆發一般席捲美國留學界，促使一向澹泊國事的留學生產生不同層次的政治覺醒，其中也包含了我。《野草》——一本應運而生，由張系國、李家同主編的雜誌在一九七二年訪問了我。這也是我的第一篇政論文章。當時台灣尚在蔣介石「漢賊不兩立」的威權政治體，而大陸則是四人幫聲勢正盛之時。

《野草》記者（即李家同）問（以下簡稱問）：你曾經寫過一些主張革新的文章，有人對你攻擊，你準備怎麼答覆？

沈君山答（以下簡稱答）：有些人身攻擊，我想不必辯解。我的基本想法是這樣的：第一、中國現在有兩個地區，台灣和大陸，這兩個地區的文化、語言、血緣、風俗相同，而經濟結構、價值觀念迥異。第二、人民是國家的實體，沒有人民，國家只是一個空名詞。一個自給自足地區的人民有權選擇他自己的生活方式、經濟制度等等。第三、民族的共同性，如文化、語言、血緣等是長遠的，是幾百幾千年積聚下來的；生活方式、價值觀等是短暫的，隨著科技發展、經濟成長、交通來往，幾十年甚至幾年下來就會改變，所以從長遠看來只有一個中國。大陸和台灣是應該，而且會統一的。但是對於生活在裡面的人，目前的生活方式、社會制度等，其親切性遠超過空洞的「統一」概念。大陸上的情形，我不知道；台灣人民，我相信絕大多數是不願接受中共實行的一套的。現在的國民政府當然並不理想，將來也不會完全理想；完全理想的政府只有在書本上才有。但這個政府基本上是反映現在台灣的社會結構及經濟體系，而且我相信現在一些主要的不理想會隨情勢而改去。

當然，關於改革是否可能，應分兩層來看，第一是政府是不是有決心改革？第二是改革之後能否生存下去？第二個問題的答案影響到第一個問題中改革的決心。所以我們先看看台灣的前途，檢討一下影響她前途的「外因」和「內因」。所謂外因包括意圖策略和國際形勢。

中共對於台灣有兩個基本的目的：其一爲政治統一，首先爭取台灣爲中國之一部分；其二爲社會革命，即將無產階級專政的社會主義推行到台灣來。這兩個基本目的，我想是不會改變的，但其策略則配合客觀形勢、本身實力和當權者在國內採取的路線。從這些因素來判斷，中共在近期內確將採取從經濟、外交、心理各方面施加壓力，以達「和平解放」之目的，不會直接以武力進攻台灣。但是增加壓力的輔助性軍事行動，在形勢許可時是不會放棄的。

對台灣前途，美國的立場當然是一個非常重要的因素。毫無疑問，美國與中共將繼續接近，尼克森（總統任期自一九六九至一九七四年）在次任四年內的目標是正式結交以竟全功，除非中共內部發生大變化，這個趨勢將繼續下去。但是接近中共並不等於放棄台灣。從尼克森主義（Nixon Doctrine）和美國民意來判斷，是採取One China, but not by force（一個中國，但不用武力）的政策，在不做政治和軍事上的承諾的原則下，以「姿態」來保障台灣海峽的平靜。問題是中共是不是有足夠的討價還價的籌碼來促使美國完全放棄台灣，我想不會。中（共）美與中（共）日之間的關係不同，日本之求於中共者切，在經濟上建交一定要走在美國前面，在外交上又象徵性採取獨立主動之第一步；而中共之求於日本者不多，台灣是主要的目的之一。反過來說，美國之可得於中共者少，沒有迫切讓步的必要；而中共之看美國，在抗衡蘇俄的經濟現代化上，都有建立一個具體合作的架構的需要。在將來中（共）美的建交過程中，我想台灣問題不會有更明顯的進展，在One Chins, but not by force的諒解下過去。

這些外在的因素，當然並不固定，在毛澤東和尼克森的時代過去以後，就可能會改變，不過在目前，綜合起來（國共對比），可說中共各方面都占優勢的地位。但是在軍事上的優勢，會因爲國際形勢的牽制而不能發揮。在這樣情形下，尤其顯得鞏固內部，增加人民向心力的重要。國民政府現在有一張最有力的王牌，就是絕大多數人民是不願意接受中共的統治。假若政府能善加處理，把消極反共的心理轉換而成積極擁護政府的心理，則中共「和平解放」台灣的企圖就無法達到。

問：甚麼叫「近期內的局勢」？他們（大陸）對遠期的看法怎樣？

答：我只能這樣猜測一下。我想積極的認爲大陸上政權並不穩固，毛（澤東）周（恩來）以後，會起一樣基本的改變，國民政府可以因勢利用達到某種意義的光復大陸；現實點的認爲在我們鞏固了自己以後，靜待大陸上毛周過去後的變化，或許會走上以實力爲後盾，「眞正」自願的和平統一。注意，所謂和平統一不同於和平解放，前者代表中國兩個平等地區的統一，以互相尊重對方既已存在的制度和政權爲出發點；後者則含有一方消滅另一方的觀念。前一種的統一當然是必須以實力爲後盾的。

問：此間許多人對柏楊事件很關心，聽說有人希望你在國家建設會議中發表意見，是不是？

答：我並沒有公開表示，但是在對調查局的書面意見中，我曾表示此一案件現已成爲具有象徵性的案件。調查局的一位主管人曾帶了一些卷宗來旅館中向我解說很久，說明柏楊的確是與匪有來往，現在綠島，政府很寬待他，身體很好等等。柏楊案件是一個特殊案件，也許他確實是匪諜，也許他是爲了那幾張無聊的漫畫。問題在他定罪的過程，和定罪後政府對外界要求的反應，都充分暴露了台灣政府、社會和官場對人權法治的忽視。柏楊案件常使我聯想起釣魚台事件，從政府全面的立場來看，其對釣魚台的實際處置也許並無可厚非，但是對海外知識份子的反應則完全失敗。因爲政府忽視了民族意識在海外人士心目中的重量，而失去了很多愛國熱心人士。同樣的，柏楊或確有被關的理由，政府當然不必也不應該因爲一位海外學人的要求而予以釋放；但是這事已經形成人權的象徵，政府對這些要求不予解釋，亦不予置理，忽視民權意識在知識份子心目中的重要性，其失人心處也有前車可鑑。

經過釣魚台事件的教訓，無論報章、駐外人員以至國家的政策，都增加對民族自尊的注意。柏楊的事或許已成僵局，但我們希望政府從這件事上瞭解「人權」對一般人，即使不關心政治的人的心目中的份量。政府在國內做一件得民心的事，其效果十倍於對學人形式上的優遇呢！

問：根據你的說法，改革的目的在於中國之和平統一。可是改革的一個可能結果是拉大大陸和台灣之間的距離，那麼改革豈不破壞了統一？

答：剛剛相反，改革是統一必經的步驟。我們希望的統一是緩進的，由極端的敵對，而不得已的共存，而經濟上互通有無，而人民自由來往，而象徵性的合作。最後，由於經濟成長、交通往來、生產方法的改變，使得大陸和台灣間政治、經濟、生活方式之差異減少，雙方人民再由自願聯合而形成一個眞正自由的統一。所謂「革新保台，志願統一」，這兩句話有點像「革新八股」，但是

1971年，沈君山在美國華府的反共愛國聯盟成立大會中，大談「革新保台，一國兩治，志願統一」的三部曲，是個少數派。左坐者是著名政論家胡秋原。

一種現在局面下可能的發展。從不得已的共存到自願的統一，要經過很長的一段時期，這段時期可叫做「統一中的獨立」——在國家民族的觀點看來是統一的，在政治經濟觀點看來是獨立的。主要是要維持文化風俗等的共同性。經濟制度等總是會改變的。

改革是縮短極端敵對的必要步驟。一方面要吃，一方面怕被吃，那當然是非極端的敵對不可。等到雙方瞭解，一時誰也吃不了誰，而且有更主要的矛盾要優先解決，人民內部的矛盾應該慢慢來，則自然會暫緩敵對而取「不得已的共存」。經濟上互通有無，人民自由來往，無論就人道，還是就國家建設來看，都應該有利無弊。但是現在明顯的不行，因爲怕統戰，怕危害政權的生存。等到絕大部分的國民對於現有生活方式、水準、政府的效率都很滿意，政府對心防有充分的自信，不建築在敵人的可怕，而建築在對人民的擁護上，此時自然會做有限度的交往等等。中共自己就是一例，在大躍進和文化大革命的不穩定期間，它會像今天這樣歡迎大家去看嗎？經濟互通有無，人民自由來往，一方面可重行發展原有的民族共同性；另一方面可以無形的影響雙方的經濟政治路線，這樣才能最後走到融合爲一。中國五千年歷史，都有一千年是分裂的，這一段時期算什麼？

當然，今日之台灣，時和地都和古代中國的鼎立割據不同。台灣傳統上，尤其是經過日本幾十年統治後，有其較獨立的社會文化，又有外國勢力的影響，過去二十年來獨立的壓力極大。中共現在把外界的關係切斷，站在中共力求「解放式」的統一的立場來看，當然是必要的手段，但是其後又採取種種像要消除台灣（不單是國民政府）存在的手段，我想這不是聰明的方法，徒然使雙方停留在極端敵對的階段，對統一並無好處。

問：我相信你一定反對被中共統治，能不能簡單的說一下你反對中共最重要的理由，是經濟政策呢？還是人權問題？

答：你若問我個人願不願被中共統治，那當然不願意。意識、思想、生活習慣都格格不入，一個人要改變自己是很痛苦的，何況這些改變的代價又在哪裡？

我對台灣由中共來統治，其看法也是這樣延伸出來。現在的解放不是改朝換代，不是用一個效率比較低，或者效率比較高的政權來代替另一個政權，而是用一種新的社會制度來代替舊的社會制度。沒有一個制度是全好的或是全壞的，每個制度都有它的優劣，我認爲中共的制度對現在台灣的社會和人民，所給予不會多過損失。給一個病人開刀，第一要吃藥無效，第二要當事人的同意，這是最簡單的道理。同樣，從一個社會制度換到另外一個社會制度，第一要舊制度無法再解決這個社會的問題，第二要這個社會的人民歡迎這個新制度。這兩個條件，在今日的台灣都不存在，在海外空口講統一是不負責任的。

至於整個中國的問題，這一年來大陸的門戶開放了些，但所得的資料還是有限的，只能從大體上說說。我承認在一段時期內，中共政權不會動搖，過去二十年，它有一定的成就，也有一定的挫折。但是瞻望將來，對內，如何滿足人民在基本生活滿足後更高層次的期望；對外，如何在科技日新月異的國際上競存，是兩個大難題，是毛澤東思想領導的共產制度的兩大難題。政權不動搖，並不表示路線甚至制度不動搖。毛澤東自己講過：過了十幾年以後，牛鬼蛇神就要跳出來。我覺得在毛澤東有生之年，可以運用他個人的威望實行他那套東西，但是他過去之後，大陸上一定會有兩種變化：第一、大多數人有了知識以後，就會要求更多的自由；第二、一個國家想存在於現代的社會，一定要有很高的科技水準，這就必須講效率。然後，政治掛帥、紅而不專的情形就會改變，毛澤東的思想就會被人遺棄。

一個中國兩個制度的和平競爭

一九七九年元月一日，美國正式承認中共，並與我國斷交，在香港發行的《中國人》月刊，邀集了陶希聖、林洋港、康寧祥和我四人共同就台灣的前途座談討論。我的發言經整理後，發表於同年二月號《中國人》，後經《長橋》雜誌轉載。

中美斷交後，台灣與中國大陸的形勢，我以爲是一個中國，兩個制度。兩個不同政府可以推行同樣的制度，像中國古代改朝換代，不過換個皇帝，改改正朔，基本的政治哲學與政治倫理仍是儒家式，換了政府不換制度。但是兩個制度就不一樣，制度的改換直接影響人民日常的生活和一切的價值觀念。

今天中國的形勢是一個國家，兩個制度的競爭。在台灣的中華民國政府代表一個制度，這個制度在求實行三民主義，以政治民主、尊重人權、經濟自由、樂利均富爲努力的目標。而這個政府負有兩個責任：一是台灣一千七百萬人民的幸福前途；一是全中國八億同胞對中國希望的寄託。中華民國有沒有存在的意義，就看它所推行的制度能不能負起這兩個責任。

且先從過去說起，自從退出聯合國後，七、八年來台灣在國際外交舞台上節節失利。但是換一個更廣闊的角度，從兩個制度競爭的立場來看，台灣事實上是日占上風。過去二十年來，因爲追求經濟發展和維持革命意識之間的矛盾不能調和，大陸上的路線一直搖擺不定。毛（澤東）死之後，中共執行的路線和毛的革命路線將相去日遠，但是絕對還沒有到穩定的地步。另一方面，台灣一直在安定中求發展，有一部分的人對政府的措施雖然不滿意，但是對制度不滿，而贊成用共產主義來代替的卻是極少極少。只要沒有強大的干預，這個制度會穩定的發展下去，繼續給人民帶來繁榮和個人自由。這兩方面的對比，我們可以很有信心的說，在制度的競爭上，台灣是成功的，而且，只要台灣存在，這個趨勢還會繼續下去。

另外，我覺得我們應該用一個更廣闊的胸襟來看光復大陸的意義。今天的光復大陸，不是爲了恢復三十年前的舊制度，也不只是爲了恢復一個承繼法統的政權。我們努力的目的是要以三民主義在台灣的表現做一個模式，給大陸人民一個選擇的榜樣。台灣的存在，對大陸而言，應該像一座燈塔，大陸上若是陽光燦爛，這座燈塔的作用就不重要；但若是黑暗混亂，這座燈塔便是鼓舞指引的力量。我們在台灣實事求是的努力，對大陸抱著「盡其在我，而成功並不在我」的胸襟氣概，便愈能發揮這座燈塔的效能。

有了這樣的看法做基礎，我們對目前國內外局勢，就可以有一個更明確實際的態度。

中共提出「經過和談而走向統一」的全面攻勢，談判只是手段而不是目的，我們要先瞭解在目前情形下是怎樣的統一。在名義和主權上，雙方一直承認只有一個中國；在事實上，現在不但在生活水準上，而且在整個政治經濟體系上，雙方都有非常巨大的差異。沒有一個政權，能夠允許在它的統治下，存在一個和此一政權基本意識型態不能並立的政治和經濟體系，共產黨政權當然也不例外。

今天所謂的和平統一，事實上對中共而言是和平的解放；對台灣而言，是和平的投降。眞正的統一，應該是兩個地區站在平等的立場，以互相尊重對方既已存在的制度和政權爲出發點，而妥協、而統一，目前這個是達不到的。今天的統一，是台灣單方面的犧牲，所犧牲的不但是一個政權，而且是整個制度，這個制度曾在過去三十年替台灣帶來穩定和繁榮。若所換得的是一個與現代化格格不入的制度，更不要談生活的差距了，這樣的統一，台灣的人民怎麼能夠接受呢？

我覺得目前對整個中國，一個最實際也是最有利的方式，是應該讓兩個制度在一個獨立，但是互相影響、互相競爭的狀態下發展。我相信在中國大陸要求國家現代化和人民追求自由人權的目標下，所謂台灣模式的影響會日漸增加，而大陸和台灣間有形無形的差距會日漸減少，那時我們才能談到統一，但是那個時間絕不在目前。爲了全中國的未來，眞正愛國家超過愛一個政權或者愛個人名位的中國人，都應該贊成下述的立場：

一、在主權上只有一個中國，但事實上是有兩個政權在兩個地區實行不同的制度，這樣的情形要維持很長的時間。

二、雙方皆不應用武力進行強迫的統一。

三、在上述條件下，雙方皆不主動或被動的與第三國家合作，產生危害對方的行爲和事實。

一國兩「治」

本文原載於一九八七年九月號《遠見》雜誌，並轉載於九月一日《中國時報》，略有刪節。

一個社會，均質性（homogeneous）高，便容易穩定，但是除非有外來的衝激，發展起來或許會遲滯些；異質性（heterogeneous）高，易因衝激而變動，這變動，可能是進步的因素，但若此異質性是本質（intrinsic）的，則這社會就難穩定。所謂異質，依其本質性的高低，可以分爲四個層次：種族、宗教、經濟和政治。

種族的異質，最難融合。血緣、外型、甚至後天形成的風俗、文化——包括文字語言、價值觀念等，隨歷史俱來，不是短期所能改變。尤其直接感覺得到的外表差異，如膚色、體型，容易引起集體的排斥，像南非的情形便是。

其次是宗教。尤其是入世性強的西方宗教，具有本質上的互斥性，愈是具有強烈信仰的宗教，愈不容易達成理性的妥協。宗教的衝突，往往起自基層，很難解決，像愛爾蘭便是典型的例子。不過宗教的歧異，源自後天，不像種族是先天的，比較上說，前者較後者還容易改變，現代知識的普及，也具有沖淡衝突的效果。

再其次是經濟。經濟生活關乎每個人，眞正到了富者田連阡陌，而貧無立錐的地步，當然非常嚴重。但是求富而均，總比更改一個人的膚色、信仰，更容易得多。而且國若能富，雖富而不均，大富與小康之別，亦不致造成大不安。歷史上許多動亂的例子，像帝俄、像昔日的中國，都是既患寡且患不均。

經濟的異質，往往延伸到教育的異質，一個社會受教育的機會不均等，因而形成某個階層的智識能力價值觀念異於第一階層，而且代代相傳，沒有希望因努力而改變，也會形成社會的不穩定。

最後是政治，也就是政治結構和政治權力分配的不合理。政治當然是一切問題的核心，但終究只直接牽連到較少數的人，而且其權力也是後天賦與，可以藉爭取，也可以藉妥協而獲得平衡。所以，一個社會，假若種族、宗教等本質的因素在基本上是均質的，政治層面上的問題，至少理論上是可以理性解決的。另一方面，若上面三個層次的異質不解決，政治上的民主，亦不能解決問題。

現在台灣正開始一連串的解禁解嚴，也有一些浮動。但是，和世界上其他國家相比，我們的社會沒有本質上的異質。政治上的認知，也許有些差距，但是因爲社會基本層面的穩定，其演變也將是穩定的。

但是，台灣不是單獨存在。中國現在的兩個地區，大陸和台灣，這兩個歷史性因素——如種族、文化、宗教等都同質的地區，生活水準、政經制度，甚至意識型態都已有相當的差距。雖然統一尚甚遙遠，但是台灣未來的發展，必和大陸息息相關。從長遠看，對兩岸關係建立一個理性的認識，是許多政治革新的基礎。從實際著想，在兩個異質社會的競爭中，一個開放的社會，可以是堅強的，也可以是脆弱的。假若沒有相當的共識，自然容易被分化；假若有一理性的共識，而這認識是自下而上，孕育而成，就永不會動搖。因此，在此文中試提一些個人的看法，爲大家思考未來與大陸關係的參考。

＊

作爲一個認同台灣的中國人，在探討未來台灣與大陸的關係時，應該有兩個基本的立場：

一、台灣人民的利益。

二、國家民族的原則。

但政治是現實的，任何政治構想，必須顧到實踐的可能。因此，在不違背上述基本立場的原則下，也必須考慮到客觀的環境，尋找客觀環境允許下的最佳方式。

在當前，一個值得考慮的方式是共享主權，分擁治權。簡言之，「**一國兩治**」。在一個象徵性的國家主權之下，實行不同制度的兩個地區，各擁有獨立的治權。此治權是完全的，包括自衛權和在國際上具有國際人格的政治實體的權利。它僅僅受下述三點的約束，即兩地區相互之間：

一、不得使用武力。

二、不得在國際上與第三者聯合，做損害對方的作爲。

三、不得妨礙建設性的交流。

一國兩治的理論基礎是「主權史傳，治權民予」。主權爲抽象的國家象徵，治權爲具體的政治權力。主權代表歷史的傳承，象徵未來的發展，在當前複雜的國際環境下，應及早確定，在適當的時候，可以考慮由兩個地區共同組成一個不具實際權力的最高機構，以爲象徵。

但是主權的統一共享，應以治權的獨立分擁爲前提。對於一個能在國際上獨立生存的地區，治理該地區權力的根源來自該地區的人民。因此，除了因爲主權的統一延續，要受某些明確規定的限制外，一切由該地區的人民自主。

鄧小平於一九八〇年代提出他的「一國兩制」的構想，迄今爲止，這還是中共對「統一」港台的基本政策。在台灣，因爲一向非禮勿視、非禮勿「思」的傳統，除了斥責以外，很少去談。但是在一個開放競爭的社會，要建立民衆對自己前途的信心和立場，對對方的政策也應該先有清楚的認識。

所謂「一國兩制」，即在一個擁有最高法權的中央政府之下，在不同的地區，實行不同的制度。其實踐的方式，可以香港爲例，從這個實例來比較「一國兩治」和「一國兩制」可以看出三點基本的不同：

一、在一國兩制中，主權和政權皆屬中央政府，地區所擁有的部分可以自主的治權，是中央給予的。因此，體制人事之決定——包括是否繼續實行兩制，其最後權力來自中央。在一國兩治中，治權原來就屬於地區的人民，因此，體制人事之決定，完全由該地區的人民自主，另一地區的人民或政府，無干涉之權。

二、在一國兩制中，因爲地區擁有的權力，由中央許可賦與，因此，凡是被許可的，都要規定出來（如制定基本法），凡是沒有規定的，就是不許可的。在一國兩治中，權力的根源是地區人民的本身，因此，只有不許可的才予以規定，凡是沒有規定的，都是許可的。

三、在一國兩制中，國家有一主要的制度，這個制度是不變的，在部分地區實行的次制度，其發展不得影響更不得威脅到主制度。在一國兩治中，兩個制度在不同的地區發展，平等競爭，最後由時間和實踐來決定哪一個是最適合國家發展的制度。

由此可見，除了在不同地區實行不同制度這一點外，在理念上和實際上，一國兩治和一國兩制均有基本的不同。現在國際上和歷史上許多例子均可證明，凡是兩個異質的地區，要用兩制的方式，做互補的發展，若不能完全的兩治，其結果總是失敗的。

一個國家而有兩制兩治，當然不是常態，是因應實際情況的過渡性構想，其目的是在經過相互的影響和競爭，演繹出一個適合整個中國發展的制度，使中國自然的統一於一制一治下。所以，目前各擁治權的自主，一方面要保障各地區人民福祉，一方面也不能妨礙未來的自然統一，這也是前述三點約束的用意。「不得在國際上與第三者聯合的損害對方的行爲」，即在消極防止外來因素利用兩治從中離間取利。「不得妨礙建設性的交流」，即在積極泯除兩地區間因分裂日漸形成的疏離感。

一國兩治是一個理性的構想，這或許確是符合整個中國利益而又實際可行的一條途徑。但是，政治不是純粹的理性，歷史上，若沒有其他因素的阻礙，從來沒有一個政權，自動的放棄消滅另一競爭政權的機會。中共既然具有優勢的有形實力，即使台灣主觀的接受「一國兩治」的觀念，是否能促其實現？

＊

我個人的看法，對於所謂「台灣問題」，中共雖有一貫的政策，對於執行這個政策的意圖和優先程序，卻並沒有一致的共識。

尤其大陸上未來一代其「民族意識」、「建國意識」和「體制意識」相對的強弱，將影響他們對台灣的政策。在今天的大陸，民族意識也許是唯一一個可以一致接受的共識。任何中國大陸的領導者，即使爲了保持自己的權位，對於統一這個目標，亦將永不放棄。但是在這個前提下，建國意識（以四個現代化爲代表）和體制意識（以四個堅持爲代表）的相對強弱，就有務實和保守之別，對於前者，建國的優先度將勝於如何達成最後的統一。

目前，海峽兩岸事實上早已處於「兩治」的狀態。在最近的未來，大陸上務實和保守勢力此消彼長的不穩定狀態，還將維持一段時期。在此段期間，穩定兩治的力量，不是海峽兩岸實力的絕對對比，而是另外一種相對的差距——破壞兩治所需付出的代價和接受兩治所能得到的利益這兩者間的差距。這個差距愈大，兩治的持續也將愈穩定。

所以，台灣當前的努力，便在如何加大此一差距，一方面加強事實上的基礎：國防方面，一個有制衡作用的自衛武力；外交方面，一個多方面參與具有國際人格的獨立政治實體；內政方面，一個反映實情的民主政治體制。

這樣的基礎愈鞏固，破壞這個基礎所要付出的代價便愈大。最近一年來的政治革新，對於台灣安全的貢獻，勝過製成十個原子彈。一個自由化民主化和國際化的社會，不但加強了內部的穩定，也將使片面的統一愈加困難。

另一方面，爲長遠著想，也應考慮胡蘿蔔與棍子（carrot and stick）的戰略。今天大陸上，官僚意識和官僚體系是最大的實際問題。對台灣而言，兩治實際好處之一，便是她未來的發展可免受這兩者的箝制。對大陸的現代化而言，兩治下的台灣也可以成爲體系外借力借鏡的外援。在這點上，「建國意識」優先者，是可能有深刻的認識的。也許有人會認爲，各擁治權，還包括外交權和自衛權，那不就是兩個中國嗎？而且「各自發展」只會愈走愈遠，又怎樣統一呢？

對這個問題的答覆是：各自發展之下還有相互影響。兩制兩治這個階段會延續很長一段時間，在這段期間，兩個地區本身和兩個地區之間的關係，不是一成不變的。

一、各地區自身的制度和其實踐方式，會由於需求而隨時間修正——所以並不需要一百年不變之類的保證。重要的是，改變本身一定要反映這個地區的需求，一定要出諸這個地區人民的意願。這種意願，很可能是受了相互交流的影響，但它不會是，也不可以出諸「中央政府」片面的決定。

二、兩個地區間的關係，也將隨著地區本身的改變而改變，可以漸漸由對抗而競爭、而合作。在這樣演進的過程中，保障兩制的並存，並不永遠要經由絕對的兩治。譬如說，當兩個地區的官僚體系，對法律權力的尊重勝於對政治權力的尊重時——也就是由法治代替權治時，部分治權，例如自衛權，就可以用立法來取代。但是在此之前，尤其在今天，兩制的實踐，必要經由兩治，而兩治的存在，只有依靠實力——包括國際的認同——來保障。關於這點，我們是並不存幻想的。

至於將來的統一，我很有信心，和平競爭相互影響的結果，必須現代化的大陸將會放棄四個堅持，逐漸採用在台灣現代化已有實踐證明的制度。但在結束本文前，要強調一次，政治上，理念是一個未來的指引，途徑卻不能脫離權力競爭的現實。我確實相信，兩治下實行自由經濟制度的台灣，對大陸的現代化以及現代化路線的採行，其正面影響遠大於治權統一下的台灣。大陸上所謂務實派，或可能也有這樣的認識，但這並不表示他們對台灣有什麼偏愛。片面的胡蘿蔔就以爲可以高枕無憂，是最危險的幻想。在一個長遠的構想之下，先求己之不可勝，隨形勢演變而採取最適合的策略，才是眞正謀國之道。

兩岸關係的三個階段

——對國是會議的建言

本文原載於一九九〇年七月二日《中央日報》。

討論兩岸關係的發展，應該以兩岸人民的福祉爲前提，同時要考慮到歷史造成的事實和國際客觀形勢的限制。四十年來，大陸和台灣兩個地區，分別由兩個擁有完全治權的政治實體統治，它們各自聲稱代表整個中國，而將對方視作爲非法的集團。這種主觀的認定，在內部運作和意識型態的穩定上，有其便利；但在對外方面，包括國際參與和雙方交往，造成很多困難。

八〇年代初，中共改變策略，制定了「以兩黨談判爲過程，以一國兩制爲目的」的對台政策。但是這個政策，因爲完全忽視了台灣的實際情形，並沒有得到台灣朝野正面的反應。

另一方面，從七〇年代開始，就有一些台灣和海外的學者，試圖在完全統一和完全獨立之外，尋求一個較實際的模式，其要點是把「主權」和「治權」分開來考慮，目的是希望在一個中國的原則下，台灣人民自由多元的生活方式，能得到更確切的保障。因爲兩岸關係的重新界定，會牽涉到台灣內部政治體制的基礎，故這樣的探索，在當時被認爲是多餘的。

但是今天的情形，已完全不同。第一：我們憲政體制將因應實情而做徹底的改革，國是會議之召開，也以此爲主題，這就必須將兩岸關係先予定位。第二：兩岸交流已到必須以公權力介入，予以規範和規劃的地步，由此，也須先對兩岸關係予以界定。第三：憲政改革的必然趨向是本土化，若不同時明示國家的走向、遠景，這種趨向必會引起各方疑慮，從而增加台海局勢的緊張和國際參與的困難。

近一年來，一國兩府的說法，被數度提出而引起朝野矚目，但是因爲法理上，「政府」一詞有其傳統的涵義，易生誤解，這說法乃很快的被予以淡化。但它所蘊藏的「主治分離」的涵義，的確很符合當前台灣大多數人民的期望。筆者在數年前亦曾提出過類似的「一國兩治」的模式，不過爲了強調主權的不可分割，以「治權」和「治體」來代替政府。在此次國是會議，謹以「兩治」的理念為基礎，對兩岸關係的界定，做一建言。

＊

站在中華民國的立場，規劃兩岸關係的演進，應該遵循「一方面建立起走向統一的架構和管道，一方面保障台灣人民做自主決定的權利」這個原則。其具體步驟，可以分成三個階段：

第一階段：也就是現階段，從國是會議以後開始，確立下述三點：

一、「主權」作為國家的象徵，代表歷史的傳承和未來發展的定位。中國的主權屬於全國人民，不容分割。

二、「治權」作為統治一個地區的具體政治權力，源自地區的人民。在台灣和大陸推行互相衝突的兩個制度時，台灣地區的治權屬於台灣地區的人民。

三、認知中共為統治大陸地區的「政治實體」（governing body）在現階段擁有大陸地區的治權。

以上述三點作為今後憲政改革的基礎。

關於兩岸交流的實際運作，在中共對我治權對等認知的條件下，可以循序漸進的設立具有公權力的代表機構，處理兩岸間非政治性的行政經貿事務，並諮詢訂定相關的法律規章。

這一個階段，是將四十年的政治現實予以合理化，建立「共有主權，分擁治權」的原則，爲下一階段的演進定下基礎。但是統一的主權，還只是抽象的，既無具體的代表，治權部分也完全獨立出去，所以這一階段只是「象徵性的統一」。

第二個階段，是將國家主權的統一「具體化」。成立一個代表兩地區的共同機構。這個機構，除了作爲國家統一的象徵外，並被賦與促進兩岸和平交流，監督國家主權完整和防止一方在國際上與第三者結合做損害對方行爲的三項權責。但是除此之外，兩個地區的治權仍是完整而獨立的。地區內的政經制度、價值體系，都可能會因爲交流的影響而改變，但此改變要出諸該地區人民的意願，另一地區的政權或共同機構都並沒有權力代做決定。對此，這兩個地區可以個別的治權與共有的主權結合，參與國際活動，包括雙重承認、簽署條約和加入聯合國等。但這些牽涉到主權性質的國際行爲，要在共同機構的連署下才具有合法性。這點限制，在使共同機構的第二、第三兩項權責，有實質的意義。

進入第二階段的先決條件，是雙方都能接受兩個治體和平演進的基本架構，其具體表現爲雙方都承諾不以武力解決兩岸問題和接受對方的國際參與。在這兩個先決條件下，就可以由這兩個地區的治體進行雙邊的，包括規劃共同機構在內的政治性商談。

這一階段，因爲代表主權的共同機構的設立，可以說已演進到法理上的統一。

第三階段是主權治權合一的「完全統一」。這個階段在什麼時候、以什麼方式，甚至會不會到來，不是現在所能預知。我們要做的是建立走向統一的架構，開啓互相交流的管道，和堅持台灣人民自主決定的權利，如此，已經盡了這一代的責任，以後的道路就應該讓以後的人來決定。

但是，作爲理論的探討，或者可以看看歐洲和蘇聯的例子。大凡一個國家的分與合，有先天的因素，如種族、宗教等；也有後天的因素，如政治制度、經濟水平等。蘇聯是許多先天性異質地區的組合，一旦以意識型態貫連的共產黨放鬆了控制，自然就走向分裂。東西德原就同文同種，給予選擇，自然走向統一——統一於民主和富裕。歐洲則是民族文化各異的地區，但是有兩個共同的傳統：其一是尊重少數的民主制度；其二是遵守規約的守法精神。因此，縱使小國如葡萄牙、盧森堡也能無所疑懼的，以理性的態度，存互異而求共利的走向聯盟（Union，一九九二年成立）。台海兩岸，並沒有先天性的異質，資源市場更互補互利，完全統一是自然的趨勢。但是，文化和經濟不是決定分合的唯一因素，政治更能影響人民的生活，另外，在中國的政治文化中，當民主取代了專政、法治取代了權治，完全統一的一天才會到來。

以上，我們根據兩治的理念，對兩岸關係的遠景提出了一些構想。但是實際上，即使我們主動的使兩岸關係進入第一階段，它在進入第二階段前也還會停留一長段時間，在這段時間，對於交流應該有幾個認識：

＊

第一是交流的規範。到今天爲止，在法律上，我們一直把中共視爲叛亂團體，開放交流之後，這當然是不現實的。因此，中共就沒了定位，因而，也無法建立起合理的交流規範。動員戡亂時期中止後，在法律上，應認知中共爲一擁有大陸地區治權的政治實體，但在政治上，應定位爲「對抗性的競爭政權」，在這樣的定位下，考慮台灣當前的安全、對中國長遠的影響和人民個人的利益這三個因素，制定交流的規範，嚴格執行。這樣，才能使兩岸關係穩定發展。

第二是如何看待中共的回應。我以爲把基本政策和具體措施分開來看。政策方面，「兩黨對談」，是一種程序，只要我們堅持，中共會修正。但一個中央的「一國兩制」，在鄧小平有生之年是不會改的。因此，現在我們提出任何合理的政策，中共大概都是不能接受，但亦不是不能忍受，就是說不會動武，但亦不會停止駁斥，但這些都不重要。政策層面上，我們應看長遠，遠看到鄧小平時代之

兩岸關係的演進

	國家組成的形成	大陸政權的定位	國際參與的方式	進入本階段的先決條件
第一階段	一個象徵的主權 兩個完整的治權	合法的，統治大陸的對抗性競爭政權	以獨立治權結合象徵的共同主權，作為國際人格個別爭取參與	動員戡亂時期終止
第二階段	一個具體的主權（由有規定權責的共同機構代表） 兩個完整的治權	合法的，統治大陸的合作性競爭政權	以獨立治權結合具體的共同主權，作為國際人格互相支援參與	雙方皆承認不以武力解決兩岸問題 雙方皆接受對方的國際參與
第三階段	第二階段後協商決定		與國家主權有關之國際行為由一個中央政府代表參與。 與國家主權無關之國際行為仍可由地區政府代表參與	法治代替權治 民主代替專政

後，要注意的是大陸人民的民族心理。基本上，大陸人民之不能接受永久的分裂，正如台灣人民之不能接受即刻的統一，政局會變，海峽兩岸這種人民的心態不會變，這才是我們制定兩岸關係的基本政策時必須考慮的。

至於交流中的一些具體措施，是戰略裡的戰術，即使是對抗性的政權，也可以有很多互利的空間，這我們就要注意他們的反應來因應。總的來說，中共統戰是一個口令，一個動作的整體作戰，而且慣用「口袋戰略」——三面架機槍，只准走一方，把對方往口袋裡趕。制服口袋戰略的最好辦法是「剪刀戰略」，制敵機先，不爲所動，用三個F，Far sight，Fair（合理，包括尋求互利），Firm（堅定）來對付。

還有就是談判的時機和方式。我以爲非政治的「功能性談判」（譬如說訂定兩岸交流的法律），現在就要談，由授權的團體談，政治性的談判則時機未到。不只是對方有沒有回應，而是我們自己有沒有準備。要（至少大致上）建立了我們自己大陸政策的共識和授權體制才能考慮。至於談的方式，當然要由能代表全民代表治權的政治（用雙方認可的替代名稱當然也可以）來出面。

與江澤民晤談始末

（一九九〇至一九九二年）

「兩岸解凍後，民間、半民間，甚至官方人士來往如織。我與江的晤談，當然不能說是一般接見，嚴格說，我的身分還不夠資格被他接見。但也絕不是密使。江之約見我，而且一談就是兩、三小時，我想，一方面是想較深度的瞭解台灣，一方面也是想藉相互激盪，探索解決兩岸問題的方向。」

一九九一年，沈君山（左）與王兆國（中）、唐樹備（右）在人民大會堂台灣廳會晤。

晤談機緣

一九九〇年，一個初冬的下午，我坐在飛馳的小轎車中打盹，半閉半睜著眼，看窗外一排排白楊樹，迎面而來，又消逝而去。對於白楊樹，我有特別深刻的印象。一個月前，四十一年後第一次回到大陸，從首都機場出來，機場十分破舊，進城的路，也只是鋪著一層薄薄柏油，顛顛簸簸的四線道，但兩邊兩排白楊樹，夾道相迎，搖曳生姿，有如娉娉婷婷、風緻高雅的舞娘，這是世界上任何機場沒有的。也許是偏心吧，心裡就一路讚嘆：「到底是有歷史文化的中國！」

今天（一九九〇年十二月十五日）是從十三陵回程，襯托在白楊樹後面的，是一層層成林的雜樹，據說是防風沙的，迷濛著眼看，飛伏著後退的樹林，使我幻覺起「翠堤春曉」電影中的一景：奧地利大革命前夕，小約翰・史特勞斯

（Johann Strauss）和初識不久的女高音，乘著馬車從維也納逃出來，穿過維也納森林時，正將破曉，曉星未沉，春寒猶峭，牧童的笛音，林鳥的鳴聲，交織在起，激發了音樂家的靈感，誕生了傳誦千古的「維也納森林的故事圓舞曲」，也譜出了一段感人心腑的愛情。

「翠堤春曉」於我有特別的感情，我第一次看這部電影，是在南京金陵中學讀書的時候。剛剛高中一年級，入選足球校隊，做了守門員。一九四八年的冬天，從南京到揚州去參加全省運動會。全隊十八人：十六位球員，一位教練，還有一位在金中對門匯文女中讀初三的教練的女兒，詹小妹算是我們的啦啦隊，一齊坐了慢車，慢慢搖到揚州。詹小妹明媚動人，對全隊都一視同仁的活潑大方，也使全隊都一體同仁的暗暗傾倒。到了揚州，一路的打進決賽。決賽那天，天下細雨，滿場泥濘，一個滾地球，慢慢的滾過來，趕過去撲，滑了一跤，球從脅下，慢慢的溜過大門，我爬起來，從泥濘的眼縫中，看到詹小妹不肯相信的眼睛，我們以零比一得了亞軍。回到南京，教練還是請大家吃了頓飯，有合菜戴帽，飯後又請大家看了場電影，就是「翠堤春曉」，詹小妹當然也一齊去了。

「翠堤春曉」，後來我又看了幾遍，每次隨著圓舞曲的旋律，金中的口字樓宿舍，泥濘裡溜進去的一球，和詹小妹不肯相信的眼睛，都會浮現出來。

這兩天眞是累壞了，前天剛去了清朝的承德避暑山莊，今天又趕去看明朝的十三陵。昏昏沉沉睡意中，重重的歷史融合成兩句詩，「明修長城清修廟」和「修短有數兮，不足較也……」，在心頭浮旋。

後面這句詩，來自一個故事，定陵簡介中，引了一段前人的筆記：

明神宗死，嬪妃十二人殉葬，有女官郭愛，入宮才十二日，以美慧才學入選，遺絕命詩：

修短有數兮，不足較也，
生而如夢兮，死則覺也。
先吾親而歸兮，慚予之失孝也，
心淒：而不能己兮，是則可悼也。

據說在陪殉時，護送太監退出即將封閉的陵墓前，郭愛寫了這首詩，連她的珠鍊，一齊送給太監，將它帶出給送她入宮的父母，因此留傳下來。

定陵是明神宗的墓。神宗廟號萬曆，在位數十年，無大建樹，亦無大失德，終其一生，圍繞著他的淨是些君臣宮闈間卑微不涉大義的鬥爭，這位個性孱弱的萬曆皇帝，既無力主導，亦無法避免，在封建體系的禁錮下，動彈不得，乾脆來個長年不朝。這樣一位平庸不足道的皇帝，卻很引起後世，尤其是民國創建以後的史家，如顧頡剛、吳晗、黃仁宇等的興趣，用他做樣版，發爲史論，反映中國數千年封建體制的僵化腐敗，戕賊性靈，尤其黃仁宇著《萬曆十五年》一書，以通俗的筆調，做透徹的刻劃，更膾炙人口。而明陵地近京畿，開放以來，成爲旅遊勝地；定陵是明陵中開掘得最完整的一個，出土時正值文化大革命爆發，它成爲以破四舊爲己任的紅衛兵最好該破的目標，更何況定陵是吳晗、鄧拓等第一批被打爲牛鬼蛇神者所領導開掘的，於是大鬥特鬥，從四百年前的帝皇后妃鬥到四百年後的考古學家，生前費盡心機爭取到合葬皇陵身分的嬪妃，被連棺帶人擲進山溝。我腦中裝著這些陰沉沉的故事，在昏沉沉的天氣下進入黑沉沉的陵寢，歸來時只有郭愛淒美的詩，像一柱清香，在心頭縈繞不去。

避暑山莊在熱河承德，興建於康熙而完成於乾隆，後來成爲清室行宮。康熙醉心漢文化，山莊效法江南莊園，雖無其細膩但更見開闊。重重殿宇中到處掛著歷代清朝皇帝的題字，包括後來大大有名的「戒急用忍」一匾。這原是康熙訓誡雍正的一句話，但匾卻是咸豐帝寫的，這也有個典故。英法聯軍之役敗戰後，咸豐帝避往承德，留下大臣在京議和，和議條件苛刻，咸豐帝乃親書「戒急用忍」四個大字，懸諸御書房，每天一面看著，一面思索對策，後來和議雖成，咸豐帝卻一直未再回京，一年後逝於山莊。

康熙帝可說正是萬曆帝的對立面，是中國歷史上最有生命力、最具主導性格的皇帝之一。山莊建築象徵主人的個性，開闊自在，莊園內一大半土地是山林，任麋鹿自由出入，圍繞著它的八座廟，佛道蒙回都有，而以喇嘛廟為主。廟裡以滿漢蒙回藏五種文字刻著各式碑文，這些廟也是康熙、雍正、乾隆清開國盛世三帝陸續建成。有「明修長城清修廟」之諺，其典故來源如下：

秦修長城以後，長城成為界隔夷夏的天塹。歷代君王都以維修長城為要務，明燕王以邊防起家，入奪大統，更加重視長城。康熙親政後，臣下奏請循例補強長城，康熙不以為然，諭臣下曰：「明重修長城，但我大清依然揮軍入關，可見長城管不了事。」遂移修長城的軍費，在承德造大喇嘛廟，禮佛尊僧，並迎達賴班禪訪駐，而終清一代，無邊防之患。當然，後來海防之患，漫天而來，承受數千年未有之變局，就不是清開國之君所能預見的了。

一九九〇年十二月十五日清晨七時，從北京的友誼賓館動身，先去十三陵，再遊八達嶺，照了幾張相，就趕回來。母親和其他親友都還留在長城，這樣匆忙，是為了去見一位重要人物。

＊

這要從一個月前第一次到大陸說起。那次是到上海參加橋牌表演，和棋聖聶衛平搭檔，同隊還有女子世界橋牌冠軍楊小燕等。比賽在百花節的電視上全程播出，結果擊敗了上海的國家代表隊，非常得意。當時，即有人托朋友問我，希不希望見他們的領導人。我直覺的回答：這我得回去瞭解、瞭解！好在一個月後，還會來大陸，參加父親逝世十週年的追悼會，要行，就那時再談吧。

回台以後，我把這個可能給蔣彥士先生報告。他是父親最得意的學生，時任總統府祕書長，對我非常愛護，他的回答很妙：「你先去和宋局長談談。」宋局長就是當時國家安全局長宋心濂。過去，因爲美麗島案、林宅血案、陳文成案等，我爲了幫助所謂「黨外」的受害人家屬做「人道溝通」，和安全局高層多有來往，但對安全局本身並不瞭解。

不過，宋心濂也是國統會的研究委員。研究委員開會時，他的位置就在我旁邊，會議冗長時，常常遞紙條評品人物高下，所以也算熟。後來他負責領導一個小組起稿國統綱領，也偶而私下問問我的意見。相談之下，發覺他雖然極其保守，但頭腦很清楚，也有魄力創意。只是他有一嚴重的問題，就是根據的資料，往往不正確。

不過，這些都是後話，當時我去和宋說下個月去大陸，可能有領導人要找我談，要不要接受？他眼睛一翻，霎了兩霎！馬上說：「去，去，見什麼人都可以，聽聽他們怎麼說。」

大陸的領導人，一般泛指副總理級別以上者。第一次去大陸時，丁關根就曾在人民大會堂接待我，唐樹備作陪。丁和我是橋牌同好，他的橋技確也在一般好手以上，接近專業。我們談了很多橋牌，少許兩岸，他告訴我，我是他擔任台辦主任任內的最後一位客人，中午就交接給王兆國。丁不但是台辦主任，還是政治局委員、書記處書記，可能也算是領導人了。所以我聽宋一說，心中更坦然。十二月十二日就去了北京，主要是參加爲紀念父親去世十週年而辦的「沈宗瀚農業學術研討會」。

到了北京，當晚我一個做全國政協委員的妹妹就對我說，有位侯先生想和我談一談，侯先生從前在周恩來手下做過事。我說好，當天深夜十一點，侯先生就來了，他問我有沒有興趣和一位領導人見面。我說可以，但說十七號要趕回台北開一個重要會議（其實就是國統會研究委員會議），而且我這次來，只是私人來開會，所以第一不代表任何人；第二沒有任何政治使命；第三所表達的也只是私人意見，不代表任何方面。侯說瞭解、瞭解，但他要求我對於這次見面不要宣揚，但也希望能把領導人的一些看法帶回台北。我說，如此則需要做筆記。他點點頭，不置可否的走了。

有一段有趣的插曲，赴京之前，宋局長把一份國統綱領草案的初稿給我，說：「去瞭解、瞭解。」說完，回頭就走了。國統綱領草案每位研究委員開會時都討論過，不過都是會畢收回，而且每次都有修改，也不算是大祕密。但這次特別給我一份，又要『去瞭解、瞭解』，去字講得特別輕，什麼意思呢？揣摩了陣，恍然大悟，就是「達成任務，但不要牽連到上級」，這是他們情治人員的標準手法。於是，我帶了那份草案到北京，當知道要去見一位領導人時，就把草案放在一個手提箱上層顯眼的地方，旁邊壓一本書，在那本書上做了個暗號，只要動了，就看得出來。第二天，那本書果然動了。我不相信後來和我談話的領導人，看過了這份資料，但那位陪我的侯先生和我聊天時，有意無意的透露出他們的一些觀點，顯然是針對草案某些要點，尤其是後來成爲國統綱領近程第三條有關大陸應逐步開放輿論、實行民主政治的一段，初稿草案字眼還更嚴厲些，他顯而易見、言有所指的說：「從來只有大欺小，沒聽說小欺大，台灣有些人還要來管我們的事，寫成文件就更出格了。」

這些都是後話。第二天，也就是十三號，又是深夜，侯先生又來了，他告訴我，是去見江總書記。因爲十六號我要參加父親的追悼會，唔見就排在十五號星期天下午，議題沒有範圍，就由妹妹陪我去，可以做筆記。我說：「不行啊，星期天我已安排好去看長城了。」侯說：「能不能不去呢？」當然，我知道見江的重要性，也許一輩子就這一次機會，但我心裡也實在想去看長城，而且也不必在侯面前太急著去見大官，就說，「我上午去，下午趕回來，『不到長城非好漢』呀！」他看我把毛主席的詩都搬出來了，也沒辦法。就這樣，母親弟妹們都跟著我起個早，提前了一小時出發，下午一時我就坐著他們另外特別安排的車趕回來了。

第一次晤談

前言

一九九〇年十二月，大陸的中國農學會在北京舉辦一個紀念先父的研討會，我應邀以家屬身分參加，同行前往的還有馬保之先生夫婦、家母、黃俊傑教授及在美的妹妹慈源等。

我在十二月十三日抵北京，在京期間，除了家人團圓及參加紀念先父的活動外，十五日晚參加了王兆國（時任中共國務院台辦室主任）的邀宴，十六日下午與江澤民茶叙，於十七日中午離京返台。

王兆國的邀宴在人民大會堂，抵京前即已安排，並在大陸發了消息，赴宴的有馬保之先生夫婦、家母、慈源和我在大陸的兩個妹妹、妹夫及她們的子女，共十六人。宴後王君留我叙談了一小時餘，談的大多是他在福建交流的經驗，並詢問我對兩岸交流的意見，此外，我告訴王君台灣的一個浩然基金會擬在今夏續辦第二屆浩然營，請他們支持，談話中並未涉及高層次的政治話題。我對王兆國的印象是謹愼小心，但平易坦誠。

與江澤民的茶叙比較意外。十一月間赴大陸時，即被詢及是否願見見他們的領導人，當時因無此準備而婉拒之。此次再赴大陸，十四日晚他們先通過舍妹慈蔭（現在內蒙從事農業工作，數年前被選爲政協委員）詢問意願，我告以只要時間可以安排，不與先父紀念活動衝突，就很願意。十五日晚十一時許，慈蔭陪了一位侯職德君來訪，侯君自我介紹曾是周恩來生前的祕書，追隨過周多年。我說明我現任國統會的研究委員，但並不支薪，不能算是政府人員，而且亦不代表什麼人，只能以這樣身分前往。侯說他們完全瞭解，並隨便說出我的一些事，包括早年保釣運動期間，在美國寫的一些只有在手寫的通訊上發表過的文章。乃約定於次日（十六日）下午三時到中南海見江澤民。從長城回來後，在旅館換了衣服，侯來接我與舍妹慈蔭同去，因爲早到了些，車子在天安門及故宮繞了一大圈，才準時進去。江澤民及其他的六、七人已經先在，寒暄及照相後即進後室叙談。叙談時坐在同排的，除了江及我外，慈蔭在我右邊，某君（後研判爲國家安全部部長賈春旺）及侯君在江澤民左邊，後面另散坐了七、八人，有三、四個是在做紀錄。叙談於五時五十分結束，再照相後離去。

在赴會前，即與慈蔭約好，由彼負責我的紀錄，儘量優先記江的談話。談話時，我亦做筆記，先將江的談話扼要記下，再將我擬回答的要點順序記好。叙談完畢後，因次日即返台，當晚與慈蔭比對筆錄，將江的談話大致補全，複印帶回。我自己的談話，則在回台機上根據記憶將之補齊。

江的談話，儘量存眞，語氣亦保留。我估計應該記錄了八成以上，遺漏的部分是江對經典詩詞博聞強記，隨時引用背上一段，慈蔭就無法記錄。我們在談及處理學運時，江用了一段《左傳》上〈子產論政寬猛〉的話：「夫火烈，民望而畏之，故鮮死焉；水懦弱，民狎而翫之，則多死焉，故寬難。」我記得他是說過，但沒有記錄。我想這是唯一有重要含意，但沒有錄下的一段。

談話紀錄

江澤民（以下簡稱江）：今天我們是自由的談，聽他們說，周總理在的時候，也提起過你，要你回來看看，那時候你還在美國教書吧?我們的立場雖然不同，我看是能談談的模樣，請你先談談吧！照你看這兩年台灣的情形變化怎樣？

沈君山（以下簡稱沈）：好的。我想先說明幾點：第一，我並不代表任何人，這我想他們已向您報告過了；第二，我會說說我個人的看法，主要是我瞭解的客觀情形；第三，你談的話，我會儘量轉達，我不負有信使的任務，但作爲一個我們那邊國家統一委員會的研究委員，這也是我的責任。

江：很好，很好。這兩年台灣來了好多人，都說代表誰、代表誰，我們也分不清，也不想分，都是想在人民大會堂拍拍照吧，像你這樣說的太少了。

沈：蔣經國先生去世後，台灣的變化很快，對兩岸關係發展的影響也大，這些變化，可以歸納成三點：一是多元化、二是現實化、三是本土化。多元化也就是民主化，先後兩位蔣先生在的時候，說了話，敢公開反對的很少，尤其兩岸關係是所謂國策，是鎖定了的，好壞不容外面亂講，講了也沒用。這種權威是有其歷史條件的，現在社會和政治都多元化、民主化了，凡事都要獲共識，不是某人怎樣想就可以怎樣做的。

第二就是現實化。老一輩的，意識型態比較強，一方面固然有反共意識，一方面也有民族意識，他們的歷史責任感強。但是這二、三十年，台灣以商以貿立國富國，新的elite凡事講究實際，多從現實利害上著眼，固然不再盲從僵化的教條，但也缺乏理想遠見，這些變化也投射在兩岸關係上。第三就是本土化。台灣八五%是所謂本省人，本身和大陸沒有過關聯，自然就有強烈本土意識，就是以台灣做本位來看事情。本土化在經國先生時就開始了，現在當然更加速。本土意識不同於台獨意識，台獨意識是一種政治意識，植基於本土意識，雖然不可否認，但本土意識強的人也有很反台獨的。外省人的第二代，包括像我這樣的，也或多或少有本土意識。

江：你在這裡十幾歲才過去，應該和他們不一樣。

沈：我在大陸長到十六歲，在美國又耽了十七年，剩下的二十幾年分兩段耽在台灣，我算是一個外省人，但是和老一輩畢竟不一樣，他們的青春都在大陸，好多事業也大成於大陸。我在文化方面是完全中國的，但其他方面就認同台灣了，甚至兩岸關係的看法也是從一個認同台灣的中國人的立場出發的，比我年輕些的，恐怕更加如此了。

江：你有沒有回去過南京？沒有，眞可惜！夫子廟還保持從前的樣子，下次應該去去。你沒有去過揚州吧？青山隱隱水迢迢，秋盡江南草未凋，二十四橋明月夜，玉人何處敎吹簫。揚州自來是淮左名都，地方富庶，文化水平也高，下次要去看看。

沈：揚州是淮左名都，二十四橋仍在，波心蕩漾，明月無聲，不知姜白石是不是揚州人？

江：不是，他是江西人，不過他在揚州作客很久，對二十四橋仔細考據過。

沈：杜牧和姜白石是隔代知己，差了四、五百年，卻好像前後期同學。

江：所以中國文化是淵遠流長，了不起的。

沈：就因爲淵遠流長，現代化也困難些吧！台灣現代化成功的因素很多，日本占領了五十年是其中一個，把一些固執的東西給掃去了。國民政府在那個基礎上建設了四十年，經國先生晚年同時跨出探親和解嚴兩步，開創了另一個時代，爲一新時代開了門。那兩步是非常智慧的，是平衡的兩步。今後幾年，我想本土化會加速，現實化會繼續，但是多元化會整合一下，會有規範些，就是像兩岸關係這樣的問題，儘管各有各的看法，但會有管道把它們整合起來，整合出一個多數人的共識，經由一個權威管道表達出來，不會像這兩年一樣，各吹各的號。

江：你概括得很好，你說的三點，跟我們的瞭解是吻合的。不過你用系統工程的方式一概括，就非常清楚了。想簡單提個問題請教你，李登輝先生本身的看法怎樣，是不是很本土化，還是有別的觀念？

沈：李先生先父是和他很熟，不過我並不那麼熟。客觀的說，我想應瞭解兩點：第一，李先生的背景當然和過去的兩位蔣先生有很大的差別，在文化感情上台灣的成分當然大得多，他受的日本教育和西方教育的影響遠超過兩位蔣先生。第二，台灣今天的客觀情形是，不以二千萬人的福祉做第一優先考慮，是當不成領導的，這和蔣介石先生時代完全不一樣了。那時候國民政府剛剛過去，本省的菁英分子還沒有起來，老百姓求民生富裕，其他都可忍一下。現在富庶了，也都受過教育，當然有自己的意見了。所以無論從主觀還是客觀上講，李先生這個總統非得是個本土總統不可。在感性方面，他的本土意識當然是要比兩位蔣先生強。

但是還有第三點，就是作爲一個政治家的理性考慮。理性的分析，台灣走獨立路線，無論長期短期的看都是不行的，哪怕是只爲台灣人民著想，這條路線也是不行的。

李先生的智慧是很高的，尤其是他理念分析的能力，他的博士論文在美國是得全國獎的，對於這個理念分析的能力是沒有可以懷疑的。最近他的一些文告，純政治性的當然很多，但是一些台灣俚諺的比喻，像「吃果子拜樹頭」，像「秀姑巒溪裡平衡划船」，就是吃了水果要謝長果子的樹；急流而下時，要把持平衡等等，都可以看出他的個性。我不以爲他會走台獨，但本土意識當然要比過去台灣的領導階層強。

江：這我們瞭解。蔣彥士先生你很熟吧？還有郝柏村先生……。

沈：我跟蔣彥士先生很熟，是從小就熟起。他老家是杭州，上次去杭州，招待的先生還特別指給我看他老家的房子，架勢還在，氣魄好大。郝先生我完全不熟。台灣還有一個我很尊重的人，就是孫運璿先生。

江：喔！他是學工程的，他的情形怎樣？

沈：他現在還不能走路，政治上我想不會再出來了，不過其他情形都好。

江：請他來看看嘛，可以坐飛機，沒問題的。

沈：他是被各方尊重的，他替台灣經濟發展做了很多事，民族感情十分強烈，每次我帶了大陸出來的人去看他，他都激動得很，恨不得一下把所有東西都傳給他們，恨不得中國一下就富強起來，那種情形很令人感動。不過當然他還是講三民主義的，不是……。

江：那沒關係，我們瞭解。請他來看看嘛，可以坐輪椅坐飛機。我可以保證，來了這邊，沒有一點問題。孫先生是前輩，應該來看看，就說是我親自請他。

沈：你的話我一定轉達，現在可能還不能來，不過將來應該來吧？他是交流基金會的名譽董事長，職務上也應該來看看吧！

江：那是隨時歡迎。我們今天講的，各抒己見，非常自由，我說的不是非要你接受，令妹還可以幫你理解，但是要說眞話，你有意見隨時提出來。今天沒有記者，你說不代表誰，這是科學家的態度，我是念工程的，爲什麼念工程呢？我在考中學時，是一九三七年，七七事變還沒有開始，考的作文題目是「你對西安事變的感想」。我是在日本侵略中長大的，這個題目後來我常常想到，每次感受不同。

我自己的家庭在揚州，揚州中學又有名，父親就讓我去考，我父親那一輩大多參加過革命……（沈註：其後有幾句講他家庭的，沒記下來）。日本侵略中國八年，八年前日本人還沒有來時，我們就反日得厲害，大刀向鬼子們頭上砍去啦！怒髮衝冠憑欄處，壯士飢飲倭寇血啦！這些抗日歌曲天天的唱，成天的寫壁報、寫標語。後來我想要實實在在的救中國，所以才學工，學工是認眞的學，但是也參加抗日活動，四六年才參加地下黨。我們家是老知識份子家，從小就讀《論語》、《孟子》，在小學就背書，民爲邦本，本固邦寧，國以民爲本，民以食爲天等，背得爛熟。後來學工，就是想二十世紀科學工程是民的食。

中國傳統的哲學思想有很多是很好的。最近召開過一個很大的國際會議紀念孔子，內容很豐富，我今天還能講一點文化，就是受孔孟之敎的結果。我在揚州中學受教育，揚中很重視英文，我們那時教的英文程度比現在的大學都高，我們都認眞的學。後來又進交大，可說是受了很多資本主義西方文化的教育。抗日後期幾年，又接觸了馬列主義的著作，那時我的求知慾很旺盛，什麼書都看，赫格爾（F. Höger）、勃根森（Henri Bergson）……（**沈註：另有些德文法文的名字，沒記下來**）都看，在地下黨那段時期，各種思想都接觸過，但是最後還是相信馬列主義。當然是相信馬列主義了，不然也不會今天坐在這兒了。

我看中國是許多世界上其它民族不能比的，美國只有兩百年，英國只有三個島，我們有幾千年歷史，又有這樣廣闊的疆土，下次來你要去內蒙令妹那兒走走。人應該多出去看看，我一九七〇年到羅馬尼亞搞科技援助，就開拓眼界不少。今年初李先生在當選後說我們是一個中華民族，一個中國，這個我是贊成的，但是又開了個國是會議，很多意見，什麼兩國兩府的話都有，用意就不清楚了。

沈：我們是多元社會，大家都可以有意見。國是會議中兩岸關係部分的總結是我執筆寫的，只是總結大家的發言。給您坦白的說，兩岸關係是國是會議最後一個議題，上午還在討論，下午就要總結報告，一路的寫，連修改都來不及，完全沒有任何人授意，不過是誠實的反映開會代表的意見，李先生事先連看都沒有看過，這我可以保證的。

江：現在的問題是島內出現的情況，給我的印象很擔憂，選舉的時候李先生請客吃飯，打翻了六、七張桌子，這給我的刺激很大，中華民族禮義之邦，出現這種情況成何體統？一個姓黃的被打倒，死了。

沈：死的是姓蔣的，是個立法委員，他本來就有心臟病，在立法院嚇著了，隔了兩天在醫院死了。姓黃的叫黃昭輝，是那個翻桌子的國民大會代表。

江：就算不是打死的，看見老人們在肉汁中打滾，給我刺激很大，使我深思一個問題，也包括我們去年的六四和一、兩年來國際上和國內外形勢的變化等，這給我帶來一個概念，一個看法：西方往往用民主、自由、人權來攻擊我們，說我們沒有民主、自由、人權，但我想到一九四七年在南京的遊行，我們從上海去，那眞是不怕死不想到自己的，而今天我們是否位置變了？

尼克森、季辛吉來，他們就坐在你現在的位子上，他們來說六四的事如何如何，我給他們說，我對美國的瞭解比他們對中國的瞭解要深，我認爲任何一個國家的民主要和一個國家的文化傳統、教育經濟的發展一致，離開這些而來一個絕對的民主觀念，是不對的。我們的民主法則，憲法有規定，這民主法則是否已很好？我們還是不斷的接受批評，不斷改進。和日本、法國、美國來的朋友談，談到日本的科學管理可能和他們的大和精神、高度的組織精神有關，沒有罷工，效率很高，如果美國的民主大爲推廣，推到日本去，他那個科學管理也搞不成。

我和李光耀談這個觀念，他說我們應參與世界，和世界同步的走，走自由貿易，走市場經濟。我說我們要先自力更生，不自力更生，十一億人吃不飽飯，誰能幫忙？民主從來是相對的、具體的，必須和這個國家的各方面聯繫起來。特別是西藏，現在他們倒說達賴是民主的，我們倒成爲專制！

我們對西藏是做了很多調查研究的，包括歷代以來的歷史，我們對西藏的大同意識也是注意的。五〇年代我看過一個展覽會，看到他們割人皮的習俗，現在他們僧侶不勞動，只享受，才眞是封建到底，特別是達賴，他一生出來就被選中，哪一點民主？但有一條我們得承認，達賴在外面叫的太多，而我們如實的宣傳太少，倒變成他民主了。

我到內蒙古也看了很多，很多人都戴金戒子、金耳環，爲什麼？因爲放牧牛羊、又種地、又搞工業、中央又給補助，生活得很好。我們對少數民族有一貫的政策，都是扶植他們保有原有的風格文化。上海每年上繳一百多億，有不少就是幫助少數民族地區的，哪裡有什麼專制？

民主要有具體性，我認爲外面對六四的報導是歪曲的、謬誤的，只是謬誤說了一千遍也成爲眞理。去年我們是不得已爲之，因爲中華人民共和國危在旦夕，我們是「吃一虧，長一智」。不久前巴巴拉・華特絲（Babara Walters）來訪問我，我給她說我們在上海的情形，說再來一遍，中國不會那麼做。這不是說承認錯誤，更不是說當時北京處理得不對，她那樣報導是不對的。她問我王維林，給我看一張照片，只有個背景。王維林沒有死，也沒有關起來，王維林還活著，就是找不到。去年（一九八九年）六四當時也是不得已，當時現場是部隊執行任務，開始時是不讓開槍，後來坦克被燒了，戰士被打死了，不開槍不行，我們才讓開槍，為此對傷亡的、誤傷的家屬表示遺憾，幫助處理後事。正好戈巴契夫五月來訪，外國記者都來了。六四時中國記者沒有在場，全部是外國記者，台灣記者也不少，紐約警察局局長說，在美國出事以後，記者是不讓在場的，我們這兒就都住在北京飯店啦，專搭的看台也沒那麼好，他們就會淨是渲染。

話說回來，我們也是處理……我跟你說實在話，當時有兩個司令部嘛，兩個司令部怎麼辦事呢？今天我給你講這個小小的內幕，是很坦白，也影射到台灣、南朝鮮等。以前台灣很好，這兩年不怎麼好，我們很擔心，怕亂，我們是不願你們亂的，這是眞話。問題在亞洲國家，生產力生產方式還不那麼發達、不那麼現代化，不像英國、法國，是經歷過資產階級革命的。

台灣比大陸市場水平高，和世界市場體系關係密切，但是現在大陸人口是十一億三千三百六十八萬二千五百零一人，這是最新調查資料。李光耀來說，要我們和世界經濟體系連在一起，我說不錯，我們要改革開放，然而十一億人誰來解決吃飯問題？只上海市就有一千二百萬人，是新加坡的四倍，新加坡可以搞加工，靠人帶點東西來去，生活水平就上去了。我們中國是不行的。

我的觀點包括和台灣的對比，台灣現在黨派林立，這樣是弄不好的；蘇俄經濟還沒搞上去，就搞民主，怎麼行？我們也有經驗，中國文化大革命也是想徹底搞，實際上弄成個內戰的性質，毛有崇高的威信，總算壓得住；戈巴契夫不能和他比，怎麼能夠不亂？我看是非亂不可。我們中國文盲還有兩億，半文盲更多，怎麼選舉？美國說民主，有多少民主？他那種選舉要花那麼多錢，不只是個人沒錢選不上，國家要花多少錢？不要說誰的好，誰的不好，不過我們中國還是目前這種方式最合適。

對台灣的變化，你說的三點和我們的瞭解是吻合的，講得很清楚，我們對台方針也是清楚的。第一，一九七九年我們把一國兩制在人大提出來，是針對台灣提的，不過先在香港應用了。但香港客觀情形是不同的，因此第二，香港的改變，要象徵主權的收回，就要駐軍隊，因爲主權收回，到時一定要開進一點軍隊；台灣沒有這個問題，到時軍隊不動，不收編，我們也不派軍隊過去。第三，香港是港人治港，但還是要派行政長官，雖然現在還沒考慮派誰去。另外，還有個基本法，一切按基本法行事，不能成爲顛覆基地。香港由英國總督統治九十九年，海陸空三軍香港都有，行政長官總督掌握全權，從來沒有民主選舉。現在明年（一九九一年）要開始選舉，原來選十人，因爲六四事件，要求選舉二十人，爲什麼原來好多權集中一身，忽然一下變成這樣，要搞民主？這叫司馬昭之心。其實一九九七年回來後，英國、中國還有共同利益，應該希望她繁榮安定才好。

我們對台灣的做法與香港、澳門都不一樣，不會去一個人，你們還可來人到大陸當官，至於當什麼官，反正低不了。這樣的一國兩制，什麼東西都不動，爲什麼還不行？我看是有個眞命天子的問題，這是什麼時代了，究竟誰要爭這個眞命天子？現在全世界除了兩個還能算數的國家，其餘都承認中華人民共和國，那兩個國家是因爲我們有別的考慮，還要等一等。全世界都知道我們是中央政府，既然是一個中國，主體無論如何應該在大陸吧，怎麼說兩個對等的政府呢？但我們還承認兩黨平等，你們搞你們的，我們搞我們的，到底有什麼不利呢？

我們不能承諾放棄武力，原因不是對台灣人民而是對台獨，對分裂主義，還有對外國人的干涉而講的。中國統一不僅符合世界潮流，對所有中國人民，包括台、港、澳……都有利，只要中國人都應該希望中國興旺，只有方勵之說中國是散了好，他又跑到外國人那裡，躲來躲去，靠外國人捧場，這種人我看不起。

對於台灣，我們也承認有些你們是搞得不錯的，像農業技術，最近我們還表揚台灣五〇年代以後的農業成就，這農業技術是我們可以學的，我們還有八〇％人民在農村。但我們還是有許多是你們不能比的，礦藏、石油、煤這些資源不說，有些社會主義建設也是做得不錯的。

當然我們還有問題，結構、效率、整體導向、計畫、市場怎樣調配，我們也一直在研究在討論，無論如何，絕不會像過去那樣。六四以後，我是第一個到人大做報告的，改革開放政策一定繼續，還有特區，但是要整體的看。

台灣的問題，我們的政策是淸楚的，就是一個中國，一個主權，一個中央政府。我曾經說過，一國兩府的觀點是不能接受的，後來又弄出一個一國兩區，兩區什麼呢？你好像也有個一國兩「治」，治理的治吧。總之，要維持一個統一的中國，不能接受一中一台，因爲統一的中國對每個中國人都好，只要愛國、愛中國的人一定是要統一的。台灣的一個作家陳映眞帶了一批專家到揚州，揚州是屬於過去文化比較發達的地區，二十四橋的遺址我們都考據出來，文物都在，後來又整理出一大批文物。陳映眞你知道吧？

沈：陳映眞是很好的作家，認識十幾二十年了，從前我在美國敎書的時候，還邀集了一個讀書會專門討論他的小說，像〈將軍族〉啦，〈一綠色之候鳥〉啦，都是好文章，但是他的政治觀點現在在台灣並沒有群衆，上一次選舉，他們推了兩、三個人出來，都沒有當選，台北市的一個好像只得了七百多票……。

江：嗯。總之，我們這一系列希望統一的方法，沒有什麼，是從歷史法則來看，但也顧到實際的。我們絕對不受任何外國勢力的擺佈和左右，對日本尤其不能完全放鬆。石原愼太郎說：南京大屠殺是我們造出來的。睁眼說瞎話！我是不客氣，一點不客氣，金丸信到這裡來給我鞠躬，竹下登也公開承認對中國犯下罪行。石原愼太郎眞是蠢得很，政治上是個國會議員，思想上是軍國主義，還是老的一套想法，我不能放過他們。日本有許多有遠見的政治家，不像他這樣。歷史不可抹煞，我們要教育後代，不能忘記過去。日本這個民族很厲害，張學良最近說得很對……。

沈：張學良現在在台灣，很自由，幾年前就自由了，三年前我和他還一齊吃過一頓飯。

江：我們很重視張學良這個人，也很尊重他，最近開了個會紀念西安事變，他們一批人我們都請去了，至今愛國的熱情依然不減當年。我們對中國的這種道德情操一定要保留下去，趙四小姐是了不起的，什麼趙四風流朱五狂，都是誣衊。我從當年考揚州中學，寫對西安事變的感想起，就敬佩張學良先生。

今天我確實是和你談心聊天，沒有拘束，你對中國文化能瞭解，我們雙方都有一個共同的意識，任何一個外國人干涉都要抵制，這就好辦。你今天和他們不一樣，不像他們說代表某個人而來，你一開始就說不代表他們，說你自己講的話，這就好……。

那些人來有一個共同的問題，就是「關稅同盟」，都是來說關稅同盟怎樣怎樣，這有這麼重要？我們要一個中國，中國進不去，台灣要進去，說要我們給台灣一個國際生存空間，這怎麼能這樣做？凡和台灣建立外交關係的，我們都要斷交，這沒有讓步的。經濟文化的關係可以，但是一個中國，一個中央政府，怎樣可以兩邊建立外交關係，這怎麼說得通？說給交流澆了冷水，這我們感到遺憾。

其實，只要確定「一個中國」的原則，不會被引起誤解，選手代表都能去得成，符合國際運動會的要求，我們是不會反對的，但這些條件現在都不成熟嘛。這是我們早就說明了的，我們是通情達理的。還有，你們辦亞運的條件也不夠，對不對？辦糟了，中國人的面子都不好看。

還有，台灣有人說，你們的治安壞是手槍走私的結果，是我們玩花樣。我眞實講，我們是不允許做這種事的，至於是否走私犯在搞？地方查得夠不夠緊？我也不能說沒有，不能說地方上能夠嚴格執行，但我們可以共同來對付。我們希望台灣安定，台灣發財興旺，這也包括香港。我們不希望台灣亂，也不是一定要改變台灣的現實環境，但總要談，趁現在我們許多老人還健在的時候

蔣經國先生在的時候，我們就希望能談，我們許多老同志對他還是瞭解的。不過現在也可以，老同志總比新一代的要好談，都是新的人，那變化又多了。當然，急有什麼用，水到渠才能成，我希望我們可以坐下來談談。我眞實的講，我們也知道統一的事急不來，但是總要談談，我們許多老同志，是有點急，是很希望能快點坐下來談談；但是好好談，不能像現在這樣都代表誰，我們還沒有幼稚到這個程度，認爲他們眞的是代表誰。也不要找外國人來傳話，不需要嘛。我還是歡迎坐下來談，而這個談，不受外面干擾，你們要談關稅聯盟，也可以，但要負責的來談。一國兩制，爲什麼不行，政府不動，軍隊不派一個，爲什麼不行，

請你談談。

沈：你談了兩個大題目，一個是民主和文化的問題，包括怎樣在兩岸實踐民主的問題；一個是兩岸關係，主要是一國兩制爲什麼不行的問題。

第一個題目，我想先說明一點，台灣最近國會的亂是一個事實，但也是被誇張了，它多少是一個過渡現象。第一，我們過去是權治，兩位蔣先生都是有權威的，這是有歷史條件的。現在慢慢轉向法治，在這過渡期法治的規範還沒建立起來，而權治的權威已經消失的時候，就成爲誰都不怕誰了。第二，我們的國會結構，也到了非變不可的時候，我們國會的老先生們，做了四、五十年，不能代表什麼民意了，新選出來的就看不起他們了。

江：那也不能欺負老人喲！

沈：欺負是不該欺負，而且這些老先生很多也是品格高尙，學識好的。但是這些位子，別人三年一選、六年一選，他們一坐就四、五十年，這在民主國家說不通的，人家也不服的。第三就是作秀的心理。

江：作？

沈：作秀。就是show off。台灣的民主不成熟，靠選舉出來的就是要show off，讓老百姓注意，注意他是最肯拚打的英雄。你有沒有注意到，我們的國會裡打架架勢十足，一副拚命三郎的樣子，但從來沒打傷人，至少很少打傷人，打架是打給電視看的，電視不來就不打。那個翻桌子的事，當然很不像話，但也只是個個案，不過經過電視一再的播，就好像天天在翻桌子了，你們這兒也播了又播吧。連我這個妹妹，她做了你們的政協委員了，也說台灣的國會太沒水準。其實這黃昭輝是個個案，他是個民進黨激進派，但幫了保守派的大忙。因爲一般人，尤其老一輩的，看了電視都氣憤得很，都警惕起來，政壇上社會上的鐘擺就又往回擺了。

這些亂的現象，不是沒有象徵意義，但是過渡性的。台灣的社會九〇%以上的都受過教育，有很強的溫飽有餘的中產階級，這是台灣最大的本錢，鐘擺擺過頭，就會回來。台灣的問題不在亂，在愈來愈現實。

但是我同意你一點，民主和文化的問題。西方的民主是孕育出來的，東方的民主是移植過來的。西方的民主經過文藝復興，經過新教倫理，經過達爾文的物競天擇，溶合在一起孕育出一種競爭文化，就是榮耀自己，但是要**fair play**。自由經濟和民主政治建築在這種文化上面，就很自然。但是在東方，孔子說君子不爭，可能是要爭也不能公開爭，民主是看了人家船堅砲利才急急忙忙的搬過來，只有日本似乎很成功，她有她的道理，我覺得用橋牌和圍棋來看民族文化，是很有意思的，我是很喜歡棋和橋的。

江：圍棋和橋牌，那你是鼎鼎大名，我們領導人很多喜歡橋牌的，我也會點，可是水平不高。你有沒有和丁關根打橋牌？

沈：上次來和他談了橋牌，這次本來好像預定今天下午打一場的，不過那當然還是來這兒重要。您關心的，除了擔憂民主給台灣帶來亂以外，恐怕還有「獨」的顧慮，顧慮分裂主義的聲音會更大。

我個人的看法，分裂主義的聲音會大些，但在現在的國際形勢下不可能有具體的分裂行動。

未來的兩、三年，台灣會進行一連串的所謂憲政改革，憲政改革時的一些聲音也許會引起你們的顧慮。不過，我的看法，憲政改革是安定發展兩岸關係必須的基礎，要走向眞正的和平統一，台灣一定要先過憲政改革這一關。

當然最簡單是台灣有一個民族意識很強的大強人，拍板定案，說統就統了。但是客觀情勢並非如此。台灣民智既開，本土意識也普遍，就是經國先生晚年也不能說什麼就做什麼。現在經國先生既去，原來的憲政結構跟現實脫節，不改的話，眞的要亂，兩岸交流也規範不起來。

江先生您說，統一要水到渠成，我非常同意，其實對於長期統一有非常有利的兩點，就是台灣和大陸兩個地區文化的共同性和經濟的互補性。在目前也許還有很多障礙，但是如果長期有規範的交流，這兩個有利因素會發揮作用，我相信是會走到志願和平統一的。也許你們有些人怕夜長夢多，但是中國這麼大，只要自己搞好了，強盛了，還怕什麼外來勢力？國際間是最現實不過，還會有什麼人寧可自己吃苦管別人閒事？

所以，我眞心希望，爲了大家好，你們應該對我們的憲政改革抱正面的看法，要樂觀其成。年初的時候，我們選總統，看報紙說你們有人支持第三位蔣（緯國）先生，這位蔣先生是愛國的，也很風趣，但絕對領導不了現在的台灣，國民大會要選了他，恐怕你們眞要出兵平亂了，這是最糟的。

江：你的意思很淸楚，我瞭解。不過我們絕不允許兩個中國，或者一中一台，這個絕不允許。

沈：這我們也瞭解。關於六四的事我只是在電視上看見，那王維林怎麼了，如果還活著，是不是可以讓他出來給大家看看，這樣也好吧。

江：就是找不著，我們看到的照片是個背影。這王維林的名字，也是記者說的，我讓他們查……。

X（沈註：據推測是安全部長賈春旺）：王維林這個名字我們用計算機（沈註：即電腦）查，找出四百多個，過濾了，死的人裡沒有他，關起來的人裡也沒他，這是確定的，但是就是找不著，不見了。估計是隱藏起來不願露面。

沈：王維林擋坦克的鏡頭，全世界都看見了，我在台北看，一面看，一面流淚。六四的情形很複雜，您也說了，但像王維林這樣，總是一種單純的勇氣，也許是違法亂紀，不過現在也過去一年多了，是不是對這樣的人，可以更寬些？

江：我們是很寬了，在四十年代我們做地下黨，給國民黨抓著就只好等槍斃，死了連家裡都不會知道。現在像方勵之這樣的人，我們也放了，他一出來就把布希罵了一頓，我的英文不怎麼好，但他英文還不如我，到處談政治罵人。他現在在英國，聽說教書也有困難，可能還要去美國。最近我們還要審一批人，可以告訴你，只會輕，不會重。

六四的時候，是有兩個司令部，假如那個時候像我們現在這個班子這樣一致，怎麼會把解放軍調進來？怎麼會讓那麼多外國記者，中央要做什麼，他們都先知道？

我在上海經歷過兩次學生運動，學生很幼稚，只懂一些民主的口號，還不知道民主是什麼意思。一九八六年那一次，十二月十八日，我從市委會趕到市政府去，坐的是工具車，轎車會刺激學生。因爲閃避群衆，在車上碰得直流血，我躺在床上和他們談，談道理，時間很緊張，因爲上班前本來就會堵車，如果到早晨六點人再不散，車子擁擠起來，就要出事情。我和他們不停的談，談道理也談利害，到時候我準備了二千名警察，採用行政措施，十多分鐘就都散了，學生還是簡單，比我們四六年那時候是差多了。

一九八九年我們上海也沒動軍隊，這裡有個領導機構思想一致的問題。在上海，我們是一致的。民主要有具體性，十一億人要吃飯，還有那麼多文盲、半文盲，一天到晚都是遊行，那經濟一定是搞不上去，光談民主，肯定是不行的。

沈：民主和民智的關係，自來就有不同的看法。五四以後，要談民主，蔣廷黻和胡適之的看法就不一樣；日本的明治維新後，岩倉和板垣的看法也不一樣。大陸的情形我瞭解的不多，民主的條件有沒有成熟不敢多說，但是有兩點想談談。

第一是民主包涵的功能很多，選賢與能，人民當家作主是一部分，制衡也是一部分。中國傳統上皇帝萬世一系，誰造反就殺誰的頭，當然談不上人民當家作主，但是對制衡非常注意，御史、諫議大夫等有很好一套體制內制衡的辦法，所以中國歷史上有昏君，很少暴君，平庸的皇帝也可以治天下。

權力的制衡，恐怕是任何制度都要注意的。台灣的國會，不要說你們覺得不像話，我們也不大看得起，但是它還是有它的功能。好像一部車的剎車，這剎車不太靈又愛show off，唧匡唧匡的亂響，不該剎的時候也要剎一剎，吱吱的響兩下好讓你注意，也讓車子跑不快，實在叫人嫌，但有它總比沒有它好，有它不會出大毛病。

另外一點就是所謂「新權威主義」，上次來的時候，就聽人說對蔣經國、李光耀權威治國的成績很佩服，認爲大陸該學。台灣和新加坡是治得挺成功，但也有幾個特殊因素，大陸並不一定具備的。

第一是台灣地方小，社會同質，中央定一套辦法，一條鞭就可以下去。第二是台灣「權」和「利」分得清清楚楚，國民黨來的時候集了「權」，但「利」是留給地方，台灣人一直比外省人有錢。到了蔣經國的時候，那更是要發財就別做官。第三，台灣有自然體制外的制衡，台灣這麼小，大陸一海之隔，再權大也不能不居安思危。

江：「新權威主義」的說法是上海復旦大學一個教授先提的，後來被誇大運用了。你說得很對，我們一個省都比台灣大，有大幾十倍的。地方分權的問題我們很注意，現在經濟上，地方可以做很大的主。

沈：你談的第二個大題目，是關於一國兩制的，這是個根本問題。我想先談談你提的幾個具體問題，然後再談根本的問題。第一，關稅同盟的事，這點我不清楚，但是我會把你的意思，就是把這些具體問題應該當面談談的意思轉達。不過我想說明，所謂「談談」，到台灣不是那麼簡單的事，台灣和大陸大小懸殊，又是個民主社會，輿論開放，任何兩岸關係的具體行動，都要顧到內部反應。談不談現在不是一個意識型態的問題，是要考慮到實際的狀況。概括的說，談要有三個條件：第一，對談的事和談的目標，島內要有大致的共識；第二，來談的機構先要能建立起來，來談的人先要能得到朝野的信任；第三，談的問題，兩岸的基本立場不能完全不可妥協，否則談也沒有好處。像交流的事務性問題是能談的，我們就搞了個交流基金會來談這些事務性的問題。至於像一國兩制這樣高層次的政治問題，雙方立場和觀念上有基本差異，官方和民間也有差異，那就只能像我們這樣自由談談，瞭解差異何在，這對以後正式的談有幫助。

其實台灣最近成立的國統會，也就是希望在島內能先凝聚起一個共識，但這也不簡單，爲了名稱就鬧了一陣，固然是民進黨在刁難，不過這也不能說老百姓就都要統一。

江：民進黨你也瞭解吧，請教一下。

沈：民進黨的情形我不是很清楚，只有幾個上面的人從前認識。我以爲民進黨裡確也有些人才，只是他們有個大問題，因爲從前是以反體制起家，戒嚴時反國民黨就是反體制，因此他們有一批極端份子做基本群衆。不過對統一的疑懼，也不只是極端份子。我給您說一個故事，李遠哲，就是那個拿諾貝爾獎的李遠哲，他參加了國統會，他對我說他被人罵慘了，回到新竹老家，被一位阿公罵他：你李遠哲拿了諾貝爾獎，腦殼壞了，過得好好的，爲什麼要去搞統一。這是實情，李遠哲下次來，你可以問他，李遠哲你一定見過。

江：嗯，在上海時就認識了。

沈：這個人正派，最近也常回台灣，政治上雖然還生疏些，但你們有什麼意見，要他轉達最靠得住。李登輝先生對他很尊敬，也很信任，李遠哲參加國統會，也是因爲李登輝先生。

關於亞運會後來的事，我不以爲對兩岸關係的發展一定有壞影響。長期而言，可能還是好的。兩岸現在還不到擁抱的時候，最多是握握手，交流要慢慢來，要齊頭並進。現在台灣有的人，看見兩邊笑一笑，都心裡起疙瘩，有人卻要來擁抱，那很不好，對長期發展不好。

還有就是放棄武力的問題，你們爲什麼不明白說明，除非搞分裂或外國勢力來干涉，否則不會以武力解決台灣問題。

江：一九八九年九月二十八日接見記者，台灣《中國時報》的江素惠就提了你說的問題，我的回答是我們的方針是和平統一的一國兩制，不提武力這個字，但是也不排除。你們要問，我們就說動武不是對台灣人民，而是對外國干涉的。台灣人民的思想，我們是理解的，這和六四有關，他們是聽這裡的外國記者說的，誇大其詞。六四對統一是有影響的，台灣人民怎樣看六四？

沈：影響是兩面的，看了天安門的情形，嚷嚷獨立的聲音就小下去，怕了。

江：是怕坦克車開過去？

沈：對，這是一面。另一面對統一原來抱希望的，一下也沒聲音了，也是怕了，這樣兇怎麼能統一喲！總的來說，長遠的影響第二面要大些，大不少。但是還有比六四更根本的原因。對不起，現在已經五點多了，江先生是不是有事？

江：請談，請談。今天我們敞開來談，實話實說，下面沒事，都挪開了。

沈：這就談一個最基本的問題，就是一國兩制的問題。首先我說個個人的看法。我對中國最後一定統一還是很樂觀的，這不是愛國不愛國的問題，不是主觀的願望，是客觀的分析。大凡一個國家的合和分，有兩個力量是最重要的：民族的異質是分的最大力量，經濟的互補是合的最大力量。其他像政治制度啦，生活水平啦，雖然都是現實問題，但只是暫時的，只有這兩個先天的本質的力量才是長遠的。台灣和大陸間沒有什麼民族的問題，經濟方面的互補性又那麼強，所以對於最後一定會統一，我是有信心的。

但是在目前，統一確是有障礙的。首先，台灣的人民對統一確是有疑慮的，李遠哲挨罵的故事，很能代表一般老百姓的心情，這也不能怪。第一，台灣和大陸隔絕的時間很久了。

江：一六二三到一六六一，荷蘭統治了四十年，一八九五起日本統治五十年，然後蔣介石去了又是四十年。

沈：中間還有鄭成功的二十年事實上也是隔絕的。因此，看大陸就多少有點是外人的本土情結。其次，就是對共產黨的恐懼。這恐懼也許是由於不瞭解，也許是由於過去的宣傳，但是像文化大革命的故事，像六四的電視畫面，給台灣人民的印象還是很深的。

還有就是生活水準的差別，怕統一之後在經濟上會損失。本土情結、懼共意識，還有就是生活水平的問題，這就能瞭解一般人爲什麼在目前對統一抱著疑慮的態度。還有你說的眞命天子的問題，其實不能說眞命天子，我敢說李登輝先生是沒有眞命天子的想法的，你說的眞命天子，應該是「法統」的意思吧，無論如何，中華民國的法統作爲個中央政府，一直到現在……。

江：沒有一個國家有兩個中央政府，這說不通的，這點我們不能退讓，但是台灣實行資本主義可以保證，政府不動，人不派一個也可以保證，台灣人民不用怕嘛，怎樣保證？是不是會有朝一日又反悔了？這我看可以坐下來談，我們現在也不一定要黨對黨談，國民黨、民進黨，還有無黨無派都可以包括在內，但是不能政府對政府，那就成兩個中國了。你們來了，不是要把你們吃掉，這沒有好處嘛。也不會降低台灣的生活水平，一國兩制是取長補短，和平共榮，有什麼不好，有什麼不行？我看大家是可以談談。統一的事，雖說急不來，但是不能存心拖，拖下去變化還是會有的。

沈：鄧小平先生在一九八一年提出一國兩制，在你們的立場確是很開明的，也是要有很大魄力的。這幾年兩岸交流有這麼大的進展，我想是靠了兩個政策，一個是你們鄧先生的一國兩制；一個是我們蔣先生的開放探親，沒有這先後兩個政策，海峽兩岸今天會分得更開。但是，今後要想進一步，要想眞能建立起一個走向統一的架構，就牽涉到一個「權」的問題，一個主權和治權怎樣分配的問題。

照你們一再強調的，一國兩制的先決條件是要接受一個中央政府，這個中央政府，當然是北京的中央政府。照憲法上的規定，是單一制的由共產黨領導，實行人民民主專政的中央政府。全國的主權治權，都屬於中央政府，然後再由中央下放給地方。地方政府的權力，包括施不施行兩制，怎樣施行兩制，都是由中央賦與的，政府不動，人不派一個，也都是中央的決定，中央的保證。總括一句話，先要接受北京爲中央政府，要接受一切權力的根源在中央政府。

現在台灣人民的心態，或者國民政府本身，會不會接受這樣的安排？說實在話，恐怕很難。更基本的是，我個人的看法，這樣的安排對兩岸關係的演進、兩岸的發展，未必有利。大陸和台灣的不同，現在不只是經濟制度。你們一直強調資本主義不變，其實政治制度、法律觀念等的差距更難銜接。我這兩次來，更感覺到政治的運作、人民對政府權力的觀念，兩邊差距很大，假若不把治權劃分得清清楚楚，將來一定是紛爭不斷，摩擦不斷的。平時的糾紛，且不去說它，假若大陸的中央再發生文革、六四等事，台灣的地方政府怎樣的跟進呢？

這些問題，是台灣知識份子在談到統一時，常常要提到的。近年來台灣出現了一國兩府等等名詞，基本上也是由於這種想獨善其身的心態。客觀的說，我也認爲在現階段，台灣在一個中國的架構下增進交流，但是自主的發展，然後逐漸的走向統一，是對兩岸最有利的。

當然，一個中國的具體架構應該儘速建立，關鍵就是怎樣的架構。你們強調一個中央，一個主權，我們那邊也有對等政府、兩個治權的說法。從國際法上講，從民族主義的立場講，一個主權和一個中央政府確也是應該的，但是，一個中央是不是一定要是中共中央？是不是一定所有的政治權力都集中在那個中央？我想，是不是可以考慮這樣的一種構想：兩邊的政府都不必變，權力結構都不動，也不必誰到誰那邊做官，但是在適當的時候，成立一個代表兩地的共同機構。這個機構，作爲主權統一的象徵，一方面促進兩岸的和平交流，一方面兩個地區也可以以自己個別的治權與這統一的主權結合，參與國際活動，這就不產生兩個中國的問題了。

這只是一個個人的構想，在今年六月的《中央日報》發表過，但不能代表什麼。老實說，台灣官方也未必同意，至少現在不會同意。不過在台灣類似的想法也許較易得到民衆的接受。現在有各種各樣一國兩什麼的說法，大家對這第四個字很在乎，其實也不過是名詞之爭。說實話，「一國兩制」就名詞看，也是很切合實際的，確實是一個國家中有兩個制度嘛，和平統一更是大家期望的。不過站在台灣的立場，中間是不是可以加八個字？「一國兩制，各擁治權，對等尊重，和平統一」，那至少我個人就會舉雙手贊成。所謂對等，不是相等，兩千萬人怎麼和十一億人相等呢？但是在走向統一的途徑中，政治的地位是要對等的，民意的尊重也是要對等的，否則，永遠只是五十分之一不到，怎麼談呢？

說起談，你們一直很希望能儘快談，江先生今天也提了幾次，這意思我瞭解，也一定轉達。但是，談也要看時機，我絕不是反對談的。

一九七九年在加拿大爲參加國際天文學會的事，就和你們的天文學會會長張鈺哲先生談，他是我的父執輩，現在過世了，但是那時台灣是嚴格執行不接觸、不談判政策的，於是只好在一間房裡，四個人談，三個中國人，一個荷蘭籍的國際天文學會會長。張先生用中文講給他帶來的翻譯，我只好用英文向荷蘭會長直接回答，再轉譯回去，這樣就算不接觸了。那天晚上我回到房裡，一直睡不著，爲什麼兩個好好的中國人，不能用中國話講話呢？

一九八二到八四年，爲了參加國際圍棋聯盟，又談了，因爲要用日文漢字列名，爲了中華台北還是中國台北，整整談了兩年，從和體委的一個外事副組長談起，到最後和當時的體委主任李夢華先生在香港面對面的談。其實用中國台北或中華台北沒什麼了不起，當時台灣也沒人管，因爲外界都不知道，從頭到尾只有我一個人在談。但是我覺得太不合理，那是我們的名字，用中華台北或中國台北，和一個中國、兩個中國毫不相干，但你們就是不能讓，因爲下面的人無權讓，中間的人鑽到牛角尖去了，上面的人又不知道，於是大家就只有磨著，磨到最後還是用了中華台北。據說還是胡耀邦批的，是金庸和聶衛平在胡先生那兒說了話，那是在亞運前五、六年了。這次經驗也給我很深的感觸，一是時機未到談判艱困；一是在兩種體制下，一定要有自已決定事情的權利。

江：今天我們談了快三小時，你講了很多，有些是我們知道的，有些是我們過去沒有注意到的，我也是眞眞實實的談，我沒有和任何人像和你這樣敞開來談的，我想我們還是有共同點的，就是一個中國的立場、民族的立場。你講的一些，我們沒有注意到的，我們會考慮。我們是誠心誠意的，但我們也知道不能那麼急，我不是說水到渠成嘛，你明天就要回去了，在北京恐怕沒有機會看看吧。

沈：今天早晨到長城上面去拍了二十分鐘的照。昨天去參觀了你們的空間技術學院和衛星城，十分佩服。你們的衛星計畫，從東方紅到現在，回收衛星的成功率到百分之百，眞是不容易。我看你們的計畫科技比我們強，我們的市場科技比你們強。

江：是互有長短嘛。我在科技部門工作了三十四年，先在第一機械部，後到電子工業部。火箭，衛星，我們的條件是不如先進國家，可是一樣幹出來了，他們現在倒過來要向我們買火箭了。整體計畫，實事求是，再加上民族的榮譽，掙一口氣嘛，就幹出來了。

沈：最後問一個問題，前兩天看報紙，錢偉長先生（錢穆之侄，時任全國政協副主席）說和平統一沒有進展的話，就只好用武力了，不知道什麼意思？

江：那我也不知道，你去和他們談談嘛！民主黨派可以參政議政，他講話我們也不能干涉，但是那不代表政府的意見，我們的立場全在今天講話裡面了，我對你是沒有什麼保留的，今天這樣的談話是很難得的。

沈：我非常珍惜這個機會。一九七三年的時候，我曾有機會到大陸來，昨天聽侯先生說，當時是周恩來先生指定邀請的，我聽了非常惋惜，和這樣一位中國歷史的人物，沒能見到。今天我來以前，知道這樣的機會很難得，是好好的想了一遍要講的話，雖然不代表什麼人，但也希望能客觀的反映一些台灣方面的看法。你的一些意見，我一定轉達，這我可以保證。最後，作爲一個在台灣的中國人，我以爲一方面建立起走向統一的架構和管道，一方面保障台灣人民決定何時以何種方式走向統一的權利，是最公道，也是最實際可行的和平統一的途徑，這也是我基本的立場。

江：這我瞭解，希望你能常來。我今年六十四歲，你比我還年輕六歲，我們還會見面的。統一是一個大問題，我們都要費心想想，爲中國做點事。

沈：好的。下次來的話，一定先到揚州去看看二十四橋。

第二次晤談

前言

去年（一九九〇年）十二月，我曾赴大陸一行，與江澤民有一次晤談，經過已有報告。今年（一九九一年）七月中旬，我又前往大陸，到了北京、內蒙、廣東和四川。除對各地觀察瞭解外，會晤了若干中共高層人士、中央首長。

八月十五日下午四時一刻，與江澤民晤談了兩小時許，所附的報告，是根據當時的筆錄整理而成。

談話紀錄

江：離我們上次見面有半年了，這半年來國內外都發生了不少事。聽說你到北京了，就想約你談談，還是像上次那樣隨便談談。上次你對台灣情形的描述讓我瞭解不少。最近有很多報導，說李登輝先生和郝柏村先生對統一的問題，有不同的看法，不知是不是事實？

沈：李先生和郝先生的背景和個性都不一樣，對一些事反應可能會不一樣，但是對於統一問題，尤其是兩岸關係的實際做法，是沒有大差別的。台灣今天的情形，確實是民主化了。現在是選票出政權的時代。做一個領導人，要能看得遠，但也只能因勢利導，民之所好好之，民之所惡惡之，負實際政治責任的人非得這樣不可。對於兩岸關係，台灣的民意可以用八個字來形容，就是「統一從緩，交流從寬」，我知道很多人到這兒來，不一定這麼說，可是這是事實，我以爲這也會是今後台灣兩岸關係政策的走向。

江：爲什麼要統一從緩呢？我們這一代和我們的上一代，吃了這麼多苦，中華民族好不容易站起來了，應該團結一致才好。現在我們希望統一，統一後台灣什麼東西都不動，什麼利益都有保障，司法獨立，終審權不到北京，還可以保留軍隊，就是外事權、國際活動等等，也可以坐下來談，我們是眞心誠意的要和平共榮，誰也不吃掉誰。爲什麼還要把統一的事拖下去，還要什麼從緩呢？

抗戰的時候，我們是反蔣，但也沒有搞分裂，沒有否認過一個中央政府，毛主席那時候還親自去重慶見蔣介石先生。現在你們人來，我們都歡迎，你們要邀請我們，我們也願意去。大家都要實事求是，不能再有眞命天子的想法。現在把統一的事來個從緩的拖下去，那不是好事。聽說有一種說法，就是等和平演變，說什麼亡共在共，套句上海話，叫做「瞎軋苗頭」，這是一廂情願，行不通的。

現在國際形勢上，社會主義是有些挫折，像東歐的那些國家是有了很大的改變，但是那情形是不一樣的，那些國家原來就沒有經過革命的道路。中國有句古話：「趙孟之所貴，趙孟能賤之。」中國的情形完全不一樣。中國共產黨的革命，獨立奮鬥二十年，建國以後，基本上自力更生，戈巴契夫搞改革開放，我們改革開放比他還要早七、八年，你到各地去看看，人民生活還是滿足的，沒有買條麵包要排隊的事。中國人的平均收入，折成國際貨幣是低了些，但是在社會主義國家，生活水平是不能完全用人均收入去算的。

去年尼克森來，就坐在你坐的位子上，他說他的道理，說中國要走議會民主，說只有資本主義路線才能讓中國現代化。他們那些談和平演變的文章，什麼「不戰而勝」、「大失敗」等，我早就讀過。我和他說，你有你資本主義的理想，我有我社會主義的理想，爲什麼不讓我們走我們的路？我們走的是「中國特色的社會主義」的路，什麼叫「中國特色的社會主義」？就是實事求是的社會主義。我們不要教條主義，但原則也不會放棄。

首先要解決十一億人的吃飯問題和就業問題。光吃飯不行，還得有個職業，這樣社會才能安定，人民才能安心。美國的經濟學家來說搞市場經濟，搞高消費政策，現在中國的情形只能搞部分市場經濟，全搞市場經濟，內地吃不消，調劑不過來。高消費政策，那是完全不切實際。我們要光搞經濟改革，政治改革也要，但要配合經濟改革，總之，不能脫離實事求是的路線。

聽說你這次去了內蒙，還要去四川，這很好，也要實際看看，不要聽西方國家宣傳，好像中國共產黨就要倒了，沒那回事。尼克森來，說他那套資本主義的世界觀，要中國跟著走。我和他說，我小學五年級就讀英文，林肯、傑弗遜的文章初中就背過；傑弗遜的**All men are created equal**，我們揚州中學初二就讀，寫英文作文就用這個題目。但他對中國知道多少？要搞和平演變？我告訴他，我有九十五公斤，**ninety five kilo**，坐在這位子上，是不容易被推翻的。當然，社會主義不是沒有困難，我告訴你，馬克思當初的構想是世界性的，全世界一齊搞社會主義，所以只講階級鬥爭。現在社會主義國家要與資本主義競爭，一定得把生產力提升上去才行。建國四十年，解決了吃飯問題和就業問題，但還有效率問題，所以從一九八二年起就強調打破大鍋飯，剷除鐵飯碗，但是不能急，急了就產生社會問題。但是打破大鍋飯的政策非徹底推行不可。

我們的對外政策，基本原則就是和平共處。去年我訪問蘇俄，目的是求睦鄰友好。中蘇有七千公里的邊界，當然要求睦鄰友好。過去中蘇兩國的關係不正常，這次我們去是要求正常化，但是不結盟，不是去恢復五十年代的關係。那個時代已經過去了。現在我們對所有國家都如此，就是和平共處。我們的對外政策就是和平共處五原則，那是寫在我們憲法裡的。對於各國友好黨派，包括蘇俄的共產黨，也是和平共處的四個原則，基本上是互相尊重，平等互利，但不干預內部事務。

沈：您對蘇俄改革的看法如何？

江：每個國家的情形不同，我們尊重各個國家自己處理自己內部事務的原則，所以我對外是不置評的。不過我們今天以私人身分談話，那我就老實告訴你，路子走錯了。

戈巴契夫對政治很有自信，他把政治改革走在經濟改革前面，就沒有把握住具體情況。一個是民族問題，蘇俄是多民族國家，民族政策建立在黨領導上，他把黨的領導地位削弱了，靠什麼力量把民族串連起來？

另外一個是麵包問題，蘇俄實行了七十年社會主義，政治制度和經濟制度是結合在一起的，他講改革（perestroika），經濟改革跟不上政治改革，麵包出不來，光喊改革能塡飽肚子？所以我非常替他擔心。不錯，他手腕靈活，辯才無礙，但是現在面臨不可克服的困難，因此去找西方國家，希望能依賴西方國家的幫助度過困難。但是西方國家明白的表示：是否蘇俄徹底放棄馬列主義？假若徹底放棄了，才能徹底援助。這叫司馬昭之心。從五〇年代開始，從杜勒斯、戴高樂開始，他們就在等這一天。

西方國家的眞心，是要蘇俄垮，但是垮而不亂，亂就不好了。蘇俄終究是一等核子大國，亂了，全球的安全都受威脅。他們要捧著戈巴契夫，讓蘇俄慢慢垮下去。

中國共產黨是絕不上這個當的，不接受這一套的。最近美國跟我們談ＭＦＮ（Most Favered Nation，最惠國待遇），要什麼條件，我們一概不答應。中國的內政不容他人干涉，要改我們自己改。但是我們也和他們說明白，ＭＦＮ是互惠的，今天美國不簽，以後我們不會急著簽，別的國家來了，有了市場，以後機會不會再有。不簽ＭＦＮ，中國是吃虧，但美國也沒占便宜。現在有人估計吃的虧是一半一半，事實上，可能我們會損失多些，但在原則問題上，我們是不會讓步的，對外交涉如此，統一問題也如此。

一國兩制就是和平共處，互不干涉，統一以後台灣的一切都不會動，我們說話絕對算數。上次你來說，台灣對手槍走私，懷疑是我們在玩花樣，我告訴你絕對不會，我們是不玩這種花樣的，年初就加派了人下去，我們說話是算數的。經濟社會和政治制度都不變，外事權也可以商量。但是一個中國，一個中央政府的原則不能變，不然怎麼叫統一呢？

沈：江先生提了兩個問題，一個是「和平統一」的問題，一個是「和平演變」的問題，我想先說明一下，我這次來，還是不代表什麼人，但是心理上是有些準備。第一是想多瞭解你們的想法，所以還是準備做詳細的筆錄。第二是要讓江先生多瞭解一些台灣的情形和各方看法，這是對雙方都好的。所以我也是準備實話實說的，這樣才不浪費江先生的時間。

江：今天我們還是沒有拘束，坦白的談。上次談話很痛快，對我很有幫助。

沈：先講統一問題。江先生很清楚，關鍵在中央政府、地方政府這一點。站在中共的立場，從和平共處原則出發的一國兩制，應該是很合理的了。前天王兆國先生也說起，中共在延安時期一直就接受重慶為中央政府，毛澤東先生還到重慶去擁護蔣先生領導全國。不過，今天台灣的情形是不一樣的。

首先，國民政府原來就是一個中央政府的體制，有它一定的法統，在台灣也好好的四十年了，應該說治理得還不錯。有它一定的法理和事實基礎，和延安時期中共一開始就是邊區政府大有不同。

其次，更重要的，台灣的人民和那時陝北人民的背景很不一樣，八○%以上的人從父親一代開始就不是在大陸成長的。現在生活水準和教育水平都相當高，絕大部分人把生活方式和生活水平看得比統一不統一來得重要。說句實在話，我想假若把即刻的統一，也就是接受一個共產黨領導的中央政府的統一，來一次意見調查的話，八○%以上恐怕會是反對的。

第三，現在台灣已是選票出政權的時代，槍桿子的力量不如選票，甚至也不如筆桿子。領導人要看得遠，不能完全被民意牽著鼻子走，但絕對不能拂逆民意，最多只能因勢利導。今天民意贊成能賺錢能觀光的交流，那就只有交流從寬；今天民意害怕一個共產黨領導的中央政府，那就只有統一從緩。否則李（登輝）先生也好，郝（柏村）先生也好，都沒有辦法坐得穩他的位子的。

所以，從台灣一面來看，無論政府、民眾，還是領導人，無論哪一方面，要求他們接受一個共產黨的中央政府，是不現實的。一國兩制描繪的一些藍圖，如互不干涉共同繁榮等等，都很合情合理，其實現在也在那樣做。但是要再進一步，在政治方面具體化一下，如對於權力來源的中央、地方等問題，不弄清楚的話，就很難了。再說到和平演變，江先生剛才指責台灣有些人在等著所謂的和平演變，恐怕就有我一個。

這次我一下飛機，妹妹在汽車上就對我說：「哥哥，你以後講話眞得小心！」原來前幾天這兒的參考消息上轉載了我的一個「三和」的說法：在台灣的一個「國家統一綱領」的宣導會上，有人問怎樣才能統一，我說因爲中共會和平演變，兩岸關係會和平演進，最後中國就會和平的統一。這種說法，在台灣並沒有引起什麼注意，但是在這兒卻犯了大忌諱。所以今天來的時候，特別把我從前寫的一本政論集帶了來。我先唸一段：「至於革新後國家的遠景，我相信，由於地理環境和國際形勢及本身的努力，台灣可以堅強的站立起來；台灣和大陸這兩個文化、語言、血緣、風格相同，而經濟結構、政治制度迥異的地區，慢慢可以由極端的敵對而『不得已的共存』，而經濟上互通有無，而人民自由來往。最後，主要由於大陸上經濟成長，中共政權性質改變，雙方政治和經濟的差異日減，雙方人民再由自願而聯合形成一個眞正自由的統一。」

這段話是二十年前說的，那時我在美國教書，只做研究不問政治，但是因爲釣魚台運動搞得沸沸騰騰，也捲了進去，提出「革新保台、志願統一」的口號，後來就回台灣了。釣魚台運動改變了我的一生，但是二十年來，我的看法還是一致的，不管是和平統一，還是和平演變，也就是這個想法。

江：但是西方國家的和平演變，不是你說的，他們是要兵不血刃、裡應外合的顚覆中國，分裂中國，杜勒斯在一九五三年就那樣說了。李先生、郝先生他們是懂英文的，這些文章他們肯定看過的，現在他們也這樣說，比三民主義統，中國的意思就更深一層了。

沈：李先生、郝先生怎樣想我不曉得，不過我是到這兒來後才知道「和平演變」成了專有名詞。前兩天托侯先生找了兩篇季辛吉和布里辛斯基（Zbigniew Brzezinski）的文章來看，才有些瞭解。單就詞論詞，和平演變應該不是壞事，每個人每個社會都隨時在變，馬克思好像就說過：變是常態，不變才是變態，是吧？這幾年來台灣就變了不少，不然今天我也不能到這兒來了。台灣在變，當然也希望大陸變，不然怎麼統一？今天不能統一，一百年後也不會統一喲。作爲我們那邊的領導人，他們希望大陸的變，當然是希望能向我們這邊，向我們相信的價值系統靠近一些。但絕不希望亂，這是可以肯定的。只就現實自私的想，大陸亂了，台灣近在咫尺，絕對要受池魚之殃，光是難民船敢說就吃不消，所以是希望變而不亂。

至於和西方國家聯合起來搞陰謀顛覆，那就更談不上了。美國也好，日本也好，這些國家都是很現實的，他們今天對大陸的市場資源，比對台灣的民主人權等看重得多。

有一個日本朋友最近對我說，日本的計畫是到二十一世紀時，中國的資源，全國的三分之一，東北的三分之二都控制在日本人手裡，最近日本對大陸投資經援這樣熱烈，台灣一些民族意識強烈的朋友，反倒是有些憂心忡忡呢！

江：日本的心態，我們是瞭解的，我們也有我們的辦法。投資歸投資，貸款歸貸款，但是主從的關係不會讓。日本人的問題，我們會注意，這點請台灣的朋友放心。

你說變而不亂，其實我們搞改革開放，也是要變而不亂。六四以後，我們突出安定團結，但依然堅持改革開放。但是是在社會主義的路子上改革開放，這點也請沈先生轉告台灣的朋友，勿要「軋錯苗頭」。社會主義不是貧窮主義，一九七八年以前，我們以階級鬥爭爲綱，忽視了發展生產力，文革期間更阻礙了發展生產力。一九七八年以後搞改革開放，不再強調階級鬥爭，主要就是要解放開生產力，要求富國，就是讓一部分人先富起來也可以。我們先搞經濟體制改革，也搞政治體制改革，政治體制改革是爲了保障經濟改革的成果，不是爲了趕時髦。

六四的事是被渲染了，誇大了。六四以後，有的同志說改革開放的步調可以慢一些，我不同意。假若改革開放的步調停下來，中國永遠擺脫不了貧窮，永遠只能是小國。地大、人多是不錯，但經濟力量、國家實力是小國，這樣不行。但我們不能硬搬西方的一套，要適合中國的具體情況。我是學電機的，你是學物理的，都知道傳導電能有並聯、串聯、各種各樣的線路連接，各種各樣的Bridge。哪種最有效率，得看組成的電池電線，得看組件的性能，沒有說得照一定的一套線路的。

還有你說統一的問題可以和平發展，那是大家都希望的，但總得坐下來談談吧。我們提了個「一國兩制」，你們有意見，不同意，但總可以談談。現在一味的推拖，提了一大堆談的條件，倒像是要來統一我們，吃掉我們似的，還公開說「以時間換取空間」。

沈先生，今天我們無話不談，老實說，有些老同志，心裡就是很急。幾天前一批就要離休的老幹部，集體的來了個意見書，說他們一、二十歲時入了黨，浴血拚命，一是爲實行社會主義，二是爲統一祖國，到今天他們要離開工作崗位了，台灣問題還不能解決，這是他們放不下心的。爲這個意見書，我們內部意見很多。總之，統一問題不能一直拖下去，愈拖，問題愈多，至少得坐下來談談。

沈：談只是一個過程，不是目的。問題是這個過程能達到什麼樣的目的。談有不同的性質，有求認識瞭解的談，有求解決實際問題的談，像這些都已經在進行了，像海基會的成立，像我坐在這兒，都算是談吧，這是進展了不少。兩、三年前這是怎樣也想不到的。江先生所說的談，是指解決兩岸具體政治關係的談，是不是？

江：也不只是這個，但這是一個根本問題。

沈：這就看兩邊的立場有沒有基本的矛盾。假若這方面有基本的矛盾，那談這個過程一定達不到目的，而且恐怕會有反面的效果。尤其，在台灣，談是一個非常敏感的問題。前幾天那個所謂「三邊會談」的風波，就是一個例子。

江：三邊會談是怎麼回事？

沈：對於兩岸關係，你們一直有個「一國兩制」，我們最近有了個國統綱領。有人建議應該和大陸方面溝通溝通，在香港開一個座談會，包括大陸、台灣和海外三方面人士，台灣方面由國統會的成員出面。這樣一個會，和過去類似的會相比，因爲有國統會的參與，是較具代表性，但一樣是並無約束性，完全是屬於求瞭解、求認識一類的談。但是在新聞發布時用了「會談」這個名詞，引起軒然大波，看來是不會辦得成了。不過即使辦不成，也傳達了一個強烈的訊息，就是在台灣，「談」是如何的敏感，如何的難以起步的一件事。

政治談判的困難，一方面是雙方基本立場的差異，一方面坦白的說，是台灣朝野對中共的不信任感。這個不信任感有部分是過去經驗遺留下來的。我個人的看法，目前要想開始談判，得創造兩個先決條件：第一，基本立場的矛盾，也就是前面提到的中央和地方政府的問題，顯示有解決的可能；第二，台灣的安全和地位，有具體事實可以讓台灣民衆感到安心保障。沒有這兩個條件，台灣任何一位負責任的領導人，先不說意願，事實上是不可能來談的。過去你們常提國共三次合作、兩次和談等，我想，對於兩岸關係，應該認識到台灣今天的現實，重新開始，不能期望老的歷史再重複。

江：你講的先決條件，怎麼個保障法，沒有中央政府，怎麼算統一？

沈：我有一個想法，是不是大家可以考慮一下統一「中」的觀念？在經濟發展過程中，有未開發國家，有已開發國家，但總有一個過程，就是開發中國家。這個過程可能是較長的一段時間，但總是一步一步向前走；統一也是一樣。

一國兩制是一個統一後的觀念，是統一後一個中央政府允許兩個制度。我們那邊也有一個統一後的藍圖，也是一個中央政府，但是一個三民主義的制度。這兩種構想，現在另一方面都不能接受，也許還以爲對方是不實際。但就像江先生剛剛說的，各人可以有各人的理想嘛。現在雙方至少還有一個共同點，就是一個中國，也就是中國將來還是能統一。

不過，再像現在這樣堅持下去，分裂的情形不會改變，經濟交流會遇到瓶頸，甚至連一個中國的抽象觀念也會隨時間日見薄弱，將來還可能消失。我看江先生最近的一些談話，一定是很體認到這點的。

所以我想，是不是可以有這樣的一個認識，就是現在只能走到統一「中」這個階段，區分輕重緩急，一而後統。

江：什麼？

沈：「一而後統」，先求一個中國，把其他的問題留到以後解決。具體的說，就是把目前的努力放在兩個方面，除了加強文化、經濟的交流，一方面將一個中國具體化，也就是設法建立一個中國的架構，例如用聯席會議方式成立一個共同機構，這個機構一方面有些實際的功能，例如促進和平交流、仲裁雙方爭執等；另一方面，也作爲代表一個中國的具體象徵。在這樣的架構下，兩岸的現行體制權力保持一切不變。

無論如何，這是走向統一的一大步。對於兩岸人民，對於繁榮經濟是眞正有好處的。但是要走這樣一步，要讓台灣朝野能接受，恐怕還是一定要讓台灣的民衆和政府對自己的地位和安全感到有一定的保障。用政治的話來說，就是希望大陸方面能接受：第一，在國內，兩邊互爲政治地位平等的政治實體；第二，對外，台灣在這樣一個「一個中國」的架構下，能夠自行參加國際組織、建立國際關係。這兩個先決條件，我瞭解你們是很難接受的，至少現在是很難接受的。

不過，我想江先生是要聽實在話的，不然您這樣忙，也不會坐在這兒閒聊。我是站在台灣的立場，說明台灣的實際心理，絕不代表什麼人，我想江先生是瞭解的。國際地位對於台灣民衆，不僅是一種自尊，也是一種保障，安全和繁榮的保障，和搞獨立是兩回事。

江：沈先生的意思我瞭解，你的心意我也瞭解，就這樣講很好。但是你這個說法還就是「一國兩府」，或者就是你這本書上說的「一國兩治」，你是想把中央政府和地方政府這個結給繞過去，把主權這個問題給繞過去。但是要講統一，這個結是繞不過去的喲。

沈：可是現在「兩府」是一個事實，「一國」倒是虛的。這樣的走一步，台灣得到一些，中國也得到一些，整個中國得到更多些。當然這只是一個想法，實踐起來可能是不容易的。

江：我們大家都多想想。統一是個難題，難題總要解決，就像三分角倍立方，你們多想想，沈先生多想想，我們也多想想。總要解決才好。大家都是中國人，站在中國民族的立場想，就好辦些。台灣的現實困難我們瞭解，但兩個中國永遠分裂這個想法，我們不能接受，不只我江澤民不能接受，以後誰坐在這個位子上都不會接受的，這點沈先生是瞭解的，能夠給轉達一下就最好。（此時江澤民起身如廁，賈春旺談起他在清華大學學核子工程的事，談到核能應用。江回來話題打斷）

沈：我們在談處理核廢料的事。台灣發展核電，這也是一個問題。

江：這些事我們都可以幫忙解決。我對能源問題很感興趣，在上海做市長的時候，對能的供求有個整體的看法；後來自己想想，市長不做以後要有個打算，準備去教書，就下了點功夫，把「能」的問題徹底的整理了一番。我在上海的最後一個文件就是「能」的開發方面。現在是沒有時間去弄技術方面的問題了，但是對於有控熔合方面，有新的資料還是特別注意。前兩年美國猶大州兩位教授說是發現冷熔合，轟動一時，現在已經過去了，是不是？能源是人類最大的一個問題，有控熔合成功了，海水都可以用來做能源，這個問題就解決了。

另外還有一個問題想請教，就是Chaos（混沌），三、四年前在科學雜誌上首先讀到Chaos的文章，就很有興趣，一直在注意。人家叫我萬金油，就是什麼事都懂些。這次氣象失常鬧水災，有人說和中東海灣戰爭有關係，有人說和菲律賓火山爆發有關係，各種說法都有。這就讓我想起Chaos理論的開創者勞倫斯（Edward Lorenz）說的「蝴蝶效應」（The Butterfly Effect），他的計算模式指出，巴西亞馬遜河的森林裡，一隻蝴蝶搧兩下翅膀，兩個星期後就可能在美國Texas引起一場龍捲風，全世界有那麼多蝴蝶在搧翅膀，這氣象預測就沒得好預測了。但是又不然，現在Chaos的理論說，像氣象這些複雜的實際現象，微觀來說，雖然是無跡可循，長期的平均發展反倒有一定的機制模式，這使我想起歷史發展的必然性和偶然性。牛頓力學的機械觀凡事都是必然的，愛因斯坦的相對論對它有修正，現在Chaos的理論又來新的一套，不知沈先生看法如何？

沈：關於Chaos，我是不太懂，但現在是科學界最熱門的話題，到處都有應用。簡單的說，就是亂中有序。雖然這個序並不一定是一般規則性的序，而且多數情形下也不一定找得出來，但理論上會有個歸結的形式，數學上稱之爲「奇異吸引點」（Strange Attractor）。像木星上有個大紅斑，它的面積有四億平方公里，比地球還大得多，由許多大渦流組成，在木星上移來移去就是不散。Chaos詳細的理論我是不清楚，不過它的影響眞是很大，不見得實用，現在恐怕還談不上實用，但就像江先生說的，對於必然性、偶然性的觀念影響很大。

二十世紀初的物理革命，對經典的因果律有很大的衝擊，不是相對論，是「量子論」。量子論指出，原子裡面的現象追根究柢，有基本的不確定性。現在Chaos的理論指出，實際世界的宏觀現象大部分都是non-liner（非線性的），過去物理學總是只處理線性的問題，總是小因得小果，大因得大果，現在靠了電腦的幫助，可以在計算機上處理非線性的問題了，才發覺小因可以得大果。再小的因，也可以得出實際上無法預測的大果，像勞倫斯的蝴蝶效應就是。但整體來說，長時間的宏觀變化又自有其一定的規則。這不但對於必然與偶然的觀念和分界，有基本上的革命，而且對於簡約科學（Reductionism）的基礎，有很大的衝擊。江先生和賈（春旺）先生我們都是學科學的，都知道科學就是要先化繁爲簡，把世界各式各樣的作用化做幾個簡單的方程式，然後再以簡馭繁，把這些方程式的「解」應用到形形式式的事物上去。Chaos告訴我們，對於實際問題，純理性的簡約化往往是差之毫厘，失之千里。

江先生上次說得很對，凡事要看具體情形，把世界上複雜的事簡約化成幾個簡單的觀念，像民主、自由等等，可能是太單純了一些。今天兩岸的關係也是一樣，簡約成一個傳統的統不統一的問題，也可能是單純了一些。

江：所以才有一國兩制啊。天下無不散的筵席，現在六點一刻。今天談了兩個鐘頭了。沈先生，我看我們還是能交流的，意見不一定一樣，但能講清楚，敞開來談，就有好處。你也是萬金油吧。

我原來也準備退下來教書的。老實告訴你，我一九八九年到北京來的時候，也還不知道要坐到這個位子上來。希望你以後能常常來，能具體的談談最好，也不能勉強，你要來早點告訴他們，在別的地方也可以見面。

沈：這次又耽擱了江先生兩小時，據他們告訴我，江先生是把其他的事挪開了，空出這段時間，可見江先生對台灣問題的重視，令我很感動。機會難得，對於江先生提出的兩個問題，我想實實在在的再說兩句。

首先關於和平演變，這是一個大陸內部的事，究竟是社會主義愈變愈好，還是愈變愈不好，這要看你們怎樣處理改革開放。私和懶是人的本性，全世界都一樣吧，就是要看這個制度怎樣去克服它。實在說，外面的人是看不透徹，也沒有資格置評的。至於說台灣的影響，那當然是有的，巴西的蝴蝶搧一搧翅膀，會影響到美國的氣候，何況那麼多人，那麼多同文同種的人來來往往，怎能沒有影響？但這是自然產生的影響，談不上什麼陰謀詭計。

我們那邊有些領導人，好談台灣經驗，經驗有好有壞，台灣會賺錢，能通過市場經濟發揮生產力，這是好經驗，但也有打群架的國會，那就當做反面教材來看好了。台灣和大陸四十年來走了兩條路，大陸在摸索走中國式社會主義的路，台灣在摸索走中國式西方民主的路，相互之間有些影響，也有些借鏡，總的來說，應該不是壞事吧。

主要的問題是和平統一，這是江先生提的第二點，在這一點上，雙方的看法確有很大的差距。但是我覺得我們這一代兩邊的領導人都有一個共同點，我們那邊叫務實，你們這兒叫實事求是，江先生今天講話裡就提了好幾次實事求是。江先生也屢次問起李登輝先生對統一的態度。我想用務實兩字來形容就最恰當了。所以，假若雙方都能體認到客觀現實的限制，而在還樣的限制下尋取一條實際可行的途徑，那這個江先生喻之爲三分角的難題，也許還是可解的。

我想再說明的就是在台灣，從我這個年齡以下，把統一當做最高價值，爲統一而統一的，可以說愈來愈少了。你要和他們談統一，他們會問統一是什麼？統一能帶給我們什麼？現在贊成統一的，一方面是覺得獨立不可行，一方面想得遠些的，想到兩岸是同文同種，地緣這樣接近，經濟上、資源市場又這樣的有互補性，將來總要走在一起，於是有經濟國、共同體、邦聯、聯邦各式各樣的構想。總之，期望的是一個長遠的統一，很少很少是要即刻統一的。我要強調這一點，因爲有位美國的吳先生，吳忠信先生的公子，他說和江先生很熟的，江先生也和他提起見到我，他說江先生很讚賞，很重視台灣老一輩有民族氣節的。老一輩有民族氣節的當然是很值得尊敬，但這樣的人是愈來愈少，影響力也愈來愈小了，這是一個現實問題。最近我們弄了個「國家統一綱領」，前兩天和這兒的幾位先生談了談，他說都是虛招。但這在台灣已經是民衆可能接受的講統一的極限了。因爲是個官方文件，難免用些官方文字，但其中也有實在的步驟，循序漸進，就是一個統一「中」的觀念。

江先生，既然說要和平統一，那就是要和平，要雙方都願意。那麼，這個統一「中」的觀念還是值得考慮的。和平共處，平等互利，只要能實事求是，互利自然會產生，兩岸關係就總會向好的一面發展的。

第三次晤談

前言

一九九二年元月二十八日，我第四次赴大陸，抵京的第二日，應江澤民邀餐敘晤談，同席的有吳學謙、賈春旺和王兆國。

這一次晤談和前兩次不同，地點不再在中南海，換成釣魚台十八號賓館。在座的除了陪同的吳偶而補充一二，賈、王二人則只是記錄。晤談後兩天，王兆國又邀約我在人民大會堂餐敘，補充了兩天前的談話，在座的有唐樹備等人。

在北京四天，還晤見了一些有謂第四代、第五代的重要人物。離開北京後，到大陸腹地，從陝北經川康到雲南，做了一次旅遊。在延安度過除夕和春節。從西安到昆明，謝絕了陪同人員，獨自坐了四十四小時的火車，得以結識各色人物。於二月十五日離開大陸經港返台。這一次旅遊，體驗到大陸沿海和內陸在經濟發展和社會結構方面的差距，認識到中共的少數民族政策：懷柔、分化、移民這三部曲的厲害。春節在延安窯洞一宿，感觸特別深刻。在這樣貧瘠的黃土地上奮鬥十年，從農民裡成長出來中共第一代領袖，其強處就是其局限。強韌、實際、狠辣，但是對於現代知識和現代化是惶恐和排斥的。

在北京和江澤民等近四小時的談話，江古今中外無所不談，詩詞歌賦隨口引用，因為這一次我只有自己一份紀錄，故這次對話中只保留與兩岸關係有關之重要部分，盡可能就整體印象予以綜合報導。

談話紀錄

江：離上次我們見面，又有半年多了，這半年國內外情勢都有不少變化。去年年底台灣的選舉，台獨大敗，台灣的人民還是明白的，請問沈先生有什麼看法？

沈：這次選舉確實表示台灣大部分人民都不贊成台獨，但那並不表示就贊成即刻統一。

江：我們也知這有這個說法，那就請您說明一下吧。

沈：一年多前，我第一次見到江先生時，就說過近年來台灣的整體趨勢是多元化、現實化和本土化。這一年多也還是沿著這個趨勢發展，因此，漸漸形成了一般性的本土意識，又由本土意識形成了政治上的主體意識：就是把台灣作爲主體來考慮一切內外的關係。有一部分人因而產生分裂意識。分裂意識以本土意識爲基礎，但本土意識並不就等於分裂意識，也有本土意識雖強，卻有長遠眼光，很熱心於兩岸關係的推進，也期望遠期統一的。

在這樣的政治氣氛下，所謂統獨是一個泛名詞，從實際的角度看，可以分爲四類。一類可以說是純統派，就是把統一當做最高價值，他們包括許多老一輩的大陸來台人士和強烈的民族主義者；一類是純獨派，是主張台灣文化獨立，永久和大陸分離的，他們要儘速促成台灣獨立的事實，因爲中國一富強，台灣就沒希望獨立了，他們或許可以稱做「台灣民族主義者」，這兩派現在都是少數。

江：什麼台灣民族主義？是不是高山族？除了高山族，不都是從中國去的中國人嗎？

沈：高山族不過三十五萬人，也不搞獨立。現在台灣的居民九八％都是從大陸移民過去，但有人認爲台灣原來是一片蠻荒之地，是他們祖先開發出來的。

吳學謙（以下簡稱吳）：史明的《台灣四百年史》就是講這些。

江：那中國哪一片地方不是後來逐漸開發出來的，都要獨立嗎？

沈：他們的理論基礎用美國做例子，從英國移民去，不過兩、三百年歷史，比台灣還短呢。

江：這是什麼比喻！

沈：江先生，並不是我贊成這個，我要做個台灣民族主義者，也還不夠資格。但是，不同背景的人就有不同背景的看法。有時我想，中國文化眞是了不起，台灣和大陸隔絕了一百年，從甲午戰爭到今天快一百年了，世界上還有哪兩個地方隔絕了一百年還這樣認同，在文化上這樣認同？這才眞是不容易。

不管怎樣，純獨和純統都只占少數，另外較實際的兩派才是主流。一派是實統，一派是實獨，實就是務實。實統派認為：因爲兩岸文化上的同源，經濟上的互補，將來兩邊差距變小了，自然會統一，但是在目前情形下，卻是不能統一的；實獨派則認爲：台灣最好是獨立，但目前要獨立也不行，等將來國際環境或者大陸有了變化，才是獨立的時機。這兩派雖然目的不同，但目前維持現狀的心理則是一樣的。

當然大部分老百姓最期望的是安定繁榮、安全自由，對於統獨其實並不那麼關心。去年（一九九一年）底的選舉，國民黨以三比一的比數獲勝，可以說有三個因素。第一個是技術因素，組織、人才和財力國民黨都強過民進黨很多；第二個是民眾對當前經濟和治安情況的滿足，也可以說是到所謂李郝體系治國成績的肯定；第三個因素才是國家認同的問題。民進黨最大的錯誤是誤估了民意，把民意的「且緩統一」和「即刻獨立」劃了個等號。當然這也是受了當時蘇俄解體和波羅的海三小國獨立等事件的影響，但這就激起了民眾的不安定感。李登輝先生的兩岸關係路線，以及他個人的形象都能剋台獨，不但純粹務實的統派，就是務實的獨派也認為「台灣共和國」這樣的口號是躁急而不實際的。

江：什麼是李登輝的路線？為什麼剋台獨呢？

沈：李先生的路線就是把統一作為最終的長期目標，現階段的兩岸關係是求「一而不統」，這也是我們統一綱領的路線。一般台灣民眾認為安定的分治勝過虛無的獨立，李先生號召的就是這樣，所以台獨的煽動碰到這樣的號召就被剋住了。

江：什麼是「一而不統」？上次你好像說過：一個民族，兩個國家？

沈：不是，勉強可以說一個國家，兩個政權。

江：那最後成為什麼呢？請問李先生的內心世界到底怎樣想？

沈：我和李先生不是那麼熟，但是這兩年來，到你們這兒來的有很多人，可能說了些不同的話，可能產生一些誤解吧。

江：我見到的人多得很，代表什麼的都有。有一次我和七百多位台灣來客一齊照相。

沈：七百多位，誰帶來的？

江：一位張先生……。

王兆國（以下簡稱王）：張平沼（時任立法委員）先生。

江：是張先生帶隊，有一位坐在前排的是一個汽車公司的董事長，原來是我初中的同學，一下就認出來了，「昔人已乘黃鶴去，此地空餘黃鶴樓，黃鶴一去不復返，白雲千載空悠悠」。年紀大了，近事都不記得，偏記得許多往事。台灣來的人很多，也有說代表什麼人的，老實說還有自稱帶了信來的，因爲也搞不清楚，我都不見。沈先生一直的想法，我們都瞭解，你也一再說明不代表什麼人，所以今天我把他們各位也找來，坦白的談談，多瞭解台灣方面的看法，也希望你瞭解我們的看法，能回去說說。都是中國人，中華民族遲早必須統一，早瞭解一點，多瞭解一點，就多好一點。聽說你最近和李先生見過？

沈：見是見過，不過並不常見。每次這兒的談話，我都做成紀錄，供我們的領導人參考。關於李先生的看法，最近對「美國之音」（The Voice of America）的訪問，我個人以爲可以說相當程度的表達了他的一些看法。

今天台灣是一個選票出政權的時代，任何一個領導人，要坐穩他的位子，總是要先爲那投票的兩千萬人利益著想，所以不能爲統一而統一。蔣介石、蔣經國兩位蔣先生的時代是過去了，李先生的背景和蔣先生們當然也不同，他是一個土生土長的台灣人，但是從他的背景和他當政後的一些說話來看，應該可以注意到三個特性：一是實事求是，二是使命感，三是世界觀。這三點特性和李先生是農業學者出身，虔誠的基督徒，在日、美先後留學過都有關係，因爲這些個性，所以凡事較從長遠看，這在「美國之音」的訪問中可以看出來吧。

江：我們對這篇訪問是非常注意，這和過去台灣報紙引述的一些話，有些地方有顯著的不同。

你剛說，我們對李先生可能有誤解。對於李先生，我們也許瞭解不夠，但並無曲解。我們並不是只聽常來往的人的話，過來的人回去如何報告，我們不知道，宣傳上可能有distortion（歪曲），也可能是故意的distortion。但是我們絕不是只聽一面之辭的。你對李先生的歷史也許還不如我們瞭解得多。你剛剛說的實事求是正是我們共產主義的特性。李先生的道路是曲折的，人生的道路都是曲折的。

對於李先生，基本上我們還是瞭解的，「美國之音」的談話我們十分重視而且贊同，這些請你轉告。但是今天台灣內外的形勢還是有我們擔心的地方，我們注意的是最後成爲什麼。這是基本問題。你剛剛說的選票出政權等等，我們是瞭解的。對於你說的務實的統派的心理，我們不完全贊同，但能瞭解。我們希望台灣早日回歸祖國，但實際上有困難，是可以一步一步的來。但是最後的目標不能不清楚。天下大勢合久必分，分久必合，但是合比分力量要大。社會現象如此，自然現象也如此。〔以下江從Steam engine Hydropower的應用說到高分子化學，最後說到核能的Fusion和Cracking（沈註：即Fission），結論是聚變能大，分裂能小。又從秦始皇統一中國，兵馬俑中有各族服裝髮型，到五胡亂華、彼得大帝聯姻、克里姆林宮中的遺跡等等，最後回到統一的力量大，所以台灣和大陸應該聯合起來，共興中華〕總之，最後的目標一定要清楚，而且怎樣發展要有事實表現。

沈：從客觀的條件來看，兩岸文化的同源、經濟的互補和地緣的接鄰，都沒有阻礙統一的基本因素，所以最後統一的目標當然是很清楚的，但是一個是時間問題，一個是方式問題。

現在雙方的差距很大，但制度上，其他實質面也是，這兩天看你們的報紙，現在大陸把經濟搞上去做一切努力的中心。但是怎樣把經濟搞上去？資本主義的一套用多少？似乎也還有不同的看法。台灣是一個完全自由經濟的社會，最近更急速的民主化，或者說議會政治化了，在這種情形下，勉強的放在一個屋頂下，對大家都沒有好處。我以爲現在一個大陸外面的台灣，不同屋頂下面的台灣，不但對台灣好，對大陸的現代化也可能更有幫助，這是我個人的看法。無論如何，就台灣人民的立場來看，現在就談統一時機還不成熟。第二是方式的問題，統一以後的國體是什麼方式？邦聯、國協等等的說法都有，這些說法現在也許言之過早，但是中國傳統的一元領導，要通用到大陸和台灣，肯定是有困難的。

江先生剛剛說到Fusion和Cracking的例子，聚變當然大得多，但自然的趨勢聚合總比分裂難。所以今天我們還是只有分裂的原子能，沒有聚變的原子能。賈先生是最清楚的，要做到Fusion，電漿的溫度、密度要超過一定的臨界值，才會水到渠成。所以統一還是要大家努力，一步一步有階段性的來。

江：但是還是要有目標，這目標要現實。現在台灣來的人說要我們實行三民主義，國家才能統一，這不現實。你們的那個綱領也說一個三民主義的中國？爲什麼不說社會主義的中國？

沈：綱領不是說三民主義，是說一個民主、自由、均富的中國。

江：話說得委婉一些，其實意思一樣的。我們不來干涉你們的制度，你們反要來干涉我們的制度，這叫以小欺大，你是學科學的，這合理嗎？中國從資本主義走到社會主義，付出了血的代價，現在要輕易的就走回資本主義？談何容易。我們堅持社會主義，不是教條，是現實需要，不能只看沿海城市，也要看內陸，中國八〇%還是農民。我們建設中國特色的社會主義，要搞改革開放，需要外資、技術，也允許部分個體經濟，但絕不是外邊人怎麼說就怎麼做。要考慮中國的現實環境，社會主義的道路一定要堅持下來。

不考慮文化背景，不考慮民族的發展史，來個抽象的民主，行嗎？去年（一九九一年）秋天柴契爾夫人又到這裡來，她是專門捧戈巴契夫的，要中國也走戈巴契夫的一套。現在蘇聯消失了，從地球上消失了，戈巴契夫是個大魔術師，把自己也給變沒了。我告訴柴契爾夫人，中國絕不會去走戈巴契夫的路，我們先搞經濟改革，搞活經濟，體制也要改革，但是是配合經濟改革，安定為先。我們也不會搞冷戰，我們現在不號召共產主義革命，對外就是五項原則和平共處。我們的少數民族政策是成功的，原來只占六%，因為種種優待照顧，現在少數民族占八%了。你去過內蒙古，是不是？有機會應該再去新疆、西藏看看。達賴在外面胡說，八〇年代開始，西藏徹底的改革開放，中央大力補貼，西藏的生活現在好得很。去年的人均收入超過五千元人民幣，家家戶戶有彩電，有洗衣機，比上海、北京都好。西方國家瞎造謠，是唯恐中國不亂。我告訴他們，中國不會亂，眞亂了，十二億人沒飯吃，資本國家也有得受的。宮澤見了我，是不敢奢說民主的。美國的民主個人主義傳過來，日本那管理的優勢也就沒有了。日本經濟成功，是在他們的紀律性、團隊性，但是政治上學了美國的一套，你看現在搞成怎樣？宮澤還是有頭腦的，但是每天應付各種醜聞應付不過來。但他要爬到今天的地位，是一定要做那一套的。

民主自由一定要考慮民族的發展史。李光耀在政治上還是有眼光的，什麼叫新聞自由，什麼叫開放輿論？《華爾街日報》造謠，就把它趕出去，一家外國報紙，怎麼可以在別人國家橫行霸道？還有邦聯、國協等等，這種說法也是不實際、不具體、不瞭解民族歷史背景，中國自來就不興那一套。中國是一個民族的主權國家，少數民族就是少數民族，公平對待，甚至優待，但中國是絕不許分裂的，只要我坐在這個位子上一天，就是一個民族，一個國家，一個中央政府。別的人坐上這個位子，也是一樣。

李先生要爲二千萬人著想，否則位子坐不穩，我這個位子是要爲十二億人著想。台灣是有特殊的歷史因素，我們可以考慮實際情形，統一要一步一步的來，但是中國有九百五十六萬平方公里，有新疆、西藏，有沿海、有內陸，爲了台灣統一就把國體改了不成？

沈：每次來，江先生都提到西藏。講起西藏，我有個外行看法，西藏倒是應該行一國兩制。西藏的問題不是政治問題，是文化和宗教的問題。他們有不同的價值體系，對於篤信宗教的民族，一碰到他們的信仰、習俗、社會結構，就會升高到敵我矛盾。明清專制時代，西藏反而相安無事，就是不碰他們這些。宗教、文化的事，也許應該和風細雨慢慢的來，不知道對不對？

江：說法是對的。不過現在路已經走過來，不能再回頭來在西藏搞一國兩制了。解放的時候，個別的情形是躁進了些。但那時有外國勢力，他們和地方喇嘛勾結。要驅除外國勢力，就不能和風細雨。蔣介石先生在這點上也是不含糊的。我讀過蔣先生給吳忠信的信。十三世達賴圓寂的時候，蔣委員長派吳忠信去弔唁，那是欽差大臣，蔣給吳寫了封信，指示吳行轅一定要掛中國國旗，在別的場合只要吳去，也只能掛中國國旗，別的什麼旗都要降下來。蔣先生在民族立場上是不含糊的。〔以下江講了西藏的歷史，講到元朝封西藏教王爲大元帝師，康熙在承德修喇嘛廟，講到一九一三年英國和西藏地方偷偷簽下麥克馬洪線（**McMahon Line**），印度後來還要得寸進尺，爲此中國和印度在一九六二年打了一仗〕在民族立場上，中共也是一向不含糊的。

沈：回到國家統一的問題。我們說建立一個民主、自由、均富的中國，民主、自由、均富是一種概念，不是主義，老百姓要吃飽飯，少受官家管，這是中國自來就有的，就是要的自由均富吧，那也不一定是什麼主義，三民主義、社會主義、資本主義都是達到這個目的的不同途徑。客觀環境在變，達到均富等目的的途徑也會變，變成「制競民擇，適者保存」，讓實踐檢驗制度，大家都讓能抓老鼠的制度當道，這就是中華民族的福氣，也是兩岸自然也會統一的時候。

還有國協、邦聯這些說法，也只是學者的說法，我們目前只是說協商統一，那是最後的事。大多數台灣的同胞也不願見中國分裂，我們也瞭解新疆、西藏的問題，但是現在就要一個民族。一個國家，一個中央政府，國民黨就說好，不過是一個三民主義的中央政府。這或許是不現實的，但硬要說台灣、大陸一齊來接受一個共產主義的中央政府，這也一樣不現實，台灣人民不能接受嘛。因此，我們只能說統一條件還不成熟，只能一而不統，用一個中國，兩個對等政治實體的說法，作爲過渡時期的關係。政治實體是很含蓄的用辭，是功能性的用辭。統一的事，等到時間檢驗制度，自我修正以後再說。

吳：沈先生的說法，我們瞭解，就是要等大陸和平演變，等到了再說。請問，你看美國、日本對中國統一的態度怎樣？

沈：都不怎麼樣。美國一貫抱著分而制之的態度，在一個國家裡面，就喜歡支援反對派。美國這個國家是生而富貴，自己資源土地都多，所以沒有領土野心，但是要稱霸，要推銷她的價值體系。從前蘇聯是主要矛盾，要拉攏中國，現在這個主要矛盾沒有了，我看她並不樂意見中國統一。至於日本，是生而貧困，她是一定要擴充的，不過在現在的國際秩序下，只能局限於經濟層面的擴張，我看她還是在做東亞共榮圈的夢，不過也只能搞經濟上的東亞共榮圈，東北和台灣是她的兩個前進基地。不過這兩個國家目前都有困難，一個在經濟方面，一個在政治方面，所以力量也還不足以影響大局。

吳：很對、很對。既然這樣，同爲中國人，爲什麼不團結起來，中華民族合起來，力量就很大，拖下去就夜長夢多。至少先談起來，談起來再說。

江：對了，和平演變是wishful thinking，我們不怕台灣怎樣想，但是要以民族大義爲重，要指定一個人來談，要授權的談。只要是一個中國，什麼都可以談，沈教授，我們不是談得很好嗎？「一寸光陰一寸金，寸金難買寸光陰」，國共有兩次合作，一次打倒了北洋軍閥，一次打敗了日本鬼子。現在是第三次機會，希望李先生能把握機會，領導台灣的同胞貢獻力量共度難關。中華民族的子孫後代都會感激的。

吳：國共的兩次合作都是在國民黨的領導之下，共產黨和國民黨有矛盾，但不否認國民黨是中央政府，也不在外面搞雙重承認，雙重承認就是搞兩個中國啊。

沈：今天台灣的情形和當年的廣州和延安不同，江先生和吳先生曉以民族大義，江先生知道我還是有點中國文化背景的，當然是不如江先生博聞強記很多，不過自信還是有點民族情懷的。不過，要解決問題，只是一個抽象的民族大義恐怕還是不行，就像江先生說，講民主要具體，要考慮文化歷史背景，民族主義也是一樣。都是中國人，同文同種當然有親切感，但是要講團結合作，就得有一個共同的出發點。廣州的時候，大家有一個共同的目標和理想，就是打倒軍閥，建立新中國，雖然這個新中國後來的解釋不同了，但當時民衆年輕人心目中是共同的。重慶、延安的時候，有一個共同的敵人，就是日本人。日本人步步逼進，不團結大家都完蛋，唯有合作以救亡圖存。現在台海兩岸這種條件是不存在的了；但是有共同的利益。

大陸現在是經濟建設第一優先，要有一個安定和平的環境來搞國家建設，台灣當然更希望如此。經濟方面，台灣和大陸互相依存度已經這麼高，將來可以合作的地方更多。就拿科技整合來說，台灣可以向大陸學的地方很多很多，台灣的科技移植進來的居多，你們過去自力更生開發出來的成果，是很令人佩服。江先生說：「貢獻力量，共度難關。」我想絕大多數台灣的同胞也都同此心，但是第一步要讓他們心理上有安全的保障，有不會失去現在的一切的保障。

說實在的，對中共還是有點不放心的。台灣的歷史條件和當年延安不同，台灣四十年來都是在中央政府的體制下運作。現在又是選票出政權，假若國民黨現在說接受北京做中央，去年的選舉肯定是拿不到票，肯定會喪失政權的。台灣的對外環境也和當年的延安不一樣，四十多年來台灣一直生存在國際空間，活動在國際空間，倒是和大陸的來往少。一旦沒有國際空間，台灣的生命力就要大打折扣，像GATT，對以貿立國的台灣是很重要的，而竟卡在那兒不能加入。

江：我們並不反對台灣加入GATT，但是要等中華人民共和國加入以後。

GATT沒有那麼重要，台灣一直沒有參加GATT，經濟也一直搞得不錯。

我們瞭解，台灣有不同的歷史因素和客觀環境，所以才提出一國兩制。這個政策不是今天訂的，也不是十年前訂的，六〇年代初就確定了方向。告訴你一個祕密，那時中共中央就訂了個一綱四目的政策，黨政軍保持不動，互不做破壞對方之事，也送到了蔣先生那兒，只是後來因爲文化大革命，就沒有再繼續下去。我們的基本原則就是國家一定要統一，在此範圍內什麼都可以談。

吳：先談再說。沈先生說得對，國共現在可以就共同的利益談第三次合作。總書記也說得很明白，只要把國家統一作爲目標，什麼都可以談。只要是最高領導人指定的，身分是官方或者非官方，方式是公開或者祕密，題目是具體問題的談判或者是一般性的溝通，都可以。但是要有授權，有代表性的。

沈：談有各種形式，主要是看時機是否成熟。現在功能性的談判，海基會不就在進行嗎？

吳：海基會談的問題層次太低。我們應該把層次提高些，就「結束敵對狀態，促進和平統一」這個層次來談。你說時機，要把握時機啊！一九七一年季辛吉從喜馬拉雅山飛過來，改變了國際局勢，也改變了中國的方向。陳長文去年來，我們見過面，他什麼話都不敢說。兆國同志，你們直接交涉得多，你說吧。

王：這半年多來，兩岸關係是有點不進則退。海基會的人來，現在連一個中國的原則也不敢肯定，這樣就只能在枝節上打轉，不能更進一步了。不談一個中國，只談兩個政治實體，那麼這兩個政治實體是什麼呢？我們希望直接溝通，也儘量配合，但是一個中國的共同基礎絕不能動搖。

沈：今天有機會和四位這樣暢談，實在是非常難得。因此，我就個人的瞭解坦白的說說個人的看法。

首先是時機，非常坦白的說，和平統一的時機還沒成熟，不如說「結束敵對狀態」，以「建立過渡關係」做目的也許更實際些。今天兩岸交往，已經發展到這樣密切的地步，國際的形勢也在變化，建立過渡關係，應該是符合雙方利益，也有這個實際需要，時機也可以成熟了。怎麼樣的過渡關係？王先生特別強調一個中國，最近海基會來的人不肯談一個中國的事，我想這是因爲海基會的層次。一個中國現在是大家都接受的，但是怎麼樣的中國？個別的看法可能不同。這個問題不適合在海基會的層次談。江先生特別強調中國不容分裂，大部分台灣的老百姓也不能分裂中國，但他們更關切的是當前的安全安定和經濟繼續繁榮。

我們的領導人認爲要保障這些關切，就要先做到雙方地位平等、國際上有活動空間、台灣有和平保障。所以要建立穩定的過渡關係，一個中國、地位平等、國際空間、和平保障這四個要素都要考慮到。只講一個中國，不提後面三點，還是不完全的。王先生問什麼叫政治實體，大陸上一些政治刊物指兩個政治實體就是兩個中國，其實這不一樣，互不否定對方爲政治實體就是要接受對方在法律上的自主管轄權，在政治上地位平等。平等不是相等，說兩千萬人和十二億人相等，那是不現實。但地位要平等，這樣才能交流。

講到談，兩岸關係對你們是重要問題，可不一定是主要問題，對台灣卻是主要問題，我相信我們那邊的領導人對於怎樣穩定兩岸關係是想了又想的。但是雙方在政治上的層次來談，要待主觀和客觀條件的成熟。客觀條件就是剛剛說的一個中國共識下，台灣的和平保障、平等地位和國際空間。主觀條件是各自內部對兩岸關係的共識和共信。經過去年年底的選舉，台灣內部的共識、共信多少是建立了。客觀條件呢？兩岸關係對台灣是牽一髮而動全身的大問題，是不能談了再說的。

講到談，昨天我一到就去看了《周恩來傳》，非常之感動。周先生一生貢獻是多方面的，但是談判的成就更是了不起。我回到旅館想了又想，周先生的 **approach**，用「瞭解」、「務實」和「耐心」六字來形容可能很恰當。先徹底瞭解雙方不同的立場，再思索擬定務實的途徑，最後耐心等待時機成熟。兩岸的關係十分複雜，隔絕了四十年，不能再用從前的國共鬥爭來看現在的關係了，要瞭解就要花一番功夫。什麼是務實的途徑呢？江先生一直問最後的目標是什麼？坦白說和你們有異有同。吳先生一語道破，台灣在等大陸改變，改變了以後再談統一。不過不用說和平演變，「和平演變」在大陸已經是專有名詞，含有顛覆、破壞的用意，我們，像我這樣務實的統派的想法並不那麼壞，我們認爲大陸經過改革開放，經濟發展到了一定程度，四個堅持也許就不那麼堅持，也許就自然會民主自由了，因爲文化、經濟各方面的互補性，那時再來談統一。你們的想法呢？我猜想可以這樣說吧，現在是力量不夠，別的要做的事太多，不能搞強制統一，但是等到經濟搞上去了，就不怕不統一，現在只要把住一個中國這一關就好了。究竟誰是wishful thinking?究竟中國特色的社會主義是不是成功?也許有人有成見，我個人是沒有成見，能把中國弄富強，什麼制度都好，我想不妨讓時間來檢驗眞理吧。現在務實的途徑就是大家並肩的往前走，就是誠誠實實的搞一個眞能和平共榮的兩岸關係。

江：你說得很坦白，今天我們的談話沒有保留，我也很坦白的告訴你，不錯，現在我們以經濟建設爲中心任務，但是祖國統一是民族大業，是一九七八年以來定下來的三大任務之一，和現代化建設一樣重要。我在沒有坐這個位子以前，對台灣是不怎樣瞭解，但是八九年到北京來了，就加緊學習。三大任務都有一個條件，就是要和平。經濟建設要和平環境，反霸也是要維護世界和平。日本這個霸還是要小心她。祖國統一我們不用強迫手段，是要和平統一。但要是搞分裂，那對不住，共產黨是不會手軟的，我們講理，但不手軟。

你剛剛說的三點，國際活動空間，那是不會隨便答應。經濟文化的活動空間只要不違反一個中國原則，我們不會反對。但是任何外交空間，與統一背道而馳的一定排除。不與統一相違背的可以談，究竟怎樣方式，要多想想。沈先生，你也可以想，我們也想，但想了要談，要兩邊認眞的談，把歧見談淸楚。現在這樣來來往往這麼多人，各人有各人的目的，我們都很淸楚，我們還不是那麼笨。待河之淸，人壽幾何，不能等一切條件齊全，水到渠成，也得把渠溝先開起來。

第二點，平等，我們反對的是兩個中央。兩個中國或兩個中央政府，都不能接受。但是可以平等的談。過去我們希望兩黨平等會談，這最簡單，但台灣說不行，要照顧到各黨各派，那可以，剛剛也說明白了，只要是授權的指定的，怎樣方式都可以。你對政治實體的解釋我們可以瞭解，司法獨立，保留終審權，原來的體系不動，本來就是這樣。但是怎麼叫平等？可以談呀。沈先生，請你轉告李先生，我們是誠心誠意的。中國人的事中國人自己解決，不要外人插手，被外國人用來做籌碼，上海話叫洋盤，也解決不了事情。

對於台灣內部的事和島內的民主運動，我們是這樣看：是否助長分裂？是否引進外人？是否不利於台灣的安定繁榮？我們從這三點來衡量台灣的民主運動。來這裡拉關係的多得很，只要不犯上面三條，我們都按身分接待。有賓自遠方來，以禮相待是中國的傳統，中國共產黨也一貫如此。但是交涉對手只有一個：

國民黨。國共是有歷史淵源的，國民黨現在也是執政黨。我們只有一個對手，這是很清楚的。有人回去怎麼說，那是我們管不著的。已經十時一刻了，副總理看了兩次錶了，天下沒有不散的筵席，雖然看法是不一樣，還是談得很痛快。歡迎你隨時來，半年來一次，太久了。今天你沒有吃好吧？

沈：是沒有吃好。我講的時候，不能吃；你講的時候，又忙著記，沒空吃，所以肚子還空著。不過多裝了些墨水。

回顧

兩岸解凍後，民間、半民間，甚至官方人士來往如織。我與江的晤談，當然不能說是一般接見，嚴格說，我的身分還不夠資格被他接見。但也絕不是密使。所謂密使，要有三個條件：一定的使命、一定的授權、一定的約束力。我三者俱無，江之約見我，而且一談就是兩、三小時，我想，一方面是想較深度的瞭解台灣，一方面也是想藉相互激勵，探索解決兩岸問題的方向。至少在我這方面，這對兩岸都是好事，而且機遇難得，所以每次去，都先有些準備，有一個主軸。

第一次會談最難表達的一點，是最後的一句話，「保障台灣人民決定何時以何種方式走向統一的權利」。

我去的時候，由於時間還早，車子在中南海圍牆外兜了一圈，我趁這段時間思考兩件事。第一是把台灣的發展歸納成「本土化、現實化、民主化」三個方向。這可說涵蓋二十多年來，台灣的總發展趨勢，江澤民後來用筆把它記下來。

我在車上思考的另一個問題，就是如何把「保障或尊重台灣人民決定何時以何種方式走向統一的權利」，委婉傳遞過去。這句話可以有不同的講法，「尊重」是最溫和的講法，「保障」就比較強，但仍然是他們給我們保障。台灣人民有「決定」的權利，這是最強烈的講法，是我們自己有主權，跟公民自決比較很接近。當時我不太好這麼講，畢竟是第一次作客，就用了中間的保障兩字。

那次談完後，第二天參加我父親的追思會，中午致辭完畢後，就趕搭下午兩點的飛機回台灣，到家已經深夜十一點。第二天早上八點多，便趕赴台北，去開國統會研究委員會議。

開會的時候，邱進益馬上要我報告。我還來不及整理，怎麼報告呢？而且國統會研究會議成員複雜。只好稀哩呼嚕說了些，大概沒有人聽得懂。

但會後安全局長宋心濂找我去談，我照著紀錄大要的報告了一下，那時國統綱領的草案，是宋心濂的班底在寫。要我去北京最積極的，其實就是他，他也鼓勵我第二次再去。

三、四天內，我把報告整理完畢，首先送給蔣彥士轉送李總統，後來又送給王昭明轉送郝院長。幾天後開國統會，散會後正往前走，忽然後腰被人重重捶了一下，回首一看，原來是李總統，他笑咪咪的說，我的報告他細看了，很好，要我去他家裡談談。可惜後來安排約會的人，有意無意的，把談話「安排」在總統府，那味道就很不一樣了。

第二次赴大陸晤江，是在半年後，那次我主要想傳遞的是統一中的觀念：目前和平統一的條件還不成熟，實事求是，只有先求一而後統，現在是一而不統，兩邊從平等的地位談起。一而後統的基本觀念，江很能接受，晤談後，他還著人要我把具體構想寫下來，但類似邦聯國協等國際上已有的政體模式，與中共現行體制不合，而且他們還有新疆、西藏等問題。作爲兩岸間過渡關係或可默認，但不能明說，我也只識相的點到爲止，而用「一國兩治」的觀念來代替任何具體的模式。

這兩次晤談，雖然天南地北，詩詞歌賦，似乎無所不談，但還是有主要脈絡可循。既然目的是在探索兩岸可以共同接受的發展途徑，我就儘量把我認爲可行的，對台灣有利的看法提出來，有些江聽進去了，有些江沒有聽進去。但他對兩岸關係的基本立場，卻一步不鬆口，畢竟他是負責的領導人嘛。但是對與兩岸無關的，當時盤據在他心目中的問題，卻透露了一些有深度的內心世界，第一次是關於六四民運和民主化，第二次則是蘇聯、東歐的變化，把政治改革走到經濟改革前面，他頗不以爲然。

第三次見面，是在一九九二年初，這次我原來的想法是把統一中，尤其一而不統階段的觀念好闡述一下，上次江顯然對統一中的觀念很感興趣，而且我發現他自己雖然喜歡漫談，旁徵博引，中西都來，但牽涉到實際問題，條分理晰的陳述還是最有效，也是他最能聽得進去的。因此我把一而後統的觀念歸納成五點：

一、確認一個中國的原則。但這個中國是歷史的、文化的、未來的，現在是在分治狀態。

二、達到未來一個政治中國的方式要分別尊重兩岸人民的意願。

三、在這兩個共識的情況下，維持雙方體制不變，但建立過渡性的架構，以推動兩岸交流，並象徵走向統一的途徑。

四、在過渡期間，兩岸協議不與第三者聯合，做不利對方的事。

五、切入建立過渡關係最有效的途徑，是通過共同簽署終止敵對狀態的協定。

第五點中從共同簽署終止敵對狀態協定。而不從三通切入，是考慮到三通牽涉的實質和利益問題很多，要解決這些技術的問題，至少要一、兩年。而停戰協議主要是一個觀念問題，兩岸早就不打仗了，沒人會反對停戰，但「共同」簽訂終止敵對狀態協議是一個大突破，這樣就建立了兩岸互動關係的平等模式。當國統綱領在研究委員會議討論時，我強烈建議將之置於近程，也是這個原因。

這些想法，是在台灣就想好了的，但是到了北京，確定會晤的日期和還有吳學謙、王兆國等共同參與後，有一個訊息卻使我躊躇起來。

接待我的某先生，大概是他們國安方面的人員，相處既久，也有些交情，見面後閒聊，我問他這兩次晤談，你們覺得怎樣，他當然說好，說江見過很多台灣方面的來人，從來沒有像這樣的暢談過。但某猶豫了一下後，他又說：「我們這邊沒有問題，當然知道你還是幫台灣講話，可是你們那邊，你要當心，有人在李登輝那兒講你壞話。」然後，又意味深長的說：「總書記和你談得愈多愈久，你愈要當心，靠一、兩個人保護是不夠的。」

這番話醍醐灌頂，使我大大警惕，那時我隱約知道，或上或下或眞或假，兩岸間有許多管道已建立起來，像楊尙昆那邊，管對台事務的楊斯德已經建立了和李總統身邊人的聯繫。匹夫無罪，懷璧其罪，我自認是一介布衣能和萬乘之主促膝暢談裨益蒼生之事，自古以來就是知識份子最高的願望，對我自己是於願足矣；且每次來去訪談，事前報備，事後報告，絲毫沒有求官爭權之心，但別人不一定會這樣想。我一開始就說明既無授權又無任務，只是想把一些或者可行的想法，向雙方溝通一下，可能有些一廂情願。無論如何，既無明確授權，至少現在不宜再進一步。因此，第三次晤談，吃了一頓近四小時極豐盛卻食而不知其味的晚宴，還是沒有談到具體構想。

那次談話，兩岸問題外，江主要圍繞著「和平演變」的主題發揮，顯然這是當時困擾他的一個議題。那次會面後兩天，鄧小平即南巡，後來在廣東發表了著名的「南巡講話」，這是一次確定以後中國走資路線的講話，可以說是鄧發揮餘威，揮戈一擊，從內部發動了和平演變。從當時和事後的一些瞭解，我的研判是江可能並不完全知道鄧南巡的深意。

會晤後兩天就是春節，當時大陸的春節假期一直要延到元宵，公務活動全部停止。我無事可做，就向接待單位要求去延安看看，所以一九九二年的春節我是在延安過的，參觀了棗園、楊家坪等中共開國人物的住宅和活動場地，深深感到毛澤東的農民本質，他的成功是懂得農民，扎基於農民，從群眾中崛起；但他的局限也在其農民性格，不能與時俱進。人總是難以跳脫時代的限制的。

＊

這次在大陸的經歷和得到的資訊，給我很大的刺激，回到台灣以後，開始反思以後自己到底該怎麼做，眞正的兩岸私密管道，雖然層次不高，已經初步建立，我夾在中間，一定會遭人嫌。尤其在我的保護神蔣彥士已經逐漸與李產生了距離。

一九九〇年初政爭之際，蔣率八大老幫了李的大忙，一時權傾朝野，但蔣的得勢主要並不是由於李的喜歡、信任，而是由於李和代表國民黨傳統勢力的郝柏村之間的平衡。

一九九二年中，李郝間的裂痕已明顯，無法彌補。蔣和李身邊的人，矛盾很大，無論文化背景，國家理念，李和蔣也都頗不相同；飛鳥盡，良弓藏，李郝決裂之日，也將是蔣棄置之時。像我這樣在政治鬥爭上如嬰兒般無能之人，沒有他的保護，又如何生存？

正好那時，劉兆玄（時任清大校長）要我起草清華的組織規程和主持通識教育，頗能用我所能，遊刃有餘，於是對兩岸事務之參與暫時冷卻，全時間回到學校。比較起來，學術的世界是明亮安全多了。知識、財富、愛情、權力是凡人都嚮往追求的，知識最易與人分享，給了別人，自己不會少，有時且會更豐富。財富較難，但錢財多到了一個程度，再多上去就沒有什麼意義了，所以世上錢財方面慷慨的人也不少。愛情是有排他性的，有如眼睛裡容不下粒沙，但愛情的觀念也隨時代不同，「誓同塵與灰」的時代已經漸漸遠去。唯有權力難以分享，古今如一。父子兄弟、至親好友，因權反目者，史不絕書，這是人性的本質啊！

一九九一年二月國統會通過了「國家統一綱領」，一九九二年八月又通過了

「一個中國」涵義的決議。這些議案都是先在國統會的研究委員會議中反覆討論，定稿之後，再送交委員大會通過。最初的十二位研究委員包括邱進益、宋心濂、馬英九、丘宏達、金耀基、高英茂、高希均和我等，列席的總統府幕僚包括胡志強、焦仁和、張榮豐等。除了一、兩位之外，和現在的標準看起來，至少也是緩統派。要在一個中國一個主權不違反《中華民國憲法》的框架下，務實的定位兩岸關係，實屬不易。草擬國統綱領，眞是各盡心力，一字一躊躇，在綱領制定前，中華民國是唯一的中國，中共是「叛亂組織」。綱領中首次提出「政治實體」、「對等的官方溝通管道」等觀念，以處理兩岸在一個中國原則下，兩個互不隸屬政權相互定位的問題。又強調「中國的統一，其時機與方式，首應尊重台灣的權益與福祉」，以台灣爲主體對待統一的觀念，也首度浮上枱面。如前所述，國統綱領草案的初稿是宋心濂領導下的國安班底所擬，其中不乏當時的所謂「匪情專家」，所以初稿中反匪防匪攻擊性的話較多，這在前瞻性、綱領性的文件中並不適合，好在後來大多在邱進益主持下的研究委員會議被刪掉了。但還留下一些空話。

國統綱領開了個口，提出了一個方向，把實際統治大陸已四十年的「共匪」從「叛亂組織」提升爲「中共」、「政治實體」。一九九一年四月底，政府終止動員勘亂時期，將法理上的障礙除去，但理念上、實際上，如何處理一個中國，兩個政治實體的問題，到一九九二年夏才解決，這就是第八次國統會通過的一個中國的涵義的決議案，也就是後來所謂「九二共識」的基礎：把主權和治權分開，對內是一分治的中國，對外則秉持主權不能分割的原則，一個中國各自表述。國統會的主要工作完成，陶百川把這兩個文件稱爲「步步爲營，面面俱到」確是的評。

這兩年是國統會最活躍的兩年，我去了大陸四次，除了第一次外，每次都和江見面暢談。我在國統會的研究委員會議的功能，一方面固然是推動自己的理念，另一方面也是根據這幾次晤面所得的個人瞭解，怎樣把我們既定的策略方針說得既符合台灣的利益，又使得大陸可能接受，至少不引起反感，尤其不增加他們溫和派的困難。譬如說國統綱領中「不否定對方爲政治實體」一句，一九九〇年秋研究委員會議時，已經將「政治實體」擬爲兩岸政權互相認知的名詞之一。我去大陸時只知道會晤見他們的領導人，可能是吳學謙一級的，卻不料一下就見到江，而且談得那樣暢快深入。

第二天回到台灣，接著開研究委員會議，除了尊重台灣人民的意願外，其次便是確定「政治實體」一詞，不過在前面建議加上「不否定」三字，瞭解中國政治複雜性的人，一定可以意會「不否定」三字的微妙。一九九二年的五、六月間，一個分治中國的決議在研究委員會議中定案，暑假將屆，那時我平均每半年去大陸一次，都是利用寒暑假，就想先設法和李登輝好好談一次再去，但那他的日常活動都是蘇志誠安排。蘇從前在《民衆日報》做記者，我應《民衆日報》邀約講演時，說三民主義統一中國是未來的目標，應該先從台灣做起，便是要尊重台灣一千四百萬人民的意願，實行充分民主，報紙上加以渲染，引起軒然大波，因此他對我印象不錯，認爲我是幫台灣人講話的，後來爲了林義雄、姚嘉文的事，我去找李副總統，也都是經他安排，一個電話去，很快可以見到，每次他還都到府門口來接我。

林義雄假釋時，要找個保人，這保人表面上責任很大，一切過失都要保人負責，最麻煩的是被保人出國，沒回國時保人不得出國。當時也是蘇先在電話中問我願不願意擔下這麻煩，當時我馬上就答應了。李才在電話中跟我說定。說實在話，也不是我有什麼了不起的俠義心腸，一方面固然是當初，答應了方素敏，要把林保出來；另一方面我的後面有個蔣彥士，現在又加個李登輝，眞要不讓我出國，往他們兩人身上一賴，誰敢擋？

但是，國統會成立後蔣彥士和蘇志誠關係日見惡劣，我被劃爲「蔣派」。要通過蘇的安排和總統見面就很困難了。後來還是在一次陪見（陪一位知名的美國科學家晉見），臨別時對李說，希望安排個時間和他談談，他笑笑說可以呀，我不等他再開口，就說那就請蔣祕書長安排好了，他想了想說，也好。這樣我才得又和李有較長時間談兩岸問題。

這次我發現李在認知方面有很大改變，他基本上是一個學者，想問題很深入，也多方聽和看資料，但不幸他的資訊多來自日本方面，而且也偏向一方，這一方面是因爲文化背景；另一方面也是周邊的影響。他認爲大陸問題很多，必將有大亂，以此爲根據，說了很多。我試圖解釋，大陸像隻大熊，轉個身不容易，但既轉之後，就一直往前，現在我看是正在轉身。牠確是毛病一大堆，這些毛病在猴子、兔子身上，也許早就一命嗚呼，但在熊這樣龐然大物身上，卻不會致命，尤其文革之後人心怕亂，現在走的路線，菁英梟雄之士都是獲益份子，大亂恐怕不至於。我們的大陸改革，當然是要台灣主體，但也不要讓他們的經建溫和派爲難。後來又說了些加入GATT（即現在的WTO）問題，總之，不太投機，和我第一次見了江後去看他，差得遠了。

＊

這次談話，確定了我回學校專心務學的決心。爲了把兩年在國統會的工作，總結出來，我申請一筆經費，大部分用來補足四次赴大陸的費用，小部分用來寫了〈兩岸政治關係可能演進之途徑〉共十幾萬字的一個研究報告，主持人是我，共同主持人是翁松燃和王麗美，和江的會談也包括在內，占了五萬字。另外在一九九二年八月的國統會的委員做了一次半小時的口頭報告「中共對台灣的心態和對兩岸關係的幾點建議」，主要結論是「一個中國、加強交流、搞好經濟、再談統一」已經成爲大陸經建派領導階層的共識，將成爲九〇年代對台政策的指導思想，換句話說「政攻武嚇」只會是被動偶發防止（台獨）性。當時看來，這「一個中國，加強交流，搞好經濟，再談統一」的政策還至少會再延十年。

請翁松燃和王麗美幫助寫報告是有原因的。翁是法律學家，在香港中文大學做教授，長期關注兩岸問題，但名利之心淡薄也沒有做官的興趣，只是理性的分析兩岸關係，這些方面我們很相近，但也有不一樣的地方，他是台灣彰化人，具有世界觀，但本土情感很強，朋友以民進黨居多。我考慮兩岸關係，固然把台灣利益擺在前面，但中國文化情結很深，雖然不是國民黨員，但家世淵源，和國民黨關係較密切，來往兩岸，大陸朋友也不少。因此，每次去大陸前，到香港轉機都先到翁那兒談談，吸收一些本土的想法和感覺，不至於到北京被那兒氣氛一薰染就昏了頭。翁有點禿頭，又喜歡凡事從學術理性觀點出發，我開玩笑叫他「蛋頭」（egg head），他不以爲忤，依然故我。有一次《九十年代》訪問我們談兩岸關係，他主權治權的問個不休，訪問記錄的女士已有點不耐煩，我半開玩笑的說了一段對話，根據《九十年代》（一九八五年二月號）的記載是：

沈：這次在香港交涉兩岸下棋的時候，有一位不懂政治的女士問什麼是一國兩治？我打個比喻，就是西方的普通法婚姻（common law marriage），雙方訂一個契約：「一屋兩室，各執門匙」，屋子是一個，但房間不同，房間裡的擺設，各歸各管，而且要有門匙。

翁：很有意思，但名義上仍是結合嘛。

沈：妙就妙在這裡。她也問，那結婚幹嘛，同居不就得了。我說這就是中國文化，中國文化是要大一統的，要正名的。外國人可以同居而不結婚，中國人卻是結婚重要，不必一定同居。而且定了名分，別人就不能追妳了，這是重要的。但是各執門匙，這點更重要，婚前再花言巧語，給妳種種自由保障，即使當時是誠意的，入得門來，全可以做煙雲。所以嘛，要把門做牢，匙握緊，他買菜，妳做飯，出門拍拖拍拖都可以，就是不要把鑰匙交出去。

這也許是一國兩治最通俗、最貼切的解釋，連已經在看影劇雜誌的女士也眼睛一亮，抬起頭來聽，可惜不能在江澤民那兒這麼說。

因此，要寫研究報告，第一位想到的當然就是翁松燃。至於王麗美，當時是《聯合報》的財經記者，偶爾也寫大陸報導，我看過她的談大陸經政和三通的文章，頗有深度。我請她加入負責三通方面的報告和文字撰述，她很有興趣，也得到報社方面的允許，在兩、三個月裡，我們把報告寫好，連同已有的與江晤談的紀錄，和一九九二年八月的國統會委員會議上，就兩岸關係做的一個綜合性的建議（見後文〈中共對台灣的心態和對兩岸關係的幾點建議〉），交給兼國統會研究委員召集人戴瑞明副祕書長。秋天開學後，回到清華，全時投入學校的工作，兩岸關係的參與就暫告一段落。

而本書中三次晤談的全文也來自研究報告的紀錄，雖然到本書出版時，已時隔十二年，但未改一字以存眞。

中共對台灣的心態和對兩岸關係的幾點建議

本文爲一九九二年八月，我擔任國統會研究委員時所提出的研究報告。

分析中共對台灣的心態，應該有幾點基本認識：

一、對台灣而言，兩岸關係是主要的重要問題。但是對大陸而言，台灣問題只是一個次要的重要問題。經濟建設、體制改革、接班等都居更優先的地位，而這些問題和「統一」並無直接關係。即使在國家統一的問題上，新疆、西藏的潛在危機和重要性，也絕不亞於台灣。對於中共的領導階層，台灣問題之需要處理，原則性重於實際性。

二、一統天下的心態，是一種植基於民族文化的心態，和意識型態的關係不大，無論是保守派、經建派，甚至民主派在統一的立場基本上是一致的，但其手段、作風和優先考慮有所不同。一般而言，二、三十歲在文革後成長的一代，比老一代對「統一」的觀念較爲理性、較爲現實。

三、近十餘年來，鄧小平推行經濟開放，政治抓緊，走所謂「具有中國特色的社會主義」路線，這一路線，已經產生具有廣大基礎的新既得利益階層，會有速度快慢之爭，但難再回頭。因爲農村尙稱安定，菁英尙有出路，而經過文革、人心怕亂，蘇俄式的崩潰在中國發生的可能性不大。但是，由於現代化和集權社會主義本質上的矛盾，中國特色的社會主義必然導致中國特色的和平演進。提高生產力必須分散權力，對外開放必然加大沿海和內陸的地區差異，近中期內（其實現在已經開始），組織對個人和中央對地方的控制力都將大幅減低。

四、中共的對台政策，從六〇年代所謂「黨政軍特四不變」到八〇年代的「一國兩制」基本上沒有改變，但是，近兩、三年來，由於接觸交流，中共的決策階層（大部分是技術官僚出身）已經逐漸瞭解：

1.目前，要讓台灣朝野在和平方式下，接受一個共產黨領導的中央政府，是不現實的。

2.從經濟發展的層面來看，只要能充份交流，一個（大陸現行）體制外的台灣，比在體制內的台灣，對大陸更爲有利。

3.只要兩岸關係平穩發展，交流擴大與增加是自然的趨勢。任何激進行動，尤其使用武力，都將嚴重危害大陸本土（尤其沿海）的經改建設和對外的開放政策（尤其外貿）。

4.但是島內獨立的潛在意識，不能忽視。雖然在客觀環境下，它們凝聚成爲行動的可能性不大，不放棄使用武力，仍是一個重要的嚇阻因素。

基於這些瞭解，「**一個中國，加強交流，搞好經濟，再談統一**」已經成爲大陸上以經建派爲主的領導階層之共識，將和改革開放政策平行，成爲九〇年代對台政策的指導思想。至於目前，從年初鄧小平南巡開始，大陸上決策人士都忙著兩件事：十四大的人事安排和對改革開放政策的表態。因爲中共決策是由上而下，對台政策現在事實上處於停頓狀態，任何爭議性的問題，但求交代過去。十四大以後，江澤民、王兆國將構成台灣問題的決策圈。但在鄧小平有生之年，對台問題任何政策性的決定，鄧有最後的發言權，任何路線性的改變，只有鄧才能發動。據瞭解，鄧的主觀願望是希望能假其餘勇，在有生之年，看到「一個中國」的具體化——至少象徵性的具體化。

今後兩岸的經濟關係，將會循經濟規律繼續增長。在政治層面上，近期內中共的對台基本政策將是「防獨」重於「促統」，兩岸實質上將維持現況，但是建立過渡關係的需求和壓力會愈益增加。國統綱領近中程的階段性目標，是擴大國際生存空間，建立對等政治地位，其目的在樹立穩固的基礎，以求「統」的時機與方式，能尊重台灣人民的意願並維護其權益。不幸的是，中共總認爲這些措施，其居心在長遠分裂中國。考其原因，一方面固然是因爲中共褊狹的絕對主權觀念，另一方面，在瞭解不足的情況下，源自島內一些有意或無意的資訊和言論，也就是造成此一印象的因素。

以下我們針對前述的中共對台心態，對於在建立過渡關係時，將牽涉到的一些概念，何者必須堅持，何者寧可迴避，根據國統綱領的原則，做一分析：

一、一個中國：這一向是兩岸共同接受的一個名詞，但各說各話，各自認爲代表這一個中國。這種說法，在建立「互不否認對方爲政治實體」的兩岸過渡關係時，必須予以補充。現在我們強調目前的中國處於分裂狀態。這是一個務實的立場，而且也是更進一步交涉的立足點，但是中共對於主權分裂非常敏感，認爲實際是在替永遠分裂開路，對於「分治狀態」則多少可以接受。「分裂」、「分治」一字之差，最後立場（bottom line）是否可以一個分治的中國代替一個分裂的中國，似可加以研究。

二、放棄使用武力：國統綱領原文是「摒除敵對狀態」，中共現在提出結束敵對狀態，原則上雙方都要終止敵對狀態，如何達成，只是技術問題。但是終止敵對狀態，並不等於放棄使用武力，要中共公開承諾無條件放棄使用武力，是相當困難。不只是爲了嚇阻台灣獨立，它也牽涉到原則和開例。在處理新疆、西藏等更複雜地區的問題時，作爲國家領土的一部分，是不能承諾放棄使用武力的。「不以武力改變台海現狀」，也許是一個較實際的解答。

三、政治實體：國統綱領原文是「互不否定對方爲政治實體」，現在則常加上「對等」兩字。這個名認實際包含了三層含意：獨立的法律主權、對等的政治地位，和對外具有代表性的國際人格。獨立的法律主權，事實上中共已經默認，國際人格則牽涉到一個中國具體化的問題，在下面再討論。至於內部雙方來往，具有對等的政治地位，則是其他一切交涉的基礎，我們必須堅持，而且也理應做到，但是也許可以「平等」代替「對等」，對等除平等外還有相等的意義，而中共則常以地大人多的事實，作爲強辯反對的口實。

四、國際活動空間：這是中共最具優勢、最不會讓步的，而其外交單位也是最保守、最具官僚氣息，但是今天的國際環境，中共未必能盡如其意。至少我們要讓中共接受，對於非政治性的國際活動空間，我們能以尊嚴的方式自由參與。而且這些非政治和非政府的活動組織，對於台灣的實際國際地位的認知鞏固，未必亞於政府性組織。至於政治性的活動空間，國統綱領是要求在一個中國原則下，「互不排斥」以至「協力互助」，但這恐怕只有在一個中國、一個主權象徵性的具體化後，中共才會讓步，在此之前、任何籌碼、任何交涉都不管用，只有靠自己不斷努力。

最後、最重要的，是建立對長遠前途的信心。當然，中共並沒有放棄統一的意圖，搞好經濟，再談統一，是認爲經濟搞好了，自然就會統一。這話在邏輯上並不錯，大陸地廣人多，兩岸既沒有民族宗教本質上的衝突，經濟上互相吸引的條件又如此強，差距減小後，走向統一當然是自然的趨勢。

但是搞好經濟的先決條件是「放權」，市場經濟是否必然導向多黨競爭的議會政治，雖未可知，但是經濟的整合力量將超越政治的控制力量，則是一定的。中央政府絕對主權的觀念，勢必揚棄。兩岸差距減少是台灣與沿海地區的差距減少，沿海與內陸的差距則相對增加。將來的所謂統一，自然趨向是權力關係鬆散而區域文經關係密切的「整合」，互動互利而不失自主的共同走向自由均富。

今天的交流，不是爲交流而交流，一方面保持實力，一方面建立平等自主、互尊互利的來往模式，正是走向這種整合的最佳途徑。所以我們今天的堅持，是等待大陸的和平演變，促進兩岸的和平共處，最後達到整個中國的和平整合。

晤談中提到的幾位先生

在與江澤民會談時，我曾主動提到三位先生：孫運璿、李遠哲和李登輝。就我當時的看法，我覺得他們都是在兩岸關係上有特別地位的人士。

孫運璿

和江談話時，提到的第一位是孫運璿。孫先生在任行政院長時，因奧會易名案（一九七八至一九七九年）和陳文成案（一九八一年），我和他有幾次近距離的接觸，感覺他嚴守分際、公忠體國，但也能接受新看法，有魄力、能決斷，印象深刻。

他在兩岸關係上，用今天的話來說是「務實的緩統派」，一九九〇年時已中風五年，政治上不可能再出來，但朝野聲望仍高，又內定擔任即將成立的海基會名譽董事長，由他到大陸來一趟，有一定的象徵意義，能和大陸領導人握手見見面，但不談實務，當然更好。這在當時，我覺得也還不是絕對不可能。

回來之後，將和江的對話，寫成報告送給有關方面，提到孫的這一段，當然也在裡面，後來私下問蔣彥士祕書長，此事如何？他翻翻眼睛，沒有哼聲，另外一位和李總統接近的國統會人士私下告訴我時機還沒成熟。後來的局勢變化，時機當然愈來愈不成熟，直到一九九八年初我的一位朋友，美國馬利蘭大學的劉全生教授，到清華來訪問，閒談中說起年前休假，曾去哈爾濱工業大學半年，知道孫先生也是哈工大的校友，他多年前返台，曾蒙孫院長約晤，也許返美前可以再拜會一次。因此，就在他離台的前一天，我們在台北科技大樓孫先生的辦公室，三個人見了面，談起哈工大，孫先生不勝懷念，非常希望再回去看一次，我憶起八年前的努力，就和劉教授相約，分頭進行，以竟前願。哈工大當然很歡迎，也很配合。二〇〇〇年六月哈工大九十週年校慶，孫先生終於以接受傑出校友獎的名義去到大陸。當然，這次完全是私人訪問，意義和十年前是完全不同了。

但其經過，仍有可道者。一九九八年十一月，我爲了他事赴京；吳大猷先生因爲年事已高，又想完成他撰寫《中國物理發展史》的夙願，希望葉落歸根，到北京度他的餘年。兩位老先生的事，我就一併幫忙辦理。其間，王兆國邀宴，席間我開玩笑的說：「九〇年，你們曾說請孫先生來大陸看看，現在還算數吧？」王這時已是統戰部長，台灣的事，基本上不直接歸他管，但當年的事，他當然還記得，也笑著回答：「當然，當然，去看哪兒都行，孫先生行動不便，我們這兒都會準備的。」吳大猷先生的事，他們也非常協助，一切都辦好了，連房子都看好。但二〇〇〇年初，吳先生因病入院，再也沒有出來，終究也沒能達成他回去終老的意願。

孫先生的大陸之行，原先排定在二〇〇〇年的六月，但二〇〇〇年三一八台灣總統大選之後，兩岸情勢一度非常緊張，海基會的人員禁足登陸，孫先生仍掛著海基會名譽董事長的名義，不知會不會受影響。四月我到北京，私下打聽，答覆是不相關，哈工大的人也再三保證表示歡迎。六月初，孫先生終於回到了一別十年的哈爾濱，我那時已經中風，因他事去了北京，還是住在俗稱三〇一的解放軍總醫院，基本上是不准隨便外出的，但還是藉口溜出來，飛去哈城觀禮贈獎孫先生傑出校友的校慶典禮。典禮長達三小時，孫先生筆直的坐著，動也不動；輪到他講話時，精神飽滿，內容風趣，說到一百年校慶他一定會再來參加，全場雷動。我也與有榮焉，想起十年前與江先生長長一席談話中的一小幕，孫先生最後來到大陸，也總算有一番交代了。

李遠哲

一九九〇年時我認識李遠哲已近二十年，第一次見到他是在一九七二年。

六〇年代起，台灣到美國的留學生慢慢增加，但早期都只是在自己的小天地裡努力，去國離鄉，沒有太多餘暇，及於「外務」，到六〇年代末期，人數漸多，自成一社群（community）。一部分熱心熱血的人士，興起一種自覺，覺得應對自己家鄉，有所回報，於是創辦了《科學月刊》（簡稱《科月》），介紹科學新知。當年資訊遠不如今日，台灣科學尚在起步的年代，隔洋報國，《科月》有其時代意義，《科月》的領頭人是芝加哥大學的林孝信，後來釣魚台運動興起，釣運和《科月》雖然性質不同，但參與者懷鄉報國的動機心情，至少在初期是很相近的，所以《科月》的人也很快捲了進去。

無論《科月》還是釣運，我都只有參加而非核心，但也點燃了歸國實踐之心，那時我任教的普渡大學距芝城不過二小時許車程，週末常去中國城購物也順便拜訪芝大的朋友，談些革新保台、科學救國的宏願。林孝信告訴我，化學系的李遠哲教授是系裡新昇之星，在台灣人裡很有人望，應該去認識認識。因此，就在實驗室裡拜訪過他，談了很多，最後他說，「一個人的時間、精力有限，我現在努力做研究，本業做好後，不會忘記台灣的。」「不會忘記台灣的」這一句話，堅定的口氣、印象深刻。

後來，他在美國學術界的地位青雲直上，但中間有一段時間，他的名字是在台灣出入境管制的「灰名單」上，理由是他曾赴大陸訪問講學等等。所謂「灰」並不是禁止入境，但要專案審查，只能拿單次入境（single entry）。後來他得了諾貝爾獎，台灣也解了嚴，李登輝主政初期，兩人相互之間非常尊重，也很信任，李遠哲不但是民間偶像也成了在朝國師，這在全世界歷史上都很少見。科學家中，縱然像愛因斯坦在政治上也沒有這樣特殊的地位，也可說正好逢上了台灣意識抬頭，反映了台灣人要出頭天的洪流。

李在早期回國有困難時，我曾協助他。後來，內外情勢一變，在促進大陸傑出人士來台交流一事上，他又合作幫助我，有過雖不密切，但很長一段時期的交往，使我認識到他的幾個特點：

一、他是鄉土感情極深厚的台灣人，但也有相當前瞻的世界觀。留美的一段時期曾有世界公民的想法。

二、對兩岸強烈但完全不同性質的民族主義都有相當瞭解。當然，二二八的歷史在他心中烙下深印，但很早就去大陸和學術界來往，也使他認識到大陸人民草根性的民族意識。

三、他熱心且有使命感。那時候還沒有回國，立場超然，沒有任何從兩岸關係中取得一些政治或經濟利益的欲望。因此，他在大陸上也受到相當的尊重。一部分固然因爲他是諾貝爾獎得主，另外一方面也因爲他以一個台灣人卻很早就協助大陸發展科學。中共是很講歷史關係的，對這點會列入紀錄，可以說是「老朋友」。

但是，在一九九〇年以前，這些「尊重」和「老朋友」都還局限在科學方面。

當時，中共對台灣的資料認知是很豐富了，但是對台灣人的心理認知，卻很間接。反之，我直覺的認爲，眞正要做兩岸高階領導人溝通的橋樑，李遠哲這樣熱心而不熱中的台籍人士，才是最適合的，所以與江第一次晤面時，就提出來。後來一九九一年夏第二次晤面時，瞭解到王兆國等實際執行對台政策的負責人，他們的目的是想有具體的成果，找授權的管道，像我和江這樣海闊天空的閒談，緩不濟急。我隱約的感覺，他們對台的另一系統，有了一些更直接的管道，但層次不夠高，不會觸及到基本問題。我認識到兩岸領導人內心基調上的差異，和江晤談，我以一個從台灣來，認同台灣卻有深厚中國文化情懷的「客人」身分，我直話直說，他能接受，可能也有一些的影響；但在台灣，我從來就是外省貴族清流，這樣的省籍背景，有些話是說不上的，所以更大力的推薦李遠哲。江當場就說請他來，我會跟他談。

一九九二年元月，他們果然單獨見了面。當然，過去李訪問大陸以諾貝爾獎得主的身分，領導人例必宴請，但這次是單獨的談到政治了，可惜雙方顯然並沒有切進主題。李遠哲談二二八事件，和台灣人台灣意識的哲理，江對此並不感興趣，他關心的是實際解決兩岸問題。李遠哲回台後，熱心和使命感使他參與很多實際事務。我跟他說：爲什麼好好的菩薩不做，去做住持呢？他的個性，也許實驗科學家的訓練，使他凡事參與了就要實地去做，他對「不做菩薩，做住持」顯然很得意，後來常常引用這段對話，但我卻有點惋惜。

台灣，尤其在由中國式的威權轉型到台灣式的民主的時候，很需要菩薩。菩薩不是人人能做的，要幾世才修得來。李遠哲的種種條件，使他成爲九〇年代台灣的菩薩。這些條件，過去台灣沒人有，以後也很難有；即使再出個諾貝爾獎得主，台灣人已經出頭天了，也就不會再有那樣的光環。

菩薩有沒有用？當然有用，用處可大呢！但是要做活菩薩，不能做泥菩薩。不能只享受香火，但也不能什麼事都管。只管大事，尤其只管「管得來」的事。既然管了，先研究瞭解，再時而後言，一言既出，萬衆景從。菩薩是公正的，菩薩是有辦法的，菩薩是可以信任的，這信任可不能輕易消耗掉。台灣有多少事，尤其是族群兩岸這相關的兩個大結，需要菩薩來幫助解決，十個住持也頂不上一個菩薩呀！

何況住持要有住持的修爲，香火進出、信徒眞假都要弄得淸楚。住持還有菩薩影子的，就更難爲了。巴結的、嫉妒的、包圍利用爭做代言人的，紛至沓來，人人都想吃塊唐僧肉。許多話、許多事，不是自己說的、做的，卻會栽到頭上來。這實在太不公平，但做一個有菩薩影子的住持，卻是必然的遭遇。

李遠哲回國以後，做了許多事，有許多貢獻，譬如提升學術，人所共知。少數事，譬如敎改，結果是有爭議的。但他的認眞投入、誠心做事，五十一次會議，每次必到，必然從頭到尾的到。最後寫總報告，親自校讀修改，只要是敎改，不但住持，連香火工的事也做，果然弄得一臉煙灰，祕書都叫他不要再談敎改了，他還是要談，無怨無悔的精神，實在令人不得不欽佩。

對於族群兩岸的事，李遠哲是有使命感的。他本來的條件，也都還在，光環雖然抹了一層灰，但也增加了不少經驗，還可以再爲台灣盡一番心力。不過，有一點建議，或許要記得的，球員和裁判不能兼做。

李登輝

江澤民在九〇年代初會見了很多從台灣去的人，我不過是其中之一；所以入選，我想有兩個原因，其一是從七○年代初釣魚台運動開始，我對兩岸關係保持一貫的看法——「革新保台，一國兩治，志願統一」的三階段論，中共雖不完全同意，也認爲具有相當的前瞻性及現實性，是一個可能對話的對象。另一個可能更重要的原因是我的背景，包括社會聲望和家庭關係，尤其是和李登輝與蔣彥士的家庭關係。

李早年在農復會工作，當時先父是農復會的主任委員，後來李到康乃爾大學讀博士學位。我第一次知道李，是在一九六八年，父親從華府去康大，約七、八小時車程，我開車相送。父親在車上說起此去康大，原因之一是要約聘一位新得博士的李君，他原來在農復會工作，是年輕一輩學者中的佼佼者。晚上李要來看他，父親希望我也留下來見見面，但那天晚上我已另有約會，沒能答應父親，也就失去了可能的第一次會晤。

回華府途中，父親很高興的告訴我，李原將接受FAO（一個國際農業組織）的邀請，到非洲去工作，現在已說服了他回台灣了。父親也感覺到李對以前在農復會工作時未被重用的不滿。父親對他說：他的未被重用，主要不是省籍因素，而是缺乏美國背景，因爲農復會經費大部分由美援支持，是一個中美合作的機構，五個委員中兩個是美國人，開會全用英語，沒有美國背景不行。但現在情形慢慢在改，美援逐漸撤退，蔣經國又喜歡下鄉，所以像李登輝這樣認眞瞭解農村的省籍專家，又有了個美國博士，將來一定會受重用。當然，父親當時只是想到農業方面，完全不覺得李會是個政治人才。

李登輝回國後在農復會工作，次年夏，忽因思想問題被約談拘留，當時父親在農復會聞訊後要蔣彥士去探問原由，安全單位到農復會來說明，約談主要是因爲在康大期間，李在台灣同鄉會十分活躍的關係。父親曾說了「要毀一個人很容易，但要培養一個人很不容易」這樣的話。那時蔣經國已注意到李，而且還有農復會這塊中美合作機構的金字招牌，不到一天就釋放了。後來蔣經國還通過蔣彥士轉告父親，李沒有事，好好的用他。

我第一次見到李登輝是一九七一年（或七二年）的夏天。那時釣魚台運動如火如荼席捲美國留學生界，我也變得關心國事。台灣實行的肥料換穀政策，甚受左派留學生的攻擊，我回到台灣，就問起父親。父親給我解釋了一遍，又講到台灣農業經濟的轉型，他告訴我：你眞有興趣，可以找李登輝談談，他現在是政務委員了。

不久，李政務委員就請我到王子飯店吃日本料理，那頓飯只有我們兩人，從肥料換穀到農業經濟，到台灣這樣一個地區的經濟發展轉型，好好的給我上了一課，還在一張餐紙上畫了一個圖表，用一條曲線表示發展的過程，最後一勾勾回來。王子的日本料理當時是台北第一，價錢當然也不便宜，政務委員是沒有請客的辦公費的，眞讓他破費不少。不過那頓飯印象深刻，即使在我這樣的外行人眼裡，也看得出李對農業問題深刻的思索。

那天在告辭時發生一個小小意外。可能是要表示對他的好感，而且事實上那時我對政府處理海外僑胞的保守態度也早有不滿，我知道他爲台灣同鄉會的事受牽連，在玄關上穿鞋時，隨便的說了句，「其實像台灣同鄉會那樣團體認同台灣就很好了」，諸如此類的話。李忽然整個身子坐直，很嚴肅的說：「我是絕對反對台獨的。」一板著臉，認眞的態度令我大吃一驚。我完全沒有想到那方面去。

回家後想想，是我多嘴了。那時的政治氣氛，像我這樣出身純白的海外學人，怎麼講也沒人會懷疑我；但像李這樣剛剛新官上任，背景又不好，一言之失，小則丟官，大則下獄，怎能不嚴正表態呢。

一九七三年我回到清華大學任理學院院長，李登輝則由政務委員而台北市長，而台灣省主席，一路青雲直上；他對父親始終尊敬，過年過節例必來訪，父親去世後，爲選墓地，先在陽明山，後遷三芝白沙灣，他都曾盡力協助。但除了他任省主席時，我因爲擔任選舉委員，有過定期的公務來往外，我自已與他私人性質的交往很少。

七○年代末期，和李接觸較多，曾爲林義雄和美麗島其他人士相關事前往，相訪數次，李這時是副總統了，當然不再像當年王子飯店可以促膝而談，但談到幫助林義雄的事，比他做省主席時我爲選舉事務煩他，還是親切得多。顯然他對我努力的事，十分關心，也正在盡一臂之力，但言談間表現得仍然十分謹慎。我侃侃而談，他只是說會向總統反映，頂多說最近總統在這方面表示了什麼，又說做副總統比做市長省主席都閒空得多，總統要他多接觸一些從前做省市長不會接觸的事，他看了不少書，也看了不少從前看不到的資料等等。

一九八八年李登輝接任總統，內閣改組，俞國華續任行政院長，任命我做政務委員，但一年後，俞辭院長，李煥續任，我也去職。爲何任命，我多少瞭解，爲何去職，卻並不明白，也許只是棋子搬動。當時的政務委員，多是資深閣員，像我名義上是接李國鼎的職務，分工也是管科技那塊，但在政壇論資望經驗，我離李政委相去甚遠，雖努力而爲，管得到的也有限。

八八年秋，行政院成立大陸工作小組，是第一個在政府體制內的兩岸關係機構，由副院長施啓揚任召集人，研考會主委馬英九爲執行祕書，小組成員除有關部會首長外，也有政務委員，卻沒有我，當然有些失望。

當時，蔣彥士因受十信案牽連去職，還沒有復出政壇，我常去科學指導委員會看他，一面聊天，一面請教，他看出我的失望，很有深意的說：「這是俞院長愛護你。」不過，他還是瞭解我的，等了一會兒，又說：「不是小組成員，還是可以參與，政務委員是不管部長，位階很高，但你要小心，你想的那一套，現在還不是時候。馬英九這個人很好，你要聽他。」

跟江談話時，我幫李登輝辯護了很多。這一方面當然我在北京是作客，總要爲自己人辯護。另一方面，也是眞心相信。從農復會到總統府，我對李登輝客觀的觀察，認爲他的文化背景使得他「台灣心，日本情，美國理念」。年輕時有一度曾想去東北從事農業工作，那是他的願景，卻不是他感情所繫。在他的心目中並沒有天生的「中國情」，但我認爲他是一位能深刻思考的從政學者，因爲兩岸並沒有種族宗教等基本矛盾、差異，只是政治經濟方面，即使完全從台灣的立場出發，採取三和的階段性策略，即等待大陸內部的和平演變，確保兩岸分治的和平共處，最後走向尊重台灣人民意願的和平統一，也較台灣獨立引起兩岸對立這條路來得對台灣有利。這是當時我和國統會研究委員常常討論到的一點。

九〇至九二年間，在和李先生幾次見面時，我的印象是，他也正在就這個方向深深思考。後來，在總統任期的後期，他採取偏向後者的另一條路，原因當然很多。但作爲第一個代表台灣人出頭天的台灣領導者，在「一個中國」架構下，島內島外所遭受的挫折感，加上周邊的人選擇性的提供中國面臨崩潰的資訊，以致產生認知上的偏差，必然是主要原因之一。至於退休後的一些言行，除了理念個性外，更有「自保」因素的考慮，另當別論。也許是我判斷錯了，也許是我低估了文化背景的重要性，不過，我還是相信，在九〇年代初期，李後來與中國完全分離的路線，並不是沒有挽回的可能。李超人的意志力和對台灣民意的掌握，無人可與倫比，可惜對大陸情勢的研判，受到誤導。站在我的立場，不得不深感惋惜。

民主化與兩岸

「其實是有三個圈子：台灣的圈子，本省人強勢，外省人弱勢；大中國的圈子，大陸強勢，台灣弱勢；世界的圈子，美國強勢（至少目前還是），中國弱勢。一個圈子裡，大的、強勢的容讓著小的、弱勢的，才能團結融合，在更大的圈子裡，才更有競爭的力量。」

一九八〇年春，台灣發生美麗島事件，魏京生在北京被判刑十四年，《中國時報》頒發人權獎，由沈君山（右二）代領。左為《中時》創辦人余紀忠，右為不知情應邀觀禮的國民黨祕書長蔣彥士。

「中華兩岸聯合會」芻議

一九九七年十二月三日，我與翁松燃、馬英九、陳其南、朱雲漢聯合署名芻議，公開發表並由翁松燃在國統會研究委員會議提出。

從一九九五年夏天兩岸制度性協商管道中止以來，兩岸關係陷入高度的不穩定狀態，台海的緊張情勢對於兩岸的民衆福祉均產生很大的傷害，並進而影響到亞太地區的和平與穩定。經過這一段的波折，顯示目前兩岸的協商機制已經不足以擔負起維護和平與穩定的任務。同時，國際社會（尤其是美國）對於兩岸展開政治性協商的期盼也日益殷切。因此，如何凝聚台灣社會內部的共識，回應挑戰，乃是當前最重要的政策課題。

很明顯的，目前並沒有一個最終的政治統合模式，可能同時爲雙方接受；「國統綱領」所設定的目標：「重建一個統一的中國」，絕非短期內一蹴可幾。因此，我們建議，爲了維護海峽的和平與穩定、開展兩岸的全方位交流與合作，當前兩岸的政治性協商，應該是以建立一種過渡性政治關係以及處理這種關係的機制與架構爲階段性目標。爲此，我們提出如下的具體方案：雙方在各自的政治與法律架構（包括國號與體制等）一切不變的前提下，在兩岸間設立一個共同組織，暫名爲「中華兩岸聯合會」（英文譯名得爲**Chinese Cross Strait Joint Council**，CCJC），下含雙邊性的「兩岸會議」與各種功能性的委員會，其實質功能包括下列三項：一、規劃與促進兩岸的交流與合作。二、協商與仲裁兩岸非政治性的議題或爭議。三、協調兩岸政治性（包含國際活動）的議題。

此一聯合會具有下列五項特性：一、象徵性：象徵兩個分治地區協調合作與逐漸走向政治統合的意向。二、平等性：透過雙邊性「兩岸會議」體現平等協商的原則。三、常設性：定期舉行「兩岸會議」，並視需要設置各類常設性的功能委員會及專職工作人員。四、功能性：透過協商解決不同層次的實際問題。五、階段性：此爲兩岸永久性政治關係建立前的過渡性架構。

此一構想的提出，乃是我們根據國際客觀形勢的演變，試圖在兩岸間與島內各黨派間，尋找出一個有利於台灣兩千一百萬人的最大公約數。

「聯合會」的設立與運作，須遵循兩岸各自之法定程序。它的設置也自然可以成爲「兩會協商」與「辜汪會談」的延伸。聯合會雖然是階段性質，但其存續期間沒有上限，它的主要目的是維持和平、解決實際問題。與「國統綱領」的原則與進程相比，我們的設計可以使中程階段成立「對等的官方溝通管道」的構想具體化。

經過相當時間，如果運作順暢，主客觀條件成熟，經過法定程序，聯合會亦得轉換成遠程階段的「兩岸統一協商機構」，在此之前，它可以繼續發揮其解決問題、開展合作，與促進和平與穩定的功能。

芻議之緣起與結果

中華兩岸聯合會的構想，最早應是在一九九〇年初，瞭解到兩岸建立永久性的政治架構前，必須先經過一段「一而不統」的時期。在這段時期，兩岸都必須接受尊重既存的現行體制，在這個基礎上，推動穩定的和平交流。

這個構想，當時曾分別向兩岸的領導人提過。那時「海基」、「海協」剛剛成立，原意是待兩會運作一段時間後，從建立熱線開始，逐步向聯合辦公的方向前進。一方面提高效率，一方面也作爲進入國統綱領第二階段的象徵。但一九九二年後，國統會的運作趨緩，我自己也回到清華做了校長，既忙於校務，身分也不宜再直接介入兩岸關係的活動，此構想的推動就擱置了。

一九九七年，我已滿六十五歲，也確定於一九九八年春正式從學校退休。乃重新關切起一九七三年回國時定下的「立命」的目標。稍稍接觸瞭解一下，發覺當局對一九九〇年代初建立起來的「主權各表，治權分擁」的一個中國架構，已經認為不合台灣利益，必須突破。換句話說，已經到了不進則退的時候。那時北京和台北間的官方距離，比五、六年前已經拉大了很多，雙方的互信可說已降到近乎沒有；而和平分治等想法，要有實踐的可能，基本的互信是最低的條件，現在再去努力，時機上比九〇年代初，已差很多。但只要有一絲希望，總要一試。於是抱著知其不可而為的心情，聯絡了幾位想法相似，而且也具有務實的理想性格的朋友，再做一次具體的共同努力。

第一位聯絡的是翁松燃，他的背景及我和他的關係，在本書〈回顧〉一章已有介紹。他當時是國統會研究委員，雖然國統會已實際上停止運作，但研究委員會議還是提出聯合會構想，並加以討論的最適當場合。翁對我長年來進出大陸的情形完全瞭解，他與我的背景理念很不相同，但互相的信任是堅固的。無論如何，九七年時，國統會幾經改組，原始幾位緩統派的委員都已離開，翁君是後來邀聘的，也只有經過他才能提案。

第二位是朱雲漢，朱君早先我並不熟識，只知道他是胡佛教授最得意的門生，是國內知名的政治學者，對於國際政治，尤其第二軌道的運作情形，更為熟悉；一經接觸，對他的能力才具十分佩服，對如何落實聯合會的構想，他提出了很多寶貴的意見，芻議的初稿後來是他起草的，陳其南也是他連繫的。

署名幾位中，馬英九當然是比較特殊的，當時他剛從政務委員退下來，在政大任教，但還是受矚目的政治明星。其實從八〇年代開始，無論從職務上，還是認知上，如何有效而務實的推動兩岸關係，一直是他最關心的議題，而且一經參與，就全心投入，是他的個性。在芻議發表後，還寫了一篇一萬八千字闡述其觀念及如何運作的文章，可惜太長了，報紙不登，現在還留在我的檔案中。

這樣幾位背景不同的人，能就兩岸關係這樣敏感的議題，擬出一個具體的芻議，似乎不可思議；但其實，當時在主客觀情勢的限制下，改善兩岸關係，可選擇的途徑並不多，只要是誠實的去尋求出路的，超越了意識型態，共同努力，總可以妥協，獲得共識。我還記得，芻議定稿的前一天晚上，我在香港沙田中大翁松燃的教授宿舍，和他逐字討論芻議的用詞，再通過電話和傳眞，把我們的意見傳回朱雲漢家中，再由朱雲漢和其他兩位商議、斟酌定案。到了凌晨二時，朱把最後打字的定稿傳來，關上傳眞，翁兄和我各斟了紅酒，到陽台上稍息，拂著海風，望著隔岸漁村閃爍明滅的燈火，太倦了，沒有說話，心中卻澎湃著感觸。兩個背景如此不同的朋友，十餘年來，眼看兩岸關係的變化，立場雖並不盡同，關切之情則一，未曾稍減，也眞難得了。

芻議提出前，當然曾探討對岸可能的反感，那是相當正面的。九七年十一月在上海和汪道涵晤談，他說會親自來，他們還建議第一次預備會議，也許可以在澳門開，當時香港剛剛回歸，有許多不方便。芻議在國內提出後，只有輿論界支持，《中國時報》於余紀忠授意下還特別寫了篇社論，但當時兩國論在政府高層核心醞釀已久，翁松燃在國統會研究委員會議內受到質疑，卻沒有認眞討論，事後他個人反而受到許多朋友的批評。當時的國安會秘書長丁懋時是對此爭議及如何經由第二軌道來試探推動，較感興趣的，曾約同當時的陸委會主委蘇起、朱雲漢和我共同加以探討，但不過幾天丁就離開了國安會。幾個月後，兩國論正式提出，國家政策已定，任何基於兩治觀念提出的構想，都不再切實際；芻議也就束之高閣，無疾而終。但它的在國統會研究委員會議提出，是國統會最後一次活動，也算具有歷史意義吧。故追述於此。

瓊樓高處看開票（一九九八年）

本文曾刊於一九九八年十二月十三日《中國時報》。

我的家在忠孝東路四段的巷子裡，從後面陽台望出去看得到陳水扁的競選總部。這幾個月來一幅超大的陳水扁人像，上面標著「認眞的市長」再加「有夢最美，希望相隨」八個較小字的眉批，一直矗立在那裡。

選舉之夜，吃完晚飯，鑼鼓聲震天，反正也做不成事，換上球鞋，披了夾克，就往陳總部踱過去。開票剛剛開始，市長的票要最後開，人聲沸騰，我擠在人叢中，擠了一會兒，聽主持人在講台上賣力加油打氣的吼，看見路邊一棟大樓霓虹燈閃爍著某某西餐廳的字樣，現在才六點多，還早嘛，就往那邊擠去，但在門口被擋住了，「今天不營業」。我看看樓上，門口的警衛搖搖頭，我也只好搖搖頭，正要回頭走，門裡忽然走出一個不太年輕的年輕人，朝我看看，試探著問：「你是沈教授嗎？」我點點頭，他給警衛打個招呼，就請了我進去。

「今天我是這座大樓的負責人，今晚太熱鬧了，六點起就讓他們打了烊，只准出不准進，你要吃東西嗎？」

「那倒不一定，只是想看看開票，休息休息。」我答道。

「那就請上樓到我辦公室來，正好看。」他很熱情的說。

在辦公室他開了瓶酒，一邊說票恐怕要到十點才開完，一邊就聊了起來。隔窗望出去，陳水扁微笑的臉像正看著我們。

「我是雲林農家子弟，父母不識字……。」，主人先遞給我張名片，開始自我介紹，他今年三十三歲，正好是我年齡的一半，這棟大樓屬於他任職的那家關係企業，他做老闆的祕書，老闆信任他，今晚就把整棟大樓交給他，讓他負責。

「現在選舉是不會鬧事了，我准了TVBS和台視在樓頂天台來架電視，待會兒，我們到那兒去看看阿扁他們慶功。」主人笑著說：「我是新台灣人啦！」

「新台灣人」這個名詞，其實已經上市四、五年了，只是經李總統用濃厚台灣原味的中國國語一講，意義就不一樣。

「南京大屠殺啦，二二八啦，都已很淡了，沒有發生在自己身上嘛！」

「我們不錯嘛！亞洲金融風暴台灣被掃到尾，也還站得直直的，有什麼好悲情？」

「我們這一代省籍情結很淡了，國小被一個外省籍老師教了三年，他是對我一生最有影響的人。」主人打開話匣子，想了一下，又說：「省籍觀念也不是完全沒有，不過是隱性的。

「跟外省人認同和跟中國大陸人認同，是兩回事。他們是另外一國人，鴨霸、大國心態！我們在大陸有工廠，最近去過兩次，他們心裡就是錢，看我們也是看錢，但心裡不是看得起，這麼小一點，一口就吃完了，哼！」

他說他是陳水扁的堅定支持者，因爲陳水扁有魄力，做主管就是要有魄力、目標明確，下面才容易跟。他知道我的一些事，也對我很尊敬，看我很有興趣的聽，有時還問兩句，更滔滔不絕的講，一瓶酒兩個人也喝得差不多了。忽然他眼神一閃，冒出這樣一句：「你不是馬英九的朋友嗎？怎麼跑到陳水扁這邊來？」

「我當然是馬英九的朋友，今天也投了他一票，不過我從前黨外的朋友也很多，看選舉也多半來這邊看，要看台灣的民主發展，這邊看才是眞的。但是你怎麼知道我是馬英九的朋友？」

「你跟他常一齊上電視，金庸來台那次，吃射鵰宴，游錫堃坐在阿扁旁邊，你坐在馬英九旁邊，很明顯呀！你們不是還搞了個什麼聯合會嗎？」

「哦，哈、哈、哈……。」我眞的笑起來。

於是我告訴他，認識小馬哥是在十年前，他做行政院研考會主委，我做政務委員，兩人常一齊到行政院的大衆食堂去吃二十五元一客的午餐，全院政務官中只有我們兩個吃。他兼大陸工作小組執行長，我負責科技能源，兩人原無交集，但我對兩岸事務一向有興趣，就老往那兒跑。記得我第一次跑到二樓找他，他謙虛得不得了，說應該他來看我，因爲論官階、輩份，我都比較高。我後來也眞的等了兩、三個禮拜，等他來看我，但他不來，所以我又去了。當然先和他的祕書約好，知道他什麼時候有空就先去他的會客室一坐。去推銷我「一國兩治」理論，那也就是今天的一個「分治的中國」的說法。但當時和國策完全不符，「共匪」還是叛亂團體，馬英九是法律人，直屬上司是施啓揚副院長，大老闆是兪國華院長，所以對我這個眞正把政務委員當做不管部部長來做的「君公」可能相當頭痛。後來他想出個辦法，約我吃中飯，二十五元的中飯吃了十幾二十頓，都是他請的客，讓我在午餐時盡量發揮。一年後政府改組，我被請出行政院，馬主委可能相當的鬆了口氣，送了我首詩，其中有「身朝言野，何嘗著眼覓封侯」之句，其實何嘗不想覓封侯，只是太善盡職守了。

可能是因爲榮升ＬＫＫ（老摳摳）族久了，講起往事，不能自已。主人顯然不再注意我講什麼，開始講時他就告了罪，拿起行動電話往外打，然後一直貼著耳朵聽，忽然大叫一聲，「×♯！×♯！差七千票，有沒有搞錯？」

我嚇了一跳，「什麼七千票？」主人把聽筒放下來。

「馬英九領先七千票，他要贏了，×♯！今天不喝醉是不回去了。」

我問，「一共是開了幾票？」

他在電話裡重複問一遍，然後告訴我十五萬票了。

我說：「趕快去買酒！」

他說還沒吃飯，於是我們下了樓，穿過氣憤著臉的人群，我緊貼著新交的朋友。別的餐廳顯然也都已打烊，就在路邊吃了碗米粉，我陪著吃了，他這時也平靜下來，很抱歉的說：「害你吃路邊攤了，平常沒吃過吧！」

我說：「常吃。」

「常吃？四大公子啊！」

「有人吃肉，有人吃素，有人吃路邊攤，這不是民主嗎？」

他哈哈的笑了，這頓米粉吃得味道眞好，馬英九繼續領先。

吃完回到大樓，他在打烊的餐廳抓了兩瓶酒、兩個杯子，直上十七樓加一的天台。果然TVBS架了攝影機在錄影，廣場開票活動一切看得淸淸楚楚，「有夢最美，希望相隨」的歌聲斷斷續續的從擴音機裡悠揚傳來，講台上還在打氣激勵，不過群衆的掌聲顯然偏向高雄，謝長廷居然和吳敦義戰得不相上下！

我們一人拿了一瓶酒，一只杯子，並排靠在天台牆邊，把酒瓶在牆頭上放好，從大半身高的天台牆上往下面看看，再繼續聊天，「你知道嗎？孫運璿這次發揮了盧修一效應。」主人說。

「喔！」我無法接腔。

「孫運璿是好官，給台灣打下經濟基礎。」主人繼續說。

「你在孫先生做院長時是……？」我問到。

「當然還只是個學生，不過我們老闆都說，是他們那時打下的基礎，我們台灣郎是有情有義的。」

「我以爲他只是對外省人，投票立場未定的人有影響。」我發表了一點看法。

「不止啦，他爲台灣打拚，打拚得病成這樣，他來拜託都受感動的，台灣郎是有情有義的。」

我的主人已經喝了一瓶半酒，話講不太清，要來倒我酒瓶裡的酒，我給他倒了一杯，把酒瓶搶回擺在靠得遠的一邊，做了結論：「孫先生至少不會產生負面效應，新黨票一定拉去不少，一聲拜託一萬票，七聲拜託，馬英九多了七萬票。」

下面繼續在打氣吶喊，但人已在往外走，主人說：「現在剩下的都是死忠的扁迷，不會走了。」他又看我一眼，「我們要看到阿扁來，你也要看到阿扁來哦！」

我馬上說：「一定一定。」

於是我們繼續聊。

「你們新台灣人認同不認同馬英九？」我問。

「那得看馬英九認不認同新台灣人，他現在當然認同，競選嘛！以後還要看，聞其言，觀其行。」停了一下，他看著我，「你認不認同新台灣人？」

「我？我瞭解，也贊同新台灣人的觀念，但我自己不能算完全的新台灣人。我是個認同台灣的中國人。我的年齡在孫運璿與馬英九之間，安身立命於此數十年，當然愛台灣得很，但我自己中國文化的情結太深了，我們這一代漸漸退下，台灣人的歷史只有五十年，一九四八、四九年後的五十年，過去分享共同的成長，未來分享共同的命運，不過現實的說，怎麼都和大陸脫不了關係的。」

我們現在已經看得清下面大銀幕上的開票報導，但主人還是打開大哥大，關心高雄的選情，他在高雄有朋友。

聊天轉開選舉，「沈教授，我小學就聽過你，我的老師就常講你。你看，我們這一代和你們這一代有什麼不同？」

「不是我的一代，我的一代是中日戰爭時大陸成長的。就說馬英九、陳水扁那一代吧！我是一直在清大教書，用理工科的菁英來比，你們這代說好聽是比較『務實』，批評一點是太過『現實』，知道很多『資訊』，卻沒有容下夠多的『知識』。馬英九的那個時代，不要說沒有網路，電視也只有三台，資訊都遭控制。有好書看，就認眞看。不像現在七、八十個電視台，每台都有特色，一路跳過去，沒一台看得完，太多資訊沖淡了知識。」

「你們這代比較不會作夢，少些幻想，但也少了理想。」我又補充兩句。朋友頻頻點頭，拉近了我們的距離。瓊樓高處冷風襲來，我打了兩個寒顫，把夾克領子拉起，他說：「我們下去吧！」

我說：「不，不，阿扁還沒來呢！」

於是我們繼續聊，高雄消息傳來，謝長廷以四千多票優勢當選了，我看朋友挫折得厲害，試著安慰他，「可以彌補一下了。」

「完全不能彌補！」他說。

下面還在造勢，等陳水扁來，台上的人還在用台語罵國民黨，要台灣人支持台灣郎，朋友看著我說：「你懂不懂台灣話？」

「懂吧，我民國六十七年起做省選舉委員，和林洋港（曾任省主席兼選委會主任委員）同時上台。那時計票眞的會停電，票箱給整個換掉，我們在中興新村開會，開完會我就和陳五福委員一齊北返，他回宜蘭，我回台北，他的車座墊一張虎皮，暖和得很，還可省掉張火車票。還有一位客家大老徐邦新，他們都不大講話，我話最多，常跟中央的指示頂，每次頂，陳委員就慢慢的說沈委員的話有些道理啊，徐委員也慢慢的說，我也贊成。林主席瞇著眼笑，說你們三人不要結黨成派啊。現在陳、徐兩位都過去了。那時因下鄉監選，要聽政見合不合法，勉強學會了一些台灣話，都是政治話，後來到中央做選舉委員，把學的話都還回去了。」

他聽了點點頭，看看下面有點憤慨的說：「爲什麼還要用台灣話講呢？嫌票太多嗎？」

「在台北市不必了，但過了淡水河，還是有用的啊！」我說。

下面忽然騷動起來，我們停止聊天，探出頭去看，一定是陳水扁要來答謝了。果然，不久，市府團隊一個個的出來，起先用台語說，我聽不太懂，第一個用國語講的是交通局長賀陳旦。他是淸華一位教授的哥哥，也見過面。爲了被吊車罰款太多，我曾寫過信給他，還附了首七律，開首是「幹吏有權可罰單，書生無奈惟納款」結語是「而今始知小民哀」，一直無回音，大概被科員丟到字紙簍去了。馬英九沒競選市長的時候，因爲兩岸聯合會的事，我們常見面，他看我的破車貼滿吊車封條，問是怎麼回事，我著著實實的抱怨了一番，自認是校長退休後最大的悲哀。他笑壞了，我說這是買得起車，請不起司機的小中產階級的悲哀，不可忽視。也許印象深刻，競選後期，他居然打出超額吊車罰款退錢的政見，不知是不是受了老友影響呢？

「什麼是兩岸聯合會？」朋友問。

「那是我們幾位教授和馬英九一齊提出來的一個構想。明顯的，短期內兩岸都達不到統獨的目標，因此建議在過渡時期間，雙方政體不變，但設一常設的聯合會，處理兩岸事務，包括政治性的。我們說這是築成兩岸的一座大橋，撐起海峽的一頂大傘。」

「辦得到嗎？」他懷疑的問。

我頓了一下，指著對面牆上說：「有夢最美，希望相隨，而且我的夢常會實現。三、五年內，它一定會被考慮，就像新台灣人的口號，忽然發生奇蹟，讓馬英九當選。無論如何，馬英九是最熱心、最賣力的，在教十三個學分之餘，還寫了篇一萬八千字的文章，太長了登不出去，還在我那裡。現在他紅了，或許會有雜誌願意登，來我這兒要吧！昨天是兩岸聯合會發表一週年紀念，當初翁松燃、朱雲漢等幾位簽字的朋友聚在一起懷念，遍插茱萸少一人，我們還一齊去了馬總部，簽個字留了名片呢。」

最後陳水扁終於推了太太出來，疲倦、失望溢於言表。無論怎樣，他是一位認眞的市長，也能用人，不過這次選舉範疇遠遠超過單純的市長選舉，而且碰到今天台北特殊時空下，兩個無比強勁的對手，不幸暫時敗北，壯志未酬心有未甘，他用國語向群衆發言，台下也一片悲憤之情。

朋友沮喪已極，我的酒瓶裡還剩半瓶酒，幫他倒滿一杯，他一乾而盡，用力爲陳水扁鼓掌。

最後，陳水扁深深一鞠躬退下，群衆散去，我們也該走了。在冷風裡吹了兩個多小時，朋友建議到他的辦公室喝杯茶，暖一暖再走，我完全同意。

「你不在意的話，要不要聽我說說，陳水扁今天輸了，對台灣也有好處，而且他——包括民進黨在內並沒有輸。」我邊走邊說。

他張羅著泡了杯熱茶，大家都坐下來。

我繼續說：「今天陳水扁輸了，本省人支持他的都悲情得很，以爲又遭外省人欺負了。但其實現在『台灣選票出政權』的情形下，本省人已是絕對優勢族群。今天有可能靠自己實力一對一選上的外省人只有兩個，其中一個是馬英九在台北。假若馬英九在台北還選不上，想想看，外省族群有多麼悲情？這對台灣內部團結不好。在兩岸關係發展上，我想這是今後一年多李總統將最盡力的，也會產生問題。陳輸了，台灣政權也不會回到外省人手上，再過十年，大家都是新台灣人，省籍問題自然度過去了。當然，省籍不會完全消失，就像你說的，隱性存在，培養馬英九這樣一個外省代言人，不錯啊，他比較不會腐化，也比較不會造反。」

我接著說：「其實是有三個圈子：台灣的圈子，本省人強勢，外省人弱勢；大中國的圈子，大陸強勢，台灣弱勢；世界的圈子，美國強勢（至少目前還是），中國弱勢。一個圈子裡，大的強勢的讓著小的弱勢的，才能團結融合，在更大的圈子裡才更有競爭的力量。請看兩岸僵持，中國跟美日打交道，付出多少代價？當然台灣也付出很多代價。」

最後，我做了如下分析：「民進黨和陳水扁有沒有輸呢？當然從立法院、台北市看來，現實上是輸了，這兩年國民黨的行政院會舒服些，但如果把一年半後總統選舉做指標，很難說、很難說。陳水扁落選，很多人，尤其本省人都會覺得虧欠了他。台北市這次因馬英九而國新兩黨整合，其實這次不整合，下次總統選舉還是自然會整合。最重要的是高雄變了天，南台一片綠，一年半後，沒有了李登輝，無論誰做候選人，國民黨這仗還眞難打。而阿扁再出山，是順勢而爲，不必再揹中途換跑道之名，塞翁失馬，禍福難知呢！」

聽了這番議論，不管通不通，朋友心裡顯然舒服很多。

該分手了，下電梯時我們達到一個共識：馬英九這次勝選，匯聚四面八方的力量，包袱當然很重，但各方期望有一個最大公約數，就是做一個好市長，只要做好市長，各種人情都還了。朋友對我說：「要有魄力，要摔包袱，這話務請帶到。」

因此，有了這篇文章。

（十二月六日，於新竹，後來想想，台北交通太壞，吊車恐怕還是得吊，不必退罰款，用來多建設停車位罷。）

瓊樓高處談開票（二〇〇二年）

本文曾刊於二〇〇二年十二月十七日《中國時報》。

有夢最美，希望相隨……。

四年前我聽著這歌聲，到敦化南路陳水扁的競選總部附近去看開票，邂逅一位雲林農家子弟H君，他是陳市長的死忠，帶我到附近一座大樓的天台看開票。後來我又請來在《九十年代》雜誌任職的C記者（邱近思小姐），我們三人一直看到十一點人都散了才走。後來我把這段經歷和感想寫成一文〈瓊樓高處看開票〉，登在《中國時報》。

四年間，H君和我偶爾通過幾次電話。這次選舉，遠不如上次激烈，但H君還是打了電話來，問是否重聚一番？我想也好，流水四年，滄桑人事，重溫舊夢，一定有不少話可談，於是由我交涉，借了馬總部上面八樓國民黨投資管理委員會舊址的一間房，約定投開票日下午三點相聚。到時，三位舊雨準時而至，還多了一位新知「第四者」，他是某大學法律研究所的所長，因爲我行動不便，便請他相陪扶持。

萬事俱備，卻發現少了酒，四年前阿扁落選，H君喝了一瓶半白蘭地，說要從十九樓跳下去，嚇得我把剩下的半瓶酒藏起來。這次當然不會再有此驚險鏡頭，但重聚怎能無酒，我不能喝烈酒了，H君便去買紅酒。

C和我閒聊，市長選誰不用問，就問我市議員選誰，我說：「選了，不知是誰。」「那你怎麼選？」我說：「很簡單，把候選單一字攤開，女性優先，然後細細端詳，誰最漂亮就選誰。」「唉！到底選誰？什麼黨？」「二十幾號，什麼黨不知道。」第四者找來一張候選單，問了幾個名字，後來秦儷舫的名字出來，我說就是她，再一看「成大電機系畢業」，嗯，不錯，看來我是選對了。

C卻不以爲然：「沈教授，你也是大知識份子了，怎麼這樣投票？」「政治易變，美麗最眞。」我回答得理直氣壯。其實市議員部分，像我這樣迷糊的選民恐怕還不少，不過迷糊的標準不同罷了。

H買酒回來了，言歸正傳，先談談個人的變化。《九十年代》停刊了，C不做記者，現在是自由之身，政治立場沒變，自認還是獨立超然。H換了職業，也換了政治立場，這次是堅定擁馬。至於我，四年前可以從十六樓的電梯頂層一跳一跳的上到十九樓天台，現在不行了。三年半前中了風，最初言語不清，走路不行。後來嘴巴的復原最快，因爲朋友來訪講話不斷，復健效率最高，現在已完全恢復正常。走路嘛，拄拐而行，還能開車，雖有不便，障而不殘。政治立場沒變，而且做了馬英九捐助的新台灣人基金會董事長，因此，「你們知道這間房原來是誰的辦公室嗎？」朋友們環視四堵皆壁，相顧茫然，「劉泰英的！他那時是投管會的董事長。」朋友們肅然起敬，但再看看，不但室內空空，室外大廳也堆滿了生力麵盒，大概是給義工們的宵夜，滄海桑田，莫不慨然。

「這是做董事長的方便，但最近也因此招來無妄之災。」「哦？」朋友們不約而同的問。

「月前馬總部成立，我以董事長的身分代表基金會前來致賀，拄了拐杖走出去，被《商業周刊》的記者看見，寫了篇報導，說沈君山跌斷了腿，而且孤苦伶仃的住在清華，成了孤獨老人，寫得活靈活現，被網路轉載，中外皆知，我的電子信箱塞滿了慰問函，還有人送來續骨的特效藥膏，這不是無妄之災嗎？」「這就是台灣記者的水準！」頓了一下，我又加一句。

C瞪了我一眼，她還是有記者的本能，把話題拉回正題，「H君爲什麼轉變了立場？」

H：「當然有些大原因，經濟衰退、好鬥善變等等，讓我對民進黨執政的期望有些失望，但這次選舉改變立場的主要原因是正反兩點：一是對民進黨選舉策略的反感，把統獨族群都扯進來，陳師孟說什麼一邊一國選一號，一國兩制選二號，台北市長有這麼大的權力？把台北選民都當傻瓜嘛！二是四年前陳水扁市長做得認眞、有魄力，沈教授也有共識，是不是？而馬英九一下選，一下不選，讓人反感。這次馬四年做得可以，而且個人特質顯現，讓人喜歡，所以就把我的立場改了。」

輪到我了，我說：「我的立場沒變，除了朋友這個個人因素外，也有客觀的三點。第一，馬市長和馬市府團隊加起來，市政做得還不錯，可以再支持一任，這和H看法相似。但馬個人太亮，除了龍應台，別人都看不見了。而且市府團隊官僚氣重，馬過分寬容，有待改進之處尚多。第二，現在台灣政壇，能制衡陳水扁的只有馬。只要馬在台上，不管最後會不會選總統，陳都得唯愼唯懼，民之所欲常在我心，眞正的拚經濟、通兩岸、節制著幹，這對台灣老百姓是有福的。第三，現在媒體時代，政治人物不但要有行政能力，還能影響社會價值，所謂移風轉俗。所以還要有讓人仰望信任的特質，這點馬眞是得天獨厚，父親希望兒子像他、妻子希望丈夫像他、少女希望情人像他，幾乎每個人都願意自己最親熱的人像他。在台灣今天一團混濁的政壇，很需要這樣一個清亮的明星，套幾句長恨歌的詞，現在的情形是：

馬家有男『已』長成，選入市府人『漸』識。
百萬寵愛在一身，八方政客無顏色。

「第一句的『已』是他政治成熟的快速。這一次選舉，馬言談應對的得體，危機處理的手腕，比上次成熟太多，有時甚至令人惋惜。第二句的『漸』表示認識是累積的，不會因一時錯誤或一味抹黑動搖得了。馬個人的聲譽，過去是無瑕可擊，未來則只有他自己能擊敗自己。

「還有，我要給李應元八十五分，從一開始希望不大到最後沒有希望，他始終微笑著努力的選。還有，他自己從沒捲入族群抹黑等無聊舉動。台北市的選舉始終維持高格調，這點與勝負之數早定有關，與馬團隊的運作有關，但李應元的自我把持還是相當可取。」

C：「你們各代表不同的族群，能不能說說你們認識的朋友，對此次選舉的看法？」

H：「我是南部人，農家出身，常吃路邊攤，我發現這次選舉得個『冷』

字。南部是經濟不好受害最大的地區，老百姓對民進黨漸漸失去信心，但對民進黨失去信心，不等於對國民黨、親民黨就有了信心，所以就冷了。還有小生意人，我自己就是一個，廠一直賠，但不能關，有社會責任，這是台灣郎的道義精神。大陸的生意現在也不好做，你會的，他們都會了，台商兩邊跑，附加本錢高。商人無國界，賺錢是第一，但現在兩邊不著槓，大陸不接受你，台灣又說你是第五縱隊，唉！」

C：「到大陸卡位才有競爭力，從政到經，從小單幫到大企業都有共識，但現在卻拖在那兒，國家安全？意識型態？都搞不清楚！對了，十一月二十三日農民大遊行，你的看法怎樣？」

H：「昨天老爸打電話來，才知道那天他也上來，但不給我知道，怕被我罵。因爲農家捲入運動遊行，總是不好，是不光彩的。」

C：「對！但你代表的外省族群還沒說呢？」

沈：「外省族群現在面臨極大的危機感。像台灣這樣一個一點大的地方，少數族群當權，多數族群在野，會有不平感，但不會有不安感，因爲人數多，不怕被排擠出去，而且自然演進，總有當權的一天。但是多數族群當權，少數族群就有不安全感。不安感和不平感不同，不平感會引起悲憤，甚至反抗；但是不安感，尤其在被挑起族群對立時，會產生極強的危機感，甚至鋌而走險，包括眞的裡通外敵。『台灣只有兩種人，一種台灣人，一種外國人！』這話聽在外省人耳裡，自己不是台灣人，外國人不要，那只有跳台灣海峽了。民進黨當權後，外省人危機感逐漸增加，這次市長選舉，爲了少少無關勝負的幾票，有心人刻意炒作，像H君都感覺到，外省人危機感當然大到極點。像我的老媽媽，今年八十九歲了，李登輝早年在農漁會工作，是我父親很看重的年輕學者，父親去世後，李做總統時也對媽媽十分尊敬，過年過節一定送水果來，還請她去家裡聽證道、望彌撒，後來才慢慢疏遠。但這次選舉，她挺馬挺到非理性的程度，要妹妹從美國回來投票，打了幾次越洋電話，還是我給妹妹保證，馬一定當選，不差她那一票，才省了她一、兩千元美金。我們要替媽媽暖壽，她一定要待到馬當選才做，不當選不做，說什麼也不聽。我們只好延到九號，馬英九來敬了杯酒，和幾位老太太合照了一張相，她們得意極了。我笑她九十歲像十九歲，像個小姑娘。但我可以從她眼神中感覺到她的不安全感，而馬是她們的保護神。這不安全感當然不只爲自己，是爲她那一代，更是爲她那一代信仰的文化和民族精神。

「還有我的小兒子，今年十二歲，國中一年級（現在叫七年級），在學校裡受了族群英文的困擾，選前一天打電話來新竹催票，要老爸一定去投票，不可偷懶。他是敎改的白老鼠，很可憐，每天揹個大書包回家，還面臨兩個大困擾。一個是建構數學：7×7=49一定要7+7+7+7+7+7+7=49，這樣算，不知是什麼道理。還有就是英文，模擬日常對話，外國人問『Are you a Chinese?』你要回答：『I am a Taiwanese, not a Chinese.』這和媽媽在家教的不同，於是老師把媽媽找去溝通，談不出所以然，媽媽就把這些問題丟給我。

「對於建構數學，我只有投降，一定是天才的傑作，天才與白癡之間只隔著一張薄紙，其特徵就是把簡單的問題複雜化。對於英文的Taiwanese，我卻正有過一次經驗，兩、三個禮拜以前，一個同事在台北讀小學三年級的兒子，已經學了一年英文，也碰到類似的問題，他太太可以接受I am a Taiwanese, but also a Chinese，但是仍有困難。同事建議她來找我，因爲『沈君山是專家』。於是媽媽帶了兒子殺到我家。我想了一下，自認找到可能政治正確的答案：『I am Taiwanese first, but also a Chinese』但是兒子翻了兩下眼皮，『Taiwanese first，那不是鄭成功嗎？』顯然他把Taiwanese first和first Taiwanese弄混了，但鄭成功也不是first Taiwanese，究竟誰是first Taiwanese呢？何況有個Chinese在裡面，恐怕也不能過關。

「於是兩個問題都交了白卷，卻給我自己帶來兩個問題：不是每個小孩都能做文藝復興人，爲什麼要教他，甚至考他那麼多各式各樣的知識呢？還有，這樣教育下的下一代，怎樣說都是Taiwanese：『台灣』人，台灣兩字沒有問題，但人是怎樣的一個人呢？」

C：「魏京生說對付中共，馬英九太軟弱，不如李登輝的強悍，也有人說馬人是好人，但魄力不夠，你怎麼看？」

沈：「這要看你從哪個角度看。金庸寫《倚天屠龍記》，有一篇〈後記〉，評論政治和書中人物，大意是說：一個成功的政治領袖，要有三個條件。第一個條件是『忍』，包含克制自己的忍，容被人一時凌辱的忍，及對付政敵殘忍的忍。第二是決斷明快，第三是極強的權力欲。所以書中的男主角張無忌可以做好朋友卻不是好政治領袖，反而他的女友周芷若心狠手辣才是好的政治領袖。

「金庸這番話，我認爲只對了一半，他說的是政治鬥爭，卻不是政治領袖。一個成功的政治領袖當然要有政治鬥爭的手腕，但還有更重要的三個條件：有遠見、能用人和被信任。尤其在知識普及、傳媒發達、選票出政權的開放社會，被信任是很重要的特質，這和好人、好朋友的要求是一樣的，所以好政治領袖和好人、好朋友並不絕對矛盾。

「至於魏京生說的對付中共，這要看你的目標是什麼，若是要北京政權垮台，這大概是大多數民運人士的期望，其期待方式是一種。但站在台灣的立場，一個較爲實際、對台灣人民較爲負責的方式是我稱之爲『三和』的階段性策略。」

朋友問：「什麼是三和？」

我說：「等待大陸和平演變，在此期間保障兩岸分治的和平共處，最後走向和平統合。和平演變是一九五〇年代戴高樂、杜勒斯叫出來的口號，認爲資本主義終將侵蝕共產政權，使共產政權變質，隨著經濟的『走資』帶來政治的民主，共產主義自動消失。在毛周時代，和平演變是大陸上最犯忌的名詞，但自八〇年代鄧小平由內部發動和平演變，到江澤民今天三個代表的理論，和平演變已經完成了八〇％，剩下的二〇％是民主和人權方面，這是魏京生勢不兩立，也是台灣民衆不能接受的二〇％。因此，在這二〇％還遺留的階段，我們要求『和平分治』。待那剩餘的二〇％也大致消失，兩岸不但在經濟制度上接軌，在政治、司法方面的價值觀也不衝突的時候，才尋求最後的和平統合。

「現在有各種尋求和平保障安全的方案，像撤除對台飛彈換取終止軍售，甚至松山機場是否保留做直航都與國家安全有關。但飛彈撤除了，可以搬回來，軍售停止了，可以再開始，至於松山機場離桃園機場只有幾分鐘航程，我實在想不通到松山機場不安全，到桃園機場爲什麼又安全了。我以爲最有效的安全保障是中共在國際間公開承諾『不以武力改變台海現狀』。現在中共參與多項國際活動，也是國際社會受尊重的成員。因此，當中共做了公開的承諾，基本上是會遵守的。至少比象徵性的撤除飛彈更有保障。

「『不以武力改變台海現狀』和片面的『不以武力犯台』，有很大的不同，我以爲中共是可以接受的。」

朋友問：「什麼不同？」

沈：「統一和獨立都是改變了現狀，承諾不以武力改變現狀，現狀改變了，當然就未必不用武力。

「中國現在面臨的問題很多，台灣問題如骨骾在喉，他們也亟願台海穩定。但當然他們會要求，我們也必須給予些相對的承諾。譬如停止或至少減少軍售等等。這就牽涉到談判。這時相互的信任感非常重要，守信負責比強悍權謀更容易得到對方的讓步，試想，倘若一方做了讓步，而對方忽然變了卦，那讓步一方的負責人，如何去向自己的內部交代？」

H：「那馬英九溫和容易被信任的特質，反而是他成爲處理兩岸關係的助力了。」

沈：「這只是一面，處理兩岸關係承諾守信的另一方面是不卑不亢的堅持原則，不但實質上堅持，而且要使民衆在心理上就信任你會有台灣優先的堅持，這點李登輝和陳水扁有先天的優勢。馬英九也許是外省人裡，比較容易獲得信任的一個。但現在許多台灣民衆對他的信任還是只到台北市長爲止，我這兒只是對魏京生片面評語表示不同的看法。無論如何，馬英九遲早會站上台灣領導人的競跑線。這個原來就是他最喜愛的議題『兩岸關係』，他遲早要面臨，他必須同時成爲台灣民衆可以信賴的領導人和中共可以信任的對手。這是高難度的要求，但這也是他必須要通過的。」

C：「前面你說過馬英九政治成熟危機處理的快速，但又說甚至快速得令人惋惜，什麼意思？」

沈：「走上政壇當然要懂得爭取權力和運用權力，但權力也使人腐化。運用權力和利用權力只一線之隔。四年前我們三人談話時，我曾說馬英九比較不易腐化，四年市長驗證了這句話。我相信以後馬個人還是不易腐化，但不能保證他擴大了的團隊和親信也如此。不過馬英九有兩點優勢：第一是他有個明識大體、白主性強的太太。第二是馬英九怕太太，雖然是隱性的。」大家都笑起來，我又加上一句，「不過這兩點好像陳總統也有，而且是顯性的，那馬英九還是沒有優勢。」

C：「那是不是成功的政治領袖的條件還要加上怕太太一條？」

沈：「那要看是什麼太太，張無忌怕上周芷若這樣的太太，天下衆生就遭殃了。」

輕鬆一下，大家都踱到窗口去看下面的活動，馬沒有來，冷清清的，和四年前不能比，南北的選情早定，藍軍表現亮麗，可以回去了，談談這次選舉對兩年後總統選舉的影響做結語吧。正好四年前寫的看開票的文章有一段最後的分析：

「民進黨和陳水扁到底有沒有輸呢？當然從立法院、台北市看起來，現實上是輸了，……但如果把一年半後總統選舉做指標，很難說。陳水扁落選，很多人尤其本省人都覺得虧欠了他。台北市這次因馬英九而國親兩黨整合……，但南台灣一片綠，一年半後，沒有了李登輝，無論誰做候選人，國民黨這仗還眞難打，而阿扁再出山，是順勢而為的，不必再揹中途換跑道之名，塞翁失馬，禍福難知呢！」

這一段話，對國民黨而言，不幸言中。而阿扁也眞正的塞翁失馬，因禍得福。這次選舉，我個人的看法，上一次的分析，換一、兩個名字，幾乎可以重複，國民黨是打了一針強心針，但並沒有眞正改變它的體質。是馬英九個人的勝利和民進黨兩年執政的失敗，這失敗一半是人為，一半是從一造反的反對黨，忽然一步跳到在朝的執政黨，必然要度過的青澀期。兩年後從各種主客觀的因素看來，馬再做候選人的機會很小，假若民進黨能吸取教訓，則一年半後，馬英九只能抬轎，無論誰做候選人，藍軍的仗還眞難打，民進黨此次台北市的失利，塞翁失馬眞是焉知非福呢？

藍軍能否勝利，整合是一個必要（但不是充分）的條件，但上整下不整、陽整陰不整還是不行。

繞過一堆堆的生力麵盒走向電梯。H君的手機響了，他連說好好之後，抬起頭來說：「是我的小孩打來，上次我們聚談，他還在媽媽肚子裡，現在四歲了。」

我說：「哦，他來問馬英九有沒當選？」

朋友們一齊大笑，H說：「他才四歲，哪懂這些，他是要我不要忘了帶玩具回去。但他的電話卻觸引起我一直想的一個問題，我看不懂未來，他的未來在哪裡？」

這個問題，也常困擾著妻，芋仔和蕃薯仔都同在這塊土地上，似乎也都面臨同樣的問題。

我說：「這可以再寫一篇文章了，其實剛剛講的，也包含了一些答案吧！插播一下，我正在寫《浮生後記》，是續上一本《浮生三記》的，也許可以回答你的問題。」C說：「不許私打廣告。」

朋友顯然不怎麼滿意，但他的手機又響了，他又連聲說好。我忽然想起那首歌，旋律眞美，歌詞也好。

電梯到了，朋友們要回房整理東西，我向他們揮別，對朋友說：「告訴兒子，唱給他聽。」

有夢最美，希望相隨……。

施明德

我第一次認識施明德，是一九八〇年初美麗島軍法大審時。高雄事件後，他逃匿多時，後來成爲台中市長的張溫鷹還幫他易過容，最後隔了幾個月才在一間閣樓上被抓到，那段時間報紙每天都登他的消息，給人一種汪洋大盜的印象。所以他出庭那天，我們旁聽觀審的都抱著興奮好奇的心理，果然他搖啊搖的、自在的走進來，一點也不在乎的樣子，而且當庭和自己的律師爭辯起來，異峰突起，眞是絕無冷場。

法庭上向來敵我陣營分明，被告絕對是與自己的辯護律師合作無間、共同「禦敵」，沒聽說過有被告和自己的律師當庭對吵這種突兀場面的。

兩人相吵的原因是施明德的一句用詞，充滿肅殺氣氛的法庭上，法官問施明德是否意圖「顛覆政府」？

當時這樣的罪名相當嚴重，是戒嚴法中的所謂「二條一」，定罪後是唯一死刑。但施明德居然完全不否認，而且還順著法官，頗爲自得的說：「沒錯，我是，我主張合法顛覆政府！」面對施明德的脫稿演出，坐在後方的辯護律師鄭勝助（施明德當時有兩位辯護律師，一位是鄭勝助，另一位是尤清）嚇了一大跳，當場連忙澄清：「法官，他沒有顛覆啦！他沒有要顛覆政府！」

沒想到施明德卻毫不領情，而且還愈說愈高昂：「民主國家都有合法顛覆政府的制度，例如美國就是每四年顛覆一次……。」他繼續堅持自己的確在「顛覆政府」，還引經據典力陳合法顛覆政府之合理必要。

鄭律師怎麼想也想不到，居然有人會自己替自己套上罪名，一時之間不知如何是好的他，只能急得頻頻否認施的話：「你沒有顛覆！你這樣不叫顛覆……。」兩人當場槓上。律師強調法律上顛覆就是顛覆，沒有什麼合法顛覆、非法顛覆的，但施明德依舊堅持自己的說法沒錯，民主政治就允許合法顛覆。

後來，他被判了無期徒刑。原來是死刑的，是蔣經國諮詢了多位人士，才手下留情，這段經過，我從側面有相當瞭解，但也沒有再私下見過他。直到九〇年代中，他成立了一個基金會，做美麗島口述歷史的工作，我也是受訪者之一，因此，和他又多了些認識。結束時他請大家吃飯，席間，有人打趣提起傳聞中他對交女友的「三不」政策，他坦率的承認開玩笑說過「不主動、不拒絕」，最後的「不負責」卻是別人加的。又有人問他，接下來有什麼規畫，他想了一下，答案出人意表：「討個老婆好養老！」我聽了打趣向他分析：「那你是有目的的，有目的就要有手段，革命和追老婆都一樣，你這樣不主動、不拒絕，更明言不負責，誰願意幫你養老？你一定失敗！」

他聽了哈哈大笑，瀟灑自在，一點也不在乎。

＊

不久以前和他有一次認眞的長談，那是在二〇〇二年初。先前他競選立法委員，在報上讀到他有意扮演「和解者」的消息，後來落選，我就去他住的地方看他，首先談到和解，今天的台灣社會太需要和解了。

人類社會總有不同的族群、階級，不是東風壓到西風，就是西風壓到東風。當一個社會少數族群處於政治優勢，多數族群處於劣勢，這是不公正的，多數族群會感到「不平」，但不會感到「不安」，因爲他自知屬於多數，不會被「邊緣化」，因此不會有危機感。尤其若是一個現代文明社會，一定會逐漸和平演變到平衡的地步，所以那是穩定的不平衡。

二十年前的台灣社會，就是這樣。現在情形變了，多數族群上台了，少數族群有了被邊緣化的危機感，儘管這危機感可能只是心理的，在正常情形下，很快就會穩定下來。但台灣的情形很特殊，有個不穩定的兩岸關係的大環境，在兩岸關係不穩定的大環境下，這種「不安」的心理使島內產生不必要的緊張。其實，兩岸間所謂「一個中國」的緊張，其緣由也很相似，南北韓、東西德這些同一民族的分裂國家，都竭力走向統一，兩岸的情形卻不一樣，爲什麼呢？一個重要原因是因爲站在台灣人的立場，兩岸大小強弱懸殊，一旦合併在一起，台灣會被地方化、邊緣化，而在大陸中央專政的體制下，台灣一點保障也沒有。因此，就台灣內部而言，台灣人是多數族群，外省人（尤其第一代、第二代的）有危機感；就大中國而言，大陸人是更多數族群，台灣人有更強的危機感。

無論如何，台灣社會目前很需要一個大家能信賴的政治家，來扮演和解的角色。

我很坦白的對施明德說，不論他的歷史背景、出身成分、寬容的個性、宏觀的見識，在在都使他具有領導和解工作的最佳條件。但是要做一個和解者，就或者是自己擁有權力、或者是能爲有權力者接受；但要爲權力者接受信任，就不能做一個權力者的競爭人，這兩者角色是矛盾的。

所以我說，或許他應該首先尋求和陳水扁和解，然後再努力成爲台灣的和解者。當然，我這些都是書生之見，權力場上絕非如此，而且也強人所難，他聽了，只是有點無奈的說：陳水扁和我關係不行的……。

我曾對陳文茜說過，施明德可能在坐牢時是最快樂的，因爲那時有座牢獄的牆，這座牆把他跟社會隔絕，但也把社會跟他隔絕，把他給保護起來。他只需要堅持他的理念，勇敢的面對權力，不需要管理俗務，不需要精明的面對現實。

陳文茜形容施明德面臨了出獄前後不同的社會型態，所以困惑：坐牢前，他處的是一個革命理想家年代；出獄後，他面臨的卻是一個屬於庸俗政客的社會。我想，不只是時代的不同，也由於他扮演角色的轉換。

我和施明德當然不是很熟，但是從美麗島軍法大審到台北市的促膝長談，前後二十餘年，讓我深深感受到他不變的兩點：率性和傲慢。不是對卑微者率性傲慢，而是對權力者傲慢，國民黨時代如此，民進黨當政後也如此。這種對權力的傲慢和率性，作爲革命理想家年代的點火者，是個英雄；到民主年代庸俗政客的競爭場合，卻必然成爲失落者。現在台灣社會已經走完革命的年代，施明德需要調適。

社會在經歷一場革命時，播種者和最後的收割者往往不是同一批人；兩者也許在激烈的革命過程當中偶然交錯、重疊，但隨後，播種者上斷頭台，收割者俯身拾起稻穗。

因爲播種者和收割者天生個性截然不同。播種者具有理想、勇於犧牲，革命的火花得由他們點起；收割者的個性經常是務實、功利、精於計算，就像律師的性格。律師的目的就是勝訴，甚至不擇手段的勝訴，律師絕對不會犧牲自己。我前面提到美麗島大審時施明德和那位律師吵架，就是個例子，施明德爲了表達理念，不惜被判重刑，然而律師卻必須斤斤計較所謂顚覆政府在法律上的定義。接下來，施明德鋃鐺入獄，律師接下政治鬥爭的火炬；然後，他又很「不幸」的從牢中被放出來。當他滿懷期待踏出牢房，迎接他的卻是一個已經變了調的社會。所以，並不自我調適的這群播種者將會永遠充滿了困惑。

懷念盧修一和早期的浩然營

我認識盧修一先生，要比見到他早得多。大概是一九八一年，盧夫人陳郁秀女士到團結自強協會來找我，說她的先生，當時在文化大學任教，忽然因為通匪的罪名被抓進去，然後家裡就遭遇到一連串的困擾，希望我們幫幫忙。

從表面上看，團結自強協會是一個有相當基金的民間組織，任務並不明確，可以是提倡吃梅花餐或元旦升旗的自強活動，也可以是溝通朝野的團結運動。七九年底美麗島事件後，有關方面找了吳三連先生和我分別擔任理事長和祕書長，我們的興趣當然是後者，而這或許也是當局所期望的，任務重點也就轉到團結方面，它是一個有管道，但沒有權力的機構。

我和陳女士一齊去見吳三老，談起來，陳女士的尊翁和三老是舊識，三老的辦公室還掛著陳老先生的畫，他當然特別關切盧君的案件，我也奉示特別去看了一下盧的檔案。所以我說「認識」盧君較見到他要早。照今天的標準看來，完全沒有什麼，頂多也只是思想問題，和美麗島事件也並無直接關連，但在當時是可大可小的。陳女士抱怨的一些困擾，我反應了，也得到了答覆，但事實上有否得到改善，卻不確定。後來盧君之出獄，卻肯定和我們沒有關係。我想那一段時間，我這個角色之存在，有一些消極作用，有這麼個人，有點雞婆，但有管道直達天聽，而當政府主要是求安定，不求多事，下面的人處理起來，因爲有這樣一個雞婆型的人，也就謹愼些，當然積極的作用是沒有的。

盧君出獄後，因工作受到限制，曾到淸大來兼．門法律方面的通識課，但很少見面，只是有一次，因爲他上課時嗓門大，闡釋《憲法》干擾到一位在隔壁上課、思想比較保守的工科教授，可能是有些爭執，那位教授氣呼呼的來找我。上課嗓門大不是壞事，我國《憲法》原就自由色彩濃厚，勸導兩句就沒事，盧君後來知道此事，還頗爲得意。

眞正和盧君熟識，是在一九九〇年第一屆浩然營，那時盧已當選立法委員，成爲政壇的一員猛將。浩然營是殷之浩先生贊助創辦的，殷老先生是一位中國情結十分濃厚的長者，事業成功後，有一個單純的意願，「爲中國人做些事」，經過許倬雲先生、我、他的女公子殷琪，還有殷允芃、康寧祥等的共同策劃，就在美國加州海濱山明水秀的Chaminade渡假區辦了第一屆的浩然營，其宗旨是「邀集來自不同背景的中國優秀新生代，提出一個開放而理性的研討環境，經由對問題的溝通與瞭解，促成彼此間相互包容與尊重的精神」。

浩然營的學員不但包括了不同意識、不同職業的台灣菁英份子，另外還有將近一半是八九年後流落海外的大陸人士，也有直接從大陸來的。白天聽大師級講員講演，晚上就由學員們掛牌各談各的。中國哲人常嚮往「各美其美，美人之美」的境界，但這境界在現實環境中卻是極難達到，尤其在政壇競爭下，位置只有一個，權力又不可分割，那就不能不「惡」人之美了。但在Chaminade，雖然各路人馬聚集一堂，卻完全沒有現實利害的衝突。盧君思想反抗性情率眞的個性，在這個環境裡顯然如魚得水。記得有一次掛牌，他和馬英九對談台灣的前途，盧君得理不饒人的咄咄相逼和馬君溫文儒雅形成顯明的對照，令人印象深刻。但因爲他發言出自內心，並不會令人反感。營期結束後，學員自動投票，盧君這位全身充滿台獨意識的台灣郎，居然被大多數或強或弱有中國意識的學員，選爲最受喜愛的學員。

但他也不是沒有問題，就是打瞌睡。當時殷老先生自任營主任，倬雲兄任教務長，我則自任訓導長，最主要是協調三山五岳的的人馬，不要有不愉快的事。從一開始，我就發覺盧君幾乎每節課都要打瞌睡，也不是完全睡著，講演告一段落，他還會瞇著眼提出一個半個也不是沒有意義的問題。但這樣總不合適，訓導長只好找他約談一下。他振振有詞的說：「我又不是眞睡，只是瞇瞇眼，你看，我問題還是照問嘛！」我說：「瞇著眼對講員不好意思啦！」他的回答就更有理：「全營也不只我一個人打瞌睡，你爲什麼不去抓殷先生？」

眞的，殷老先生是另一位打瞌睡的。他每節課必到，穿著全營最花的花襯衫，和夫人同來，有時還手牽手。開始必注意聽，但接著必睡著，有時還打呼。

被盧君這樣一頂，我沒有辦法了，七十多歲的老先生了，來聽講是眞心眞意的支持，難道還眞的去糾正不行？只有讓盧君繼續打瞌睡下去。在我記憶裡，只有一堂半課他沒有打瞌睡的。半堂是許倬雲先生的，倬雲上課非常認眞，學員不注意聽，會當場指正。盧君對學者還挺尊重的，許先生的課，他就揉著眼強睜著聽。另外一堂是殷琪小姐的，講台灣私人企業的經營，主要是給大陸學員聽，那時殷小姐才三十出頭，講演時口齒清楚，條理分明，尤其是風華絕代，美而有韻，我注意到盧委員是從頭到尾的聽，眼睛連霎都沒有霎。

＊

最後一次見到盧君，是一九九七年的年底，一個陰雨的下午，我和也參加了第一期浩然營的林鶴玲女士，一齊去台大醫院看他，那時他自己也知道已病入膏肓，但精神還不錯，談了很多；從他得病後的生涯規劃、全家旅行、開音樂會等，一直到浩然營。談起他的瞌睡，他抱歉的說：「在立法院鬥了一年，實在太累了，那次可眞是好好的休息了一個月。」他還是一樣的熱誠坦率，洋溢著對生命的熱愛，但卻也因此更感覺到他對命運的無奈和不平，尤其在他熱愛的政治生涯正要開花結果的時候，春天卻將提早結束。我們都知道這將是最後一次見面，話題有意無意的拖了又拖，直到醫生來驗病時，才不得不離去。

走出醫院，陰沉沉的天，盧君不是我最熟的朋友，生離死別的情景我也經歷多了，但這次卻特別有「無可奈何花落去」的悲哀，我想是受了他對生命熱情的感染和感觸吧！

港京來去

本文原載於二〇〇三年九月號《遠見》雜誌，略有增刪。

七月下旬，SARS既去，百業復甦，香港五十萬人上街頭，我也去了趟北京。每次走此旅程，都有異樣的感覺，北京明明是在台北之北，但一開始，必定要向南走，而且要走好一陣子，難怪愛因斯坦說空間有了物質就是彎曲的。中國人早就發現，兩點之間，最短的距離未必是直線。君不見，北京要影響台北，台北要牽制北京，最近的途徑都是經過華盛頓。無論如何，香港成了來往大陸必經之地，不過過去多是過門不入。但這次不同，竟然如此熱鬧，何不稍駐看看熱鬧，乃停留數日訪問幾位老友，果然，收穫不少。

先從七月一日大遊行說起。現在已經可以看得很清楚了，背景是經濟衰退，導火線是二十三條（編註：「香港基本法」二十三條，明文禁止叛國行爲、國外政治組織從事政治活動及與港本地團體聯繫），參與者以中產階級爲主，也有不少上層菁英份子，民主派只占少數。其目的是爭自由，不是爭民主，更不是爭獨立自主；是反港官，不是反京官，更不是反一國兩制。

無可諱言，香港的遊行和北京的遊行是不一樣的。香港沒有民主，但輿論非常自由，輿論代替民主成爲監督的力量。香港沒有選舉（眞的關乎大局的選舉），但上街頭不用恐懼，於是遊行代替了選舉，成爲宣洩民意的管道。舉一個例：現在中文大學的校長——金耀基，是香港數一數二的紳士智識份子，很多人認爲他倒是一個理想的特首。至少，他是朋友中，我認爲最不會上街頭的，但八九年六四時，他也參加了遊行，足足走了九個小時，不能不令人佩服。這次雖沒有再出來，但對遊行還是相當認同，可見在香港遊行是紳士的遊戲。但大熱天上街也並不輕鬆，絕對是忍無可忍才致此。

＊

一九九七年七月一日回歸時，一個邀請兩岸三地菁英參加的浩然營曾移師香港共證此歷史盛舉，在煙雨濛濛的當天，我們請了金庸來講香港回歸，聽衆中有楊振寧、康寧祥、殷琪、陳菊、田弘茂等，眞是濟濟多士，金老再三強調「河水不要犯井水」，只要河水不犯井水，一切好辦。對董建華出任特首，亦甚認同，認爲不只是港人治港，而且是資本家治港，是一國兩制誠意的表現。

而今六年過去了，河水並沒有犯井水，不但沒有犯，井水乾枯時，還來救急，資本家治港更是百分之百，土共（香港的本土左派）一律靠邊站。但五十萬人上街頭，一片怨氣滿香江，何以至此？

是人也是制度。

現在衆矢之的集中在董特首，不恤民意、剛愎自用。這些都是事實，也是民怨沸騰的主因。但在任何正常體制下，董都不可能做政治領導人，因爲民主制度需要經過競選，獨裁制度需要經過鬥爭。董建華原就只是一個家族企業的繼承人，沒有任何政治歷練，環境使他只需體承上意，不必下察民瘼，於今在「一國兩制，港人治港」的政治設計下，他才像選駙馬似的被選中。而上任之後，一國兩制又使得他只需獲得北京的信任，港民囉囉唆唆則大可置之不理，因此更助長了他不恤、不體民意的作風。

所以香港之至今日，也是制度也是人。但客觀的分析，我們不能就此看衰一國兩制之治港。香港是推行一國兩制的理想地區，香港人勤奮、守法、講效率，不要獨立（也沒有條件獨立），甚至不要當家做主（從來就是英人治港）；中共現在把香港做櫥窗，不但給世界看，給台灣看，也給大陸內地看：資本主義是可以富國富民的，是可以與中共的政治體制並存的。因此，它是加速大陸改革開放（事實上就是走資）的樣板，所以必不會放棄在港實施一國兩制，只會加碼。當然也會做些技術調整，督促香港領導班子懂得治港。溫家寶抵港的第一件事，就是去淘大花園，董特首卻從來沒有這個念頭。我有時不得不覺得，台灣和香港眞是兩個極端，一個是太過民粹，一個是太不民粹，眞是過猶不及。

所以，我的看法香港不會大變，至少二〇〇七年以前不會變，二〇〇七年以後會民主多少？要看大環境，也要看這三、四年間港人治港的成績。直選是一個指標，立法局的民意基礎會擴大，直選議員會占多數，但各種社團的推舉代表會維持平衡的力量。特首可能學中華民國的老憲法，採取委任直選，還是間接選舉，北京任命。治權的根源還是北京，這其實是問題的癥結，但中共卻不會輕易放手。

台灣最關心的當然還是七一事件對兩岸關係和對大陸的影響。中共多年來一直是現代化優先於統一，但「統一從緩」不等於「獨立從寬」。它現在非常認眞考慮到將來台海終需一戰。他們會儘量避免全面作戰，因爲這表示和美國作戰，那是下下之策。但會設計手術攻擊（surgical attack），迅速精確的打擊，逼台灣談判統一。但是他們對台灣愈瞭解，愈會考慮到以後治台的問題。香港經驗更加深這一層考慮，港猶如此，何以治台？

我這次赴京，剛好和董建華同日抵達。中共表面力挺董，內心其實著實煩惱。我和一位退居二線的朋友聊天，開玩笑說，「董伯治港恐怕比阿扁治台給你們的煩惱更多。」這當然是玩笑話，但他也只能皺皺眉頭，因爲這話不無幾分道理。董伯出了問題，他們要爲他解決，要代他挨罵。阿扁則沒有這個問題，雖然不時嚷嚷一邊一國，令人惱火，實際上亦無大害，至少井水不會去犯河水。

無論如何，二〇〇四年三月台灣總統大選之前，兩岸關係不會有任何行動，但三月之後的半年，是一個大窗口，一個關鍵時刻。那時胡溫體制已經穩定，他們對台灣早已相當瞭解，我想他們會提出一個從北京的框架來看相當溫和的立場，「一個中國的原則」可做相當彈性的解釋，這個彈性到不致導向獨立並保留統一前景爲止，但不會要求有時間表的統一。假若藍營獲勝，馬上可以從所謂九二共識出發，三通等問題將循序而解。但從台北到北京要直接向北走，恐怕還在一、兩年後。

假若綠營獲勝，一邊一國和一個中國之間，當然有很深的鴻溝，深到不可測。但深不等於寬。譬如，假如能夠以一邊一「邦」代一邊一「國」，而何時以何種方式將這兩邦統合起來，則尊重雙方的民意，甚至由民意決定，則也許鋪塊板就可以跨過去了。當然，這第一步恐怕是十分困難的。

＊

這些都是目前階段性的揣測，最後的遠景如何？數十年來，我一直相信，兩岸關係最好也是最可能的發展是「三和」：大陸「和平演變」，兩岸「和平演進」，最後去向「和平統合」，即統中有獨，獨中有統的類似邦聯國協的組合。

關鍵是在和平演變，這是其他兩和發展的前提。

「和平演變」原是一九五〇年代杜勒斯、戴高樂創造出來的詞彙，意思是說東西兩集團競爭影響的結果，是共產主義受到資本主義的侵蝕，逐漸異化，乃至不費一兵一卒的消失。在毛周時代，和平演變是最禁忌的話題，直至一九九〇年代初，理論上還是要撻伐的。但實際上，改革開放就是從內部發動的和平演變，鄧小平是總設計師，江澤民總其成。

三個代表的說法出現，已經不是姓「社」或姓「資」的問題，而是接受歐美訓練的第五代逐漸掌權後，會不會太「資」的問題。這個趨勢不會逆轉，和鄧、江、胡等等開不開明，關係不大，這是中共政權求生存必循之途。在和平演變的過程中，香港扮演一個很特殊的角色。一國兩制終究只是過渡性的，兩制之間一定互相影響，誰影響誰，取決於時代潮流。很吊詭的，一國兩制愈成功，香港的影響愈大。現在香港誠然只要自由，沒要民主，但形勢所趨，會像滾雪球似由爭自由到爭民主：也許她會止於法制民主，而不是無限上綱的民粹，但井水河水終要互相影響的，井水一瓢瓢舀過去，量雖然很少，但像SARS一樣，傳播力特強，大陸現在穩定性免疫力還很高，主要有四個原因：

一、求安定的心理。大陸五十歲以上的一代經歷過文革，六十歲以上經歷過大躍進，都知道安定得之不易，人心怕亂。

二、大陸經濟還在持續發展。在從富裕走向民主的現代化過程，中共現在面臨的最大問題是怎樣維持起碼的公平正義。一旦經濟停止發展，目前分得如此不公平的餅，馬上要出問題，但只要經濟的餅一直做大，人民就容易滿足。腐化本身只會弱國，不會亡國的。

三、領頭造反的一向是失意秀才，可是大陸的菁英份子現在是和中共結合，本身就是既得利益階層。

四、中共的意識型態已逐漸消失，但傳統的組織宣傳控制力還很強。

然而，和平演變是現代化必然的結果，九七至今，六年了，試看，是大陸（當然只指沿海地區，尤其廣東）香港化多，還是香港大陸化多？總之，不要小看了香港這小小的窗口！

這次香港去來，另有一感觸，人貴自知，國亦貴自知。七一大遊行固然暴露一國兩制實踐的困境，但事後台灣的的反應從興高采烈的幸災樂禍，到比手劃腳的瞎三話四都引起港人殊深的反感。愈是民主派，反感愈深，他們感謝台灣的關切，但敬謝我們的指導，更不希望任何參與。

港人要的是自由，即使民主派所爭也只是民主，香港沒有爭獨立的條件，這和台灣情形完全不同。若將台灣政治人物強調獨立的要求強加到港人身上，而且似乎希望五十萬人都成烈士，這會使得原已勢弱的民主派處境更困難。我們沒有美國的力量，就更不要學美國的自大自得。

十幾年來，我在全球華人世界中來來去去，深深感覺到台灣人（當然也包括在台灣被稱爲外省人者）的形象，似乎在從被尊敬、被尊重的頂點上，一天天往下降，而台灣的份量，在兩岸關係中，也一天天的在減輕。台灣一直嘲笑「香港模式」，最不能接受香港化，殊不知正因爲在處理兩岸關係上跡近無知的自大，台灣正一步步的走向「香港模式」。當然，並不是現在一國兩制的香港模式，是一九八〇年前後，決定香港前途時的「香港模式」。那時，離九七年九龍租約屆滿還有二十年，香港的未來正面臨抉擇，但北京只去和倫敦談，柴契爾夫人挾福克蘭群島戰勝之餘威，到北京去談香港的主權和治權，在人民大會堂摔了一跤，香港股票隨之大跌，主權治權一齊回歸，港人的「民意」連發言的機會都沒有。數十年來，「經過華盛頓是北京到台北最近的路」雖是一般常識，理論上，在兩岸中台美的三角關係中，中台總應該是主角，但現在這三角形的三邊中，中台這一邊漸漸快要沒有了。儘管在島內民粹式的呼喚愛台灣，在國際間卻因同樣粗糙的民粹手法，以原已獨立的身分去追求「獨立」，反而得到「孤立」，只剩一隻螟蛉去與公鷄鬥了。

後記

本書之得以出版，首先要謝謝「天下文化」，尤其是高希均社長。本書簽約已在十年前，不過當時留一但書「選擇適當時機出版，並需得甲方（作者）同意」，這時機一拖就是十年，最主要的原因是因爲本書的「江沈對話」部分，雖然不是機密（當時對方接待人同意可以寫成對話方式的報告，用以存眞，亦直接轉達北京的看法給此間有關人士），但有不公開的默契，至少當事人還活躍於政壇上時，不應造成困擾。這是處人的基本道理，和政治無關。故作爲歷史紀錄「正式」發表，一等就是十年，期間高兄雖做各種暗示，例如銷路和影響將隨時間指數下降等等，但最後仍同意出版，十分感謝他的寬容。

其次，我要謝謝幫我整理文稿的臧聲遠、吳佩穎、邱近思和校稿打字的洪素瑜；尤其是邱小姐，從十年前協助整校開始，始終鼓勵。但也必須要說明一件事實，一九九六年初夏一天，我從北京返台，因葛樂禮（Gloria）颱風滯留香港機場，在機場電話邱小姐，代爲通知友人，才知道這期她負責台灣事務的《九十年代》，要刊出江沈對話全文，這是我完全不知情的，當然全力反對，但雜誌已印好，次日即上市。我返台後在《聯合報》、《中國時報》等大報刊登說明（見頁四六二），但亦無濟於事。現在事已過去，趁此最後機會，做一說明，以求心安。

沈君山博士來函

民國八十五年八月份「九十年代」雜誌所刊出的三篇本人與江澤民的對話紀錄，是民國七十九年到八十一年本人擔任國統會研究委員時所作的研究報告的一部份。將紀錄寫成詳細報告的目的，是將中共領導人當時對兩岸事務一些觀念性的看法提供國統會作內部參考。當時參與處理兩岸事務者多曾參閱過，均了解本紀錄雖不是機密，卻亦不宜公開，這次「九十年代」刊出本文之前完全沒有取得本人的同意，其中照片亦係剪貼合成。

民國七十九年第一次與江澤民對話時即有充分了解，本人不代表任何人，民國八十一年以後，也沒有再做過類似的對話。

沈君山敬啓

1996年8月6日《中國時報》

國家圖書館出版品預行編目資料

浮生後記：一而不統／沈君山著一 第一版.
一 臺北市：天下遠見， 2003〔民92〕
面； 公分. 一（社會人文；188）

ISBN 986-417-152-6（平裝）

1. 政治 - 中國 - 論文，講詞等 2. 兩岸關係 - 論文，講詞等

573.07 92010598

社會人文188A

浮生後記

一而不統

作　　者／沈君山
事業群發行人／CEO／總編輯／王力行
資深行政副總編輯／吳佩穎
責任編輯／吳佩穎、陳建維（特約）
封面設計・美術編輯／陳敏捷（特約）
全書照片提供／沈君山、遠見雜誌、聯合報
校　　對／沈君山、陳素芳、邱近思、林蔭庭、陳建維

出版者／遠見天下文化出版股份有限公司
創辦人／高希均、王力行
遠見・天下文化・事業群 董事長／高希均
事業群發行人／CEO／王力行
天下文化社長／總經理／林天來
國際事務開發部兼版權中心總監／潘欣
法律顧問／理律法律事務所陳長文律師　　著作權顧問／魏啓翔律師
社　址／台北市104松江路93巷1號二樓
讀者服務專線／(02)2662-0012　傳真／(02)2662-0007；2662-0009
電子信箱／cwpc@cwgv.com.tw
直接郵撥帳號／1326703-6號　遠見天下文化出版股份有限公司

製版廠／東豪印刷事業有限公司
印刷廠／盈昌印刷有限公司
裝訂廠／聿成裝訂股份有限公司
登記證／局版台業字第2517號
總經銷／大和書報圖書股份有限公司　　電　話／(02)8990-2588
出版日期／2004年3月30日第一版
　　　　　2018年9月26日第二版第1次印行

定價／600元
書號／BGB188A
4713510945728

天下文化官網　bookzone.cwgv.com.tw

天下文化
BELIEVE IN READING